沥青老化及再生行为的计算模拟：
分子动力学与量子化学
Computational Simulation of Asphalt Aging and Rejuvenating Behavior:
Molecular Dynamics and Quantum Chemistry

顾兴宇　蒋继望　胡栋梁 / 著

东南大学出版社
SOUTHEAST UNIVERSITY PRESS
·南京·

图书在版编目(CIP)数据

沥青老化及再生行为的计算模拟：分子动力学与量子化学 / 顾兴宇, 蒋继望, 胡栋梁著. -- 南京：东南大学出版社, 2024. 11. -- ISBN 978-7-5766-1815-0

Ⅰ. U416.217

中国国家版本馆 CIP 数据核字第 20240KM526 号

责任编辑：魏晓平　　责任校对：韩小亮　　封面设计：余武莉　　责任印制：周荣虎

沥青老化及再生行为的计算模拟：分子动力学与量子化学

Liqing Laohua Ji Zaisheng Xingwei De Jisuan Moni: Fenzi Donglixue Yu Liangzi Huaxue

著　　者	顾兴宇　蒋继望　胡栋梁
出版发行	东南大学出版社
出 版 人	白云飞
社　　址	南京市四牌楼 2 号（邮编：210096　电话：025-83793330）
网　　址	http://www.seupress.com
电子邮箱	press@seupress.com
经　　销	全国各地新华书店
印　　刷	广东虎彩云印刷有限公司
开　　本	700 mm×1 000 mm　1/16
印　　张	15.25
字　　数	240 千字
版　　次	2024 年 11 月第 1 版
印　　次	2024 年 11 月第 1 次印刷
书　　号	ISBN 978-7-5766-1815-0
定　　价	78.00 元

本社图书若有印装质量问题，请直接与营销部联系，电话：025-83791830。

前 言
Preface

  交通基础设施长效服役是交通强国建设的重要内容之一,而沥青路面在服役过程中易出现材料与结构耐久性不足的问题,并引发服役失效。一方面,沥青在热与紫外线环境下的老化是引起沥青路面性能衰变的重要因素,该现象在我国青藏高原等高海拔地区尤其突出。另一方面,工程实践中对回收沥青路面(reclaimed asphalt pavement,RAP)料的再生利用也面临掺量受限和抗裂性能不足等问题。由于沥青路面材料具有显著的跨尺度特征,研究者逐渐意识到沥青路面的宏观力学性能从根本上与其组成材料的分子原子行为密切相关,因此基于原子尺度分析方法来探究老化和再生对沥青路面材料宏观性能的影响机理成为当前的研究热点。然而,单纯通过实验很难下探到原子层面获取沥青老化及再生过程的亚纳米级描述,计算模拟方法逐渐成为揭示沥青老化及再生激活行为机理的重要手段,具体包括亚纳米级的分子动力学(molecular dynamics,MD)和量子化学(quantum chemistry,QC)等方法。

  为此,本书基于分子动力学模拟和量子化学等方法,对沥青老化与再生激活行为以及由此引起的沥青路面材料性能演化进行了计算模拟研究,阐明了沥青老化行为的化学反应路径、热力学驱动机理、环境影响机制(尤其是紫外老化机制)等,探究了再生沥青混合料中新旧沥青自扩散和相互扩散特性及其影响因素,揭示了沥青老化程度、水分、再生剂掺量等因素对沥青-集料界面黏附特性和界面脱黏失效的影响机理。本书研究内容及研究成果围绕沥青老化及再生激活行为形成了深刻的认识,为理解沥青路面的性能衰变机理提供了全新的见解,为抗老化长寿命沥青路面建设提供了理论指导。

本书是在国家自然科学基金项目(51878162、52278442)的资助下完成的。本书研究和写作过程中得到作者的研究生周洲、崔冰彦、孙丽君等人的支持和帮助,在此深表感谢。

由于时间紧张,加之作者水平有限,书中的疏漏和不足之处恳请各位专家学者和读者批评指正。

作者

2024 年 11 月

目 录
Contents

1 绪论 ·· 001
 1.1 沥青老化及再生激活行为 ··· 002
  1.1.1 沥青老化行为 ··· 002
  1.1.2 旧沥青再生激活行为 ·· 004
  1.1.3 沥青老化再生性能的多尺度特征 ···························· 008
 1.2 分子动力学模拟及量子化学在沥青材料研究中的应用 ···· 009
  1.2.1 沥青材料研究中的计算模拟方法 ···························· 009
  1.2.2 分子动力学模拟在沥青材料研究中的应用 ·············· 010
  1.2.3 量子化学在沥青材料研究中的应用 ························ 013

2 计算模拟基本理论 ·· 015
 2.1 分子动力学理论基础 ·· 016
  2.1.1 分子动力学模拟基本流程 ····································· 017
  2.1.2 力场 ·· 019
  2.1.3 系综 ·· 021
  2.1.4 边界条件 ·· 022
 2.2 反应力场分子动力学理论基础 ······································ 024
 2.3 量子化学理论基础 ··· 026
  2.3.1 薛定谔方程与基本近似 ··· 026
  2.3.2 密度泛函理论 ··· 029
  2.3.3 从头算分子动力学 ·· 032
 2.4 计算模拟方法在沥青材料研究中的适用性 ··················· 034
  2.4.1 分子动力学方法适用性分析 ·································· 034
  2.4.2 反应力场分子动力学方法适用性分析 ····················· 035
  2.4.3 量子化学方法适用性分析 ······································ 035
 2.5 计算模拟与后处理软件简介 ·· 036
  2.5.1 分子动力学模拟软件 ·· 036
  2.5.2 量子化学软件 ··· 037
  2.5.3 可视化软件 ·· 038

3 沥青及关联材料的分子模型 ··········· 039
3.1 沥青分子模型 ··········· 040
3.1.1 沥青的元素组成与组分 ··········· 040
3.1.2 沥青代表性分子结构 ··········· 041
3.2 沥青-集料界面分子模型 ··········· 045
3.2.1 集料模型 ··········· 045
3.2.2 沥青-集料界面分子模型 ··········· 046
3.3 改性剂分子模型 ··········· 047
3.3.1 苯乙烯-丁二烯-苯乙烯嵌段共聚物 ··········· 047
3.3.2 丁苯橡胶 ··········· 049
3.4 老化沥青及再生沥青分子模型 ··········· 050
3.4.1 老化沥青分子模型 ··········· 050
3.4.2 再生剂分子模型 ··········· 051
3.5 小结 ··········· 052

4 老化及水分对沥青-集料界面黏附性能的影响分析 ··········· 053
4.1 沥青-集料界面模型的构建 ··········· 054
4.1.1 新旧沥青分子结构及配比 ··········· 054
4.1.2 沥青分子模型构建过程 ··········· 061
4.1.3 沥青分子模型验证 ··········· 068
4.1.4 沥青-集料界面模型构建 ··········· 071
4.2 沥青原子力显微镜试验方法 ··········· 072
4.3 沥青-集料界面黏附特性 ··········· 073
4.4 老化对黏附性能的影响 ··········· 077
4.5 水分对黏附性能的影响 ··········· 079
4.6 小结 ··········· 083

5 新旧沥青扩散融合行为及其影响因素分析 ··········· 085
5.1 分子扩散理论 ··········· 086
5.1.1 扩散动力学 ··········· 086
5.1.2 沥青扩散模拟过程 ··········· 088
5.1.3 沥青扩散系数计算 ··········· 092
5.2 老化程度对沥青扩散的影响 ··········· 097
5.2.1 对自扩散的影响 ··········· 097
5.2.2 对相互扩散的影响 ··········· 102
5.3 温度对沥青扩散的影响 ··········· 105

  5.3.1 对自扩散的影响 ··· 105
  5.3.2 对相互扩散的影响 ······································· 110
 5.4 新旧沥青融合状态对再生沥青模量的影响 ················· 116
  5.4.1 微观融合度确定 ··· 116
  5.4.2 体积模量计算 ·· 118
  5.4.3 体积模量受影响的规律 ································· 120
 5.5 小结 ·· 123

6 老化及再生对沥青-集料界面失效行为的影响分析 ········· 125
 6.1 沥青-集料界面建模与拉伸模拟方法 ························ 126
  6.1.1 沥青-集料界面模型构建 ······························· 126
  6.1.2 界面体系拉伸模拟方法 ································· 130
 6.2 沥青-集料界面失效行为的分子特征 ························ 131
  6.2.1 拉伸模拟应力-位移数据的预处理 ···················· 131
  6.2.2 模型尺寸和拉伸速率对界面失效的影响 ············ 132
  6.2.3 温度对界面失效的影响 ································· 136
  6.2.4 集料类型对界面失效的影响 ··························· 137
 6.3 老化对沥青-集料界面失效行为的影响 ···················· 139
  6.3.1 老化沥青-集料体系的界面失效行为 ················· 139
  6.3.2 老化对界面失效行为的影响机理 ····················· 141
 6.4 再生对沥青-集料界面失效行为的影响 ···················· 145
  6.4.1 再生沥青-集料体系的界面失效行为 ················· 145
  6.4.2 再生对界面失效的影响机理 ··························· 146
 6.5 基于溶解度参数的沥青老化与再生机理 ··················· 147
  6.5.1 汉森溶解度参数 ··· 147
  6.5.2 各物质汉森溶解度参数比较分析 ····················· 148
 6.6 小结 ·· 150

7 基于反应力场分子动力学的沥青老化行为模拟 ············ 151
 7.1 沥青全组分体系的反应力场老化模拟 ····················· 152
  7.1.1 建模过程与模拟细节 ··································· 152
  7.1.2 高模拟温度的设置依据 ································· 154
  7.1.3 沥青老化产物及影响因素分析 ························ 155
  7.1.4 反应力场分子动力学模拟结果的验证 ··············· 161
 7.2 沥青单分子体系的反应力场老化模拟 ····················· 163
  7.2.1 建模过程与模拟细节 ··································· 163

  7.2.2 沥青分子老化反应过程分析 ·················· 163
 7.3 反应力场分子动力学模拟方法的局限性 ·················· 170
 7.4 小结 ·················· 171

8 基于量子化学的沥青老化反应机理分析 ·················· 173
 8.1 基于从头算分子动力学模拟的沥青全局老化路径 ·················· 174
  8.1.1 建模过程与从头算分子动力学模拟方法 ·················· 174
  8.1.2 老化期间沥青分子结构演化 ·················· 177
  8.1.3 沥青老化行为的统计学描述 ·················· 181
  8.1.4 从头算分子动力学模拟结果验证分析 ·················· 183
  8.1.5 从头算分子动力学模拟与反应力场分子动力学模拟的
     比较 ·················· 185
 8.2 沥青老化反应的势能面及能垒 ·················· 187
  8.2.1 势能面、过渡态与能垒 ·················· 187
  8.2.2 基于密度泛函理论的自由能面计算 ·················· 190
  8.2.3 老化反应的自由能面与自由能垒 ·················· 192
  8.2.4 不同温度下体系分子跨越能垒的能力 ·················· 197
 8.3 老化对沥青分子内禀性能的影响 ·················· 198
  8.3.1 分子间结合能、分子极性及静电势计算方法 ·················· 198
  8.3.2 老化对沥青分子结合能的影响 ·················· 200
  8.3.3 老化对沥青分子极性的影响 ·················· 201
  8.3.4 老化对沥青分子静电势的影响 ·················· 202
  8.3.5 老化沥青的组分转化 ·················· 204
 8.4 环境因素对沥青老化行为的影响 ·················· 204
  8.4.1 温度的影响 ·················· 205
  8.4.2 氧浓度的影响 ·················· 206
  8.4.3 湿度与紫外线的影响 ·················· 209
 8.5 沥青紫外线老化机理 ·················· 214
  8.5.1 紫外线辐射下沥青老化全过程的自由能面 ·················· 214
  8.5.2 沥青紫外老化行为的实验表征 ·················· 216
 8.6 小结 ·················· 219

参考文献 ·················· 220

绪　论

1.1 沥青老化及再生激活行为

1.1.1 沥青老化行为

沥青路面是我国公路与城市道路的主要铺面形式,其长效服役是建设高效高韧性交通基础设施的重大需求。然而,沥青这类有机高分子材料内禀特性导致的材料缺陷难以规避,尤其是沥青热老化与紫外老化引起的混合料开裂行为及其与水、荷载等因素的进一步耦合损伤,更是我国广大地区沥青路面服役失效的主要原因之一。

沥青老化是指沥青物理化学性质在热、氧、紫外线等环境因素作用下发生改变并引起其路用性能衰变的过程。沥青老化行为发生在沥青混合料拌和、运输、摊铺和使用等全生命周期内,其中生产环节主要发生快速但持续时间较短的短期老化,而服役阶段主要发生温和但漫长的长期老化。一般认为,沥青老化包括沥青分子化学结构改变和轻质组分挥发两种机制,其中前一种机制占主导地位[1-2]。沥青老化的直观表现是其内部组分发生迁移,轻质组分向分子量更高的沥青质转化,导致沥青针入度、延度降低,软化点、黏度升高,并进一步引起沥青混合料和沥青路面的疲劳性能与低温开裂性能劣化[3-5]。解析沥青老化行为将有助于遏制或缓解沥青老化带来的不利影响。

沥青老化表象背后的根本原因是沥青分子的纳观特征发生了变化。沥青由大量不同类型的有机分子混合而成,包括简单烷烃和含有硫(6%)、氮(2%)、氧(2%)等杂原子的复杂烷基多环芳香烃[6]。尽管沥青具有类似于聚合物的黏弹特性,但不同的是,沥青分子通过氢键或偶极相互作用等相对较弱的次级键缔合成纳米聚集体,而非像聚合物那样经由初级键(如共价键等)将单体连接成稳定的大分子化合物,因此沥青相比聚合物具有更高的流动性和不均匀性。沥青分子间结合力的强弱受到分子极性的直接影响,极性越高的沥青分子相互团聚更加强劲,从而形成更为紧密的纳米聚集体。具有不同极性的沥青分子通过形成团聚程度不同的纳米聚集体,共同构成沥青胶体结构。

根据 Corbett 组分分离试验,沥青分子按极性不同分为饱和分、芳香分、胶质、沥青质四种组分(SARA)[7]。在自然状态下,沥青四组分依赖分子间作用力处于热力学平衡状态并维持良好的组分相容性。在沥青内部,沥青分子的主体结构类型(多环芳香烃、环烷烃、链烃等)和异质官能团(由杂原子构成的噻吩、亚砜基、酚羟基等)通过影响分子表面电荷分布来决定沥青分子极性,从而主导沥青分子的团聚和组分平衡。然而,当沥青长期暴露在热、氧和光照环境下时会发生老化,其化学结构会发生改变,分子极性会随之变化,四组分间的热力学平衡受到不可逆破坏,结果是芳香分向胶质转化,胶质向沥青质转化,沥青的溶胶结构向溶-凝胶结构甚至凝胶结构转移,如图1-1所示[8-9]。该过程中反应性最低的饱和分子结构一般保持不变,因而不参与组分转化,但饱和分子可能在老化期间挥发减少[2]。

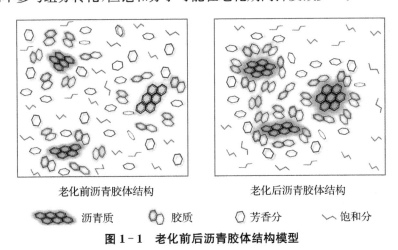

图1-1 老化前后沥青胶体结构模型

为探究老化期间沥青分子化学特性的变化,国内外学者开展了大量微观表征测试,包括傅里叶变换红外光谱(Fourier transform infra-red,FTIR)、核磁共振(nuclear magnetic resonance,NMR)、凝胶渗透色谱(gel permeation chromatography,GPC)、元素分析等[1,10-11]。结果表明,老化前后沥青化学结构有明显差异,小分子含量减少,大分子含量增加,且含氧量上升。老化期间沥青内部生成了大量羰基(C=O)、亚砜基(S=O),以及少量羧酸、二元羧酸酐和羟基等极性含氧基团,如图1-2所示。研究者普遍认为,羰基、亚砜基等含氧基团的生成会引起沥青分子的极性增加,导致沥青分子整体团聚趋势加剧,从而打破沥青组分间原有的平衡,并最终引起沥青路用性能衰减。基于动态剪切流变仪(dynamic shear rheological,DSR)、弯曲梁流变仪(bending beam rheometer,BBR)等路用性能试验的研究表明,随着老化程度的深入,沥青的黏度不断增加,DSR试验复数模量G^*和车辙因子$G^*/\sin\delta$持续增大,BBR试验劲度模量上升而蠕变速率下降,这说明沥青流动性降低,高温抗车辙性能提升,但低温抗裂性能和抗疲劳性能降低[12-13]。

扫码看彩图

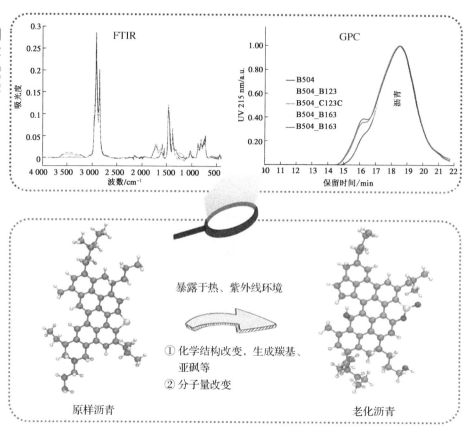

图1-2 老化前后沥青分子化学结构变化

1.1.2 旧沥青再生激活行为

随着日益增长的低碳环保需求,环境可持续性被确立为交通基础设施的发展目标之一,其中对回收沥青路面(reclaimed asphalt pavement,RAP)料的再生利用是道路工程行业践行这一发展理念的重要做法,因为它不仅减少了废旧沥青路面材料的弃置,而且大幅降低了不可再生石油沥青资源的用量,并且实现了对优质集料的循环利用。

对老化回收沥青的再生激活可视为沥青老化行为的逆过程(尽管严格而言并非如此,因为沥青老化更多是化学反应,而沥青再生更多是物理过程)。根据沥青老化行为理论,回收沥青的再生机理可分为"组分转化再生理论"和"相容性再生理论"两种[14]。"组分转化再生理论"认为沥青老化期间轻质组分向沥青质转化,其中芳香分的减少最为显著,因而再生过程须针对性补充富含芳香分的轻质油分,使回收沥青四组分比例恢复均衡。"相容性再生理论"则认为沥青老化期间胶体结构发生破坏,作为溶质的沥青质与作为溶剂的软沥青(由沥青中除沥青质之外的胶质、油分组成)的相容性变差,因而在再生过程中应降低沥青质与软沥青之间的溶解度参数差值,提高软沥青对沥青质的溶解性,改善回收沥青的组分相容性。

根据两种再生机理,通常采用两种方法对回收沥青进行再生,一种是使用新沥青进行调和再生,另一种是使用再生剂。调和再生是指根据回收沥青的PG(性能等级,performance grade)分级选择比回收沥青PG低的沥青作为新沥青从而对回收沥青进行再生,美国国家公路合作研究计划9-12项目(NCHRP 9-12)给出了选择热再生混合料新沥青胶结料PG分级的方法,如表1-1所示[15-16]。国内外研究者对调和再生沥青的性能进行了广泛研究,研究发现调和再生沥青相比于回收沥青,其PG高低温等级均降低,调和再生沥青变软,流动性变好,低温性能有所恢复。但是相比于新沥青,调和再生沥青的高温抗变形能力一般比新沥青好,低温抗裂和抗水损害性能一般比新沥青差[17-18]。由于调和再生沥青的低温性能不如新沥青,为保证再生沥青混合料的基本路用性能,调和再生方法对老化程度较高的回收沥青路面料掺量有所限制。使用再生剂对回收沥青进行有效再生可提高回收沥青路面料在热再生混合料中的掺量。

表1-1 NCHRP 9-12热再生沥青混合料新沥青PG分级选择标准

推荐的新沥青PG分级	RAP等级及掺量		
	PG ××-22或者更低	PG ××-16	PG ××-10或更高
PG不需要改变	<20%	<15%	<10%
PG需要降低一个等级(比如由新沥青的PG64—22变为使用了RAP后的PG58—28)	20%~30%	15%~25%	10%~15%
根据掺配图(blending chart)确定	>30%	>25%	>15%

根据美国国家沥青路面协会(National Asphalt Pavement Association, NAPA)的定义,沥青再生剂是一种能够通过物理或者化学反应恢复老化回收沥青性能的有机物[19-20]。再生剂对回收沥青性能的恢复主要体现在使回收沥青中的沥青质转变为软沥青质,降低回收沥青中的沥青质集聚现象,提升软沥青质的溶解能力,并增加沥青中分子的流动能力。如此造成的效果是再生剂增加了回收沥青的针入度、延度、相位角、BBR试验的蠕变速率,降低了回收沥青的黏度、软化点、复数剪切模量、车辙因子、强度,改善了回收沥青的延性、温度敏感性,软化原本变得硬脆的回收沥青,从而改善其低温抗裂性能。再生剂对回收沥青性能的改善受到许多因素的影响,包括:① 再生剂的类型、来源和新沥青的性能;② 回收沥青的性能;③ 再生剂的掺量;④ 再生剂的拌合温度、时间以及再生剂的添加方式;⑤ 回收沥青路面料的掺量。

沥青再生剂的开发和应用研究得到快速发展,且一直是道路材料学科的研究热点。目前,研究中涉及的再生剂品类包括石蜡油、芳香分提取物、软质黏结剂等石油基产品,植物油、餐厨残余油等有机生物质材料,以及环烷油、妥尔油等工业产品[6,21-22]。表1-2列出了常用沥青再生剂的类别和其成分特性。研究者普遍认为,高质量的再生剂应不单是通过提供轻质组分来稀释和软化老化回收沥青,更重要的是能通过化学效应逆反回收沥青的分子团聚,恢复老化沥青内部的组分转化,促进新旧沥青的融合,从而真正实现回收沥青的再生。

表1-2 常用沥青再生剂类别和成分特性[23]

再生剂类别	产品实例	特性描述
石蜡油	废机油 废机油底 Valero VP 165® Storbit®	精炼润滑油,含有大量芳香烃和低浓度的沥青质
芳香分提取物	Hydrolene® Reclamite® Cyclogen L®	含极性芳香烃成分的精炼原油产品
环烷油	Sonne Warmix RJ™ Ergon HyPrene®	针对沥青改性制备的烃类物质

1 绪论

续表

再生剂类别	产品实例	特性描述
妥尔油	Sylvaroad™ RP1000 HydroGreen®	牛皮纸制浆造纸工艺的副产品,也称为液体松香,主要成分是脂肪酸、树脂酸和不皂化物
甘油三酯、脂肪酸	大豆油 玉米油 餐厨残余油	从植物油中提取得到,含甘油三酯、脂肪酸以及其他化学成分

尽管对回收沥青路面料进行再生利用符合低碳环保理念,但工程实践表明,再生沥青混合料的抗裂性能不如同沥青等级的新沥青混合料,且旧料掺量越高,开裂现象越严重。国内外对再生沥青混合料抗裂性能开展了一系列研究,如从宏观试验层面评价新旧沥青、再生沥青和再生沥青混合料的性能,从细观数值模拟层面研究细观结构参数对再生沥青混合料性能的影响,从微观试验层面研究新旧沥青融合度等。研究取得了一定成果,但现有研究偏重宏观试验和细观模拟,细观模型中的参数通过宏观试验拟合确定,很难定量分析混合料各组分的化学成分、微观结构等对宏观性能的影响。

此外,关于新旧沥青融合过程、融合程度及融合界面的研究还不完善,很难精确评价再生沥青混合料砂浆层面的开裂区域、过程及其影响因素。在老化回收沥青再生激活过程中,新旧沥青之间的融合程度是影响再生沥青混合料宏观力学性能的重要因素。目前对于新旧沥青的融合状态尚未有明确的定论,但大部分学者认为,再生沥青混合料中新旧沥青主要有三种混溶状态:黑色集料、部分融合和完全融合,如图1-3所示。黑色集料指新旧沥青完全不发生融合,新沥青直接裹覆在旧沥青表面;完全融合指所有的旧沥青都与新沥青发生了融合,旧沥青被完全再利用;而部分融合则是介于黑色集料与完全融合之间的状态,只有部分旧沥青与新沥青发生融合。新旧沥青的融合状态直接影响再生沥青结合料的性能,而再生沥青结合料的性能又会影响整个再生沥青混合料的性能,因此对再生沥青混合料中新旧沥青扩散混融过程的研究也备受研究者关注。

由于存在沥青的老化行为及其衍生病害,目前我国每年大约有12%的沥青路面需要维修养护,期间产生的回收沥青路面材料达到2 000万t,而且这一数字还以每年15%的速率增长[24]。因此,深入研究再生沥青结合料及再生沥青混合料的抗裂机制与路用性能提升方法,对提高我国旧料利用率和利用品质、降低道路维修成本、减少环境污染具有重要意义。

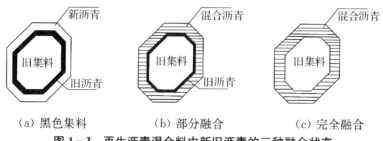

图1-3 再生沥青混合料中新旧沥青的三种融合状态

1.1.3 沥青老化再生性能的多尺度特征

沥青老化及再生激活行为通过改变沥青结合料的理化特性,对沥青混合料的宏观力学性能尤其是抗裂性能产生了显著的影响。材料宏观性能本质上是由组成它们的原子或分子体系的化学结构及热力学行为所决定,因此,材料性能问题可以解构为建立材料整体性能与其原子/分子结构组成之间的联系。以图1-4所示沥青老化及再生效应引起的沥青路面开裂问题为例,宏观尺度上的沥青路面开裂行为并非不可分割,而是体现在从宏观到细观再到微观直至纳观的不同尺度视域中,并最终受到电子行为的影响或驱动[25]。为此,有必要围绕沥青及沥青-集料界面体系的各类微观性质开展原子/分子尺度的研究,为从第一性原理入手揭示沥青材料宏观力学表现的内在机理提供理论基础。

由于单纯通过实验很难从原子层面表征沥青老化及再生过程,因此计算模拟方法成为探究沥青老化及再生激活行为机理的重要手段。自2007年发表第一篇相关论文以来,随着高性能计算平台的发展和建模理论与技术的不断完善,原子尺度的分子动力学(MD)及量子化学(QC)等计算模拟方法日益成为沥青材料多尺度性能研究的新选择,在理解和揭示沥青材料微观性状机理方面扮演了非常重要的角色。

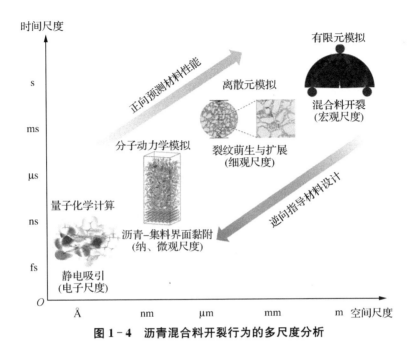

图 1-4 沥青混合料开裂行为的多尺度分析

1.2 分子动力学模拟及量子化学在沥青材料研究中的应用

1.2.1 沥青材料研究中的计算模拟方法

在过去的几十年里,计算机的性能以几何级数提升,加上理论化学和应用物理学的发展,促成了计算模拟这一处于理论和实验交叉点的新技术的诞生[26]。在计算模拟方法出现之前,自然科学研究完全依赖于理论假说和实验方法的相互指导及验证。理论研究致力于建立一组数学模型来描述或预测特定的物理化学行为,然后通过实验研究对其进行支持或证伪,从而得出可靠的科学结论。实验研究涉及大量参数变量,但过多的变量使理论模型难以求解,因此理论研究伴随着大量假设和简化。然而,在面对复杂工程问题时,过度的简化使理论结合实验的既往研究范式准确性降低。计算模拟技术的发展弥合了理论与实验研究之间的壁垒。计算机可凭借强大的运算能力对包含大量参数变量的复杂数学模型进行求解,从而准确预测所研究体系在各种初始状态和过程条件下的静态或动态响应。与实验相比,计算模拟方法不仅能节约时间和费用,还能在常规实验无法达到的时间和空间尺度上跟踪研究体系的动态轨迹与全程响应。

沥青路面材料研究中涉及的计算模拟方法根据建模尺度和基本理论的不同可分成以下四类(图 1-5)[25,27-30]:

① 针对无法解析求解的微分方程类问题进行的数值模拟,该类问题将研究对象视为连续体系,例如对混合料试件疲劳开裂、沥青结构层温度场分布、混合料内部氧气扩散等问题的有限元分析;

② 解决颗粒和不连续材料问题的数值方法,其基本假设是材料由离散粒子组成,且粒子的形状和特性影响粒子间的接触与荷载传递,例如对沥青混合料压实过程、沥青混合料强度形成等问题的离散元分析;

③ 在纳米尺度上对处于一定热力学条件的分子、原子体系的物理运动及热力学性质的预测模拟,例如对新旧沥青混溶过程、沥青-集料界面黏附等问题的分子动力学模拟;

④ 基于量子力学基本理论求解材料体系分子、原子的内禀属性从而对其物理化学性质开展的预测分析,例如对沥青分子极性、沥青老化反应路径等问题的量子化学计算。

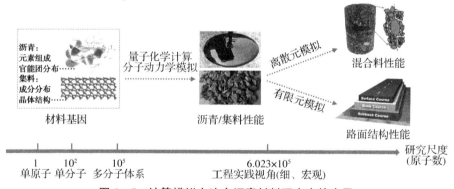

图 1-5 计算模拟方法在沥青材料研究中的应用

1.2.2 分子动力学模拟在沥青材料研究中的应用

在上述计算模拟方法家族中,原子尺度模拟(包括 MD 模拟、量子化学模拟等)占据非常重要的位置,其中 MD 模拟因流程简单,预设参数少,且能直观获取材料体系分子结构的动态演化过程而受到更多关注。值得注意的是,离散元方法最早是由 Cundall 等人基于分子动力学理论发展而来的[31-32]。

2007 年,美国罗德岛大学 Zhang 和 Greenfield 首次将 MD 模拟引入沥青材料的研究中,用于分析沥青结合料的密度、体积模量以及热膨胀系数等物理性质[33]。在他们构建的三组分沥青分子模型中,采用 1,7-二甲基萘代表环烷芳香分,采用正二十二烷代表饱和分,并采用了两种不同的分子结构代表沥青质。模拟得到的沥青性能参数随温度的变化规律与实测数据相似,但在数量上却有明显差距,其原因除 MD 模拟方法自身的尺度效应外,还归因于所采用的沥青代表性分子结构的极性官能团及杂原子浓度与实际值不匹配。因此,2014 年 Greenfield 团队进一步提出四组分沥青分子模型,将沥青分为沥青质、胶质(极性芳香分)、芳香分(环烷芳香分)和饱和分四种组分,每种组分用多个分子来代替,并充分考虑到各组分的极性官能团分布及杂原子数目[34]。根据新模型模拟得到的密度及热膨胀系数等参数与沥青真实值一致,证明了将 MD 模拟方法以及所建立的沥青分子模型用于开展沥青材料性能研究的可靠性。

此后,MD 方法被其他学者广泛用于探究沥青材料的物理性能和热力学性质。早期的 MD 研究主要聚焦于沥青结合料的基本物理属性,如 Zhang、Li、Yao 等人通过预测密度、玻璃化转变温度、黏度、体积模量等参数,对沥青力学特性及其对温度的依赖性进行了研究[35-37]。Bhasin、Sun 等人基于分子扩散及裂缝界面润湿理论对沥青自愈合特性和驱动机制进行了分析[38-39]。后期随着计算能力的提升以及研究经验的积累,研究者开始关注更复杂的沥青性能问题。由于沥青-集料界面体系交互作用是沥青混合料强度形成的关键,因此界面状态分析成为沥青材料 MD 研究中的热点之一。汪海年、郭猛、Dong 等人基于界面能理论对界面黏附强度、水稳定性及其受沥青和集料类别的影响进行了静态研究[40-42],而 Wang、Xu、Du 等人通过开展拉伸失效行为模拟,对界面抗裂性能进行了动态分析[43-45]。老化沥青性能演变规律及旧沥青再生激活行为是沥青材料 MD 研究中的另一热点,Fallah、Pan、Xu 等人对老化前后沥青物理性质演变趋势及其影响因素进行了探索[9,46-47],许勐、崔亚楠、Cui 等人则通过构建再生沥青分子模型,对再生剂作用下新旧沥青混溶过程及老化沥青性能恢复机制进行了解析[3,48-49]。此外，陈子璇、Ding、Hu 等人还对橡胶粉、苯乙烯-丁二烯-苯乙烯（SBS）等聚合物改性沥青的改性效果及微观机理进行了探究[29,50-51]。表 1-3 列出了针对不同沥青材料性能问题所开展的 MD 模拟研究，以及相应的研究指标和结论。

表 1-3 基于 MD 模拟的沥青材料性能研究

问题属性	指标参数	主要结论
沥青物理性质[35-37]	密度、玻璃化转变温度、黏度、体积模量等	沥青密度与真实值接近，玻璃化转变温度因沥青成分不同存在变异性，黏度、体积模量等参数随温度提升而下降的趋势与实测数据一致，但数量上有显著差异
沥青自愈行为[38-39]	均方位移、自扩散系数、裂缝润湿时长等	表征沥青自愈性能的扩散系数随温度上升而增加，分子链长和支链分布影响沥青自愈性能，沥青质扩散系数最低，饱和分最高，而胶质和芳香分的扩散系数处于中间值
沥青-集料界面静态性状[40-42]	黏附功、剥落功、能量比（energy ration, ER）等	集料抗剥落性能与界面黏附功有关，黏附功受沥青种类的影响较小但受集料类型的影响很大，水的存在改变了界面沥青的纳米结构，从而降低了界面的黏附强度
沥青-集料界面动态拉伸失效[43-45]	极限拉伸强度、断裂能、应力峰值处位移等	加载速率、集料类型、沥青膜厚度、温度等因素对拉伸失效强度有影响，随着加载速率降低到一定水平，界面失效类型从黏附破坏变为内聚破坏
老化沥青性能演变[9,46-47]	密度、黏度、模量、自扩散系数、黏附功等（老化前后）	含氧官能团提升了老化沥青的分子间相互作用力，使沥青密度、黏度、模量等参数增加，而自扩散系数和自愈合性能降低，老化还使沥青-集料界面黏附功上升，水稳定性降低
新旧沥青混融/再生剂扩散[3,48-49]	分子构象、黏度、模量、自扩散系数等（掺加再生剂前后）	再生剂使老化沥青的分子聚集程度降低，自扩散能力提高，黏度、硬度、组分比例等性能参数改善，但在有限的再生剂掺量下，老化沥青性能难以恢复至老化前水平
聚合物改性沥青性能[29,50-51]	黏度、模量、黏附功等（掺加改性剂前后）	橡胶粉、SBS 等聚合物通过对沥青组分的吸附行为，使沥青黏度、模量和界面黏附强度增加，也使扩散系数和流动性降低

1 绪论

基于探究沥青老化及再生激活期间微观性状演化机理的迫切需求与 MD 技术的优势功能，本书重点内容之一就是采用 MD 模拟方法解析沥青老化与再生行为，理解沥青材料宏观力学性能发生演变的内在分子机制，为提升沥青混合料及沥青路面耐久性提供理论指导。

1.2.3 量子化学在沥青材料研究中的应用

从表 1-3 可见 MD 模拟为深入认识沥青材料微观性状机理及界面交互机制创造了条件，但上述研究采用的均是基于经典力场分子动力学方法（即经典 MD 模拟），该方法只能模拟沥青的物理性质而无法描述化学反应。然而，沥青老化行为涉及沥青分子结构的演变，属于化学反应，超出了经典 MD 模拟的功能范畴。为此，Pan 在 2012 年探索性地开展了反应力场（reactive force field，ReaxFF）分子动力学模拟来分析沥青与氧气间的老化反应[52]。ReaxFF 是美国加利福尼亚理工学院 Adri van Duin 团队开发的可用于预测化学反应的力场模型，最早于 2001 年提出，但经逐步完善后在 2008 年才成功用于碳氢化合物的氧化反应研究[53]。在 Pan 的模拟中可观察到沥青分子上生成了含氧官能团，但遗憾的是没有得到具体的反应路径。

由于 ReaxFF MD 模拟相比经典 MD 模拟难度较高，耗时较长，且优势仅体现在能预测化学反应这一点，因此在 Pan 进行探索性研究之后很少有其他学者用该方法分析沥青材料性能。不过在能源与环境等学科，ReaxFF MD 模拟被广泛用于分析褐煤、木质素等有机物的氧化及燃烧过程，并成功揭示了这些与沥青具有相似化学结构的有机物的化学反应路径[54-56]。为此，本书拟借鉴前述研究经验，基于 ReaxFF MD 方法对沥青老化反应的过程信息进行解析。必须指出的是，ReaxFF MD 方法的准确性高度依赖于根据量子力学计算结果所建立的 ReaxFF 参数集。由于目前并没有专门针对沥青材料开发的力场参数集，因此 ReaxFF MD 方法在描述沥青老化反应及中间自由基转化过程时准确性可能不足。此外，无论是经典力场还是 ReaxFF 都属于经验力场，其描述的都是处于基态时的分子势能面，而由于紫外线辐射下沥青分子跃迁至激发态，因此基于经验力场模型的 MD 模拟难以解析沥青的紫外老化行为。

相比 ReaxFF MD 模拟，基于量子力学基本理论的量子化学方法为预测

沥青老化及再生行为的计算模拟：分子动力学与量子化学

和模拟包括沥青老化在内的各类化学反应提供了更加基础有力的技术工具。借助量子化学方法，研究者得以突破试验手段的尺度约束，深入飞秒与亚纳米时空尺度探寻沥青老化反应的本质，并通过对电子行为进行高精度数值计算，严格解析紫外线辐射下沥青分子跃迁至激发态对其老化过程的催化效应。由于量子化学方法理论复杂，计算量大，目前在沥青领域的应用较少，但呈现逐年上升的趋势。量子化学框架下的密度泛函理论（density functional theory，DFT）计算方法应用最为广泛，美国亚利桑那州立大学Fini团队最早于2016年开展相关研究，基于DFT方法对沥青老化反应活性以及胶粉、生物油等对沥青的改性机制进行了理论探究[57-59]。2021年以来，国内谭忆秋、顾兴宇等团队也相继基于DFT方法对沥青老化机理进行了研究[60-62]。

此外，另一种前沿量子化学方法从头算分子动力学（ab initio molecular dynamics，AIMD）模拟，因将静态DFT计算与动态MD模拟有机结合，无需预设过渡态即可准确预测化学反应路径，成为获取化学反应过程信息的最有效工具之一[63]。尽管该方法尚未被用于沥青材料研究，但近年来已被物理化学学科领域广泛用于解析有机或无机分子体系的复杂反应性行为，包括金属氧化物的催化作用、固体氨硼烷和硼氮富勒烯的储氢机制等，相关研究经验可为AIMD模拟在沥青老化行为分析中的应用提供有效指导[64-66]。随着高性能计算平台的发展，以及量子力学/分子力学（QM/MM）耦合、增强采样等加速计算理论的完善，AIMD方法日益成为沥青性能研究的新选择。

为此，针对试验手段与经典建模方法难以探究沥青老化/再生相关化学反应性问题的局限。本书基于DFT、AIMD等量子化学方法，预测了沥青老化涉及的全局反应路径及其时空演化信息，求解了沥青老化路径上的势能面及反应能垒，从而分析了沥青分子发生每一步老化反应的热力学驱动力，为沥青老化病害的阻断与防治技术提供坚实的理论支撑。

计算模拟基本理论

沥青老化及再生行为的计算模拟：分子动力学与量子化学

本书主要采用分子动力学和量子化学两类计算模拟方法来研究沥青老化特性及再生激活等问题，具体包括了经典力场分子动力学（经典 MD）、反应力场分子动力学（ReaxFF MD）、密度泛函理论（DFT）和从头算分子动力学（AIMD）等具有各自优势的技术方法。由于每种方法涉及的基本理论、参数设置、软件平台、功能限制等均有较大差异，因此，为方便理解后续各章节采用对应计算模拟手段以及进行相应参数设置的原因，本章首先对几种主要分子动力学及量子化学方法的理论基础和概念参数进行简要介绍。

2.1 分子动力学理论基础

MD 模拟（本节所述 MD 方法均为经典 MD 模拟）是指基于统计力学理论和计算机技术求解体系粒子（原子、分子等）在不同条件下的运动状态以及热力学性质的数值方法。MD 模拟最早应用于理论物理学，随后被用到材料学研究中，并且自 1970 年代之后在生物学研究中的应用也非常普遍。一般认为最早的 MD 模拟是由 Alder 和 Wainwright 于 1957 年开展的简单硬球弹性碰撞模拟。1964 年，Rahman 利用兰纳-琼斯势（Lennard-Jones potential）函数对由 864 个粒子构成的液态氩体系进行 MD 模拟，并得到与实验数据相吻合的自相关函数和自扩散常数。Rahman 所采用的计算机代码为后来众多 MD 计算程序提供了基础构架[67]。1977 年，McCammon 等人首次开展了针对蛋白质的 MD 模拟，在原子水平上研究了折叠球状蛋白（牛胰蛋白酶抑制剂）的结构波动行为及其波动幅度、相关性和衰减等动力学特性[68]。

尽管 MD 模拟相比量子化学方法更为简明，对于初学者也更友好，但其发展实际上晚于量子化学，且是对后者的简化应用（量子化学理论基础在 2.3 进行介绍）。理论上，几乎所有原子/分子体系的物理化学性质都可以通过量子化学来精确求解，但量子化学计算精度虽高，计算速率却很低，因此在早期只能被用于研究原子数量较少的物质体系。然而，生物医学、材料工程等领域所遇到的大多数物质都包含大量的原子，例如蛋白质、脂肪、橡胶、纤维以及本书所研究的沥青材料。对于这些大分子体系，在早期计算能力有限的情况下，采用量子化学方法难以获取全面的静态和动态信息，甚至难以使模拟体系达到热力学平衡状态。

因此,在对大分子体系进行模拟研究时,基于经典力场分子动力学方法被用来替代量子化学方法。分子动力学利用经典牛顿力学来描述原子的运动轨迹,从而获取模型体系的统计学和动态特性,在此过程中电子的存在被忽略,体系能量完全由原子核的位置决定。与量子化学方法相比,从经典统计力学出发的分子动力学因无需考虑电子效应而大幅降低了计算量,因此适用于分析大分子体系在外力条件下的静态和动态响应,展示其物理构象与热力学性质的变化。

2.1.1 分子动力学模拟基本流程

MD 模拟通常从建立一个分子模型开始,然后给体系中的每个粒子分配一个力场,力场被用来确定粒子的势能以及受力状态。在配置力场并确定初始坐标及速度之后,就能通过数值求解牛顿运动方程来获取后续每一步的粒子坐标及速度,从而预测体系的动态特性及其在任一时间节点上的动力学响应[69-70]。对于一个含有 N 个粒子的分子体系,将体系粒子的位置向量和动量向量分别表示为 $\boldsymbol{r}_i=(x_i,y_i,z_i)$ 和 $\boldsymbol{p}=(p_{i,x},p_{i,y},p_{i,z})$,则体系的哈密顿量 $\hat{H}$(体系的总能量,即体系所有粒子的动能和势能的总和)表示为:

$$\hat{H}(\boldsymbol{R}^N,\boldsymbol{P}^N) = \sum_i^N \sum_\alpha \frac{p_{i,\alpha}^2}{2m_i} + U(\boldsymbol{R}^N) \tag{2-1}$$

式中:$\boldsymbol{R}^N=\{\boldsymbol{r}_1,\boldsymbol{r}_2,\cdots,\boldsymbol{r}_N\}$ 和 $\boldsymbol{P}^N=\{\boldsymbol{p}_1,\boldsymbol{p}_2,\cdots,\boldsymbol{p}_N\}$ 分别表示体系粒子的广义坐标和广义动量;右边第一项 $\sum_i^N \sum_\alpha \frac{p_{i,\alpha}^2}{2m_i}$ 和第二项 $U(\boldsymbol{R}^N)$ 分别表示粒子的动能和势能;α 表示 x,y,z 三个方向中的每一个;m_i 表示第 i 个粒子的质量。

MD 模拟的本质是处理多体问题,每个粒子的运动都受它与体系中所有其他粒子相互作用的影响。对于一个包含 N 个粒子的体系,有 $3N$ 个位置变量和 $3N$ 个动量变量需要求解,由于这些变量是紧密耦合的,多粒子体系所对应的式(2-1)几乎不可能得到解析解。在 MD 模拟中,具有伴随势能函数 $U(\boldsymbol{R}^N)$ 的力场被引入以描述粒子间的相互作用。这些力场本质上属于保守力场(即力场内力所做的功与移动路径无关),这表明作用在每个粒子

上的力 $F_i(\boldsymbol{R}^N)$ 都可以根据体系势能 $U(\boldsymbol{R}^N)$ 对粒子位置 r_i 的一阶导数（即梯度）来获取：

$$F_i(\boldsymbol{R}^N) = -\frac{\partial U(\boldsymbol{R}^N)}{\partial r_i} \qquad (2-2)$$

粒子的运动可以根据牛顿第二定律描述为：

$$m_i \ddot{r}_i = F_i(\boldsymbol{R}^N) \qquad (2-3)$$

式中：$\ddot{r}_i$ 表示粒子位置 r_i 关于时间的二阶导数。一旦为体系粒子设置了确定的初始位置 $\boldsymbol{R}^N$ 和初始动量 $\boldsymbol{P}^N$，就可以通过对式（2-3）进行积分来获取粒子的完整运动轨迹，即计算任意时刻体系内所有粒子的位置和速度。

不过 MD 模拟通常并不止步于得到体系粒子的运动轨迹（即 $\boldsymbol{R}^N$ 和 $\boldsymbol{P}^N$ 的演化），还期望根据这些轨迹获取体系的其他物理量。MD 模拟是一种基于统计力学的数值方法，尽管粒子的运动是由经典牛顿力学描述的，但粒子的轨迹 $\boldsymbol{R}^N$ 和 $\boldsymbol{P}^N$ 的配置（configuration）被认为遵循一定的统计分布。例如，对于温度保持恒定的正则系综，体系配置的概率密度分布正比于玻尔兹曼函数 $\exp[-\hat{H}(\boldsymbol{R}^N,\boldsymbol{P}^N)/(k_B T)]$，其中 $\hat{H}$ 表示哈密顿量，k_B 是玻尔兹曼常数，T 表示温度。因此，体系的物理量 $Q(\boldsymbol{R}^N,\boldsymbol{P}^N)$ 是通过对所有可能的配置求和得到的，每个配置都有相应的概率加权，具体表达如下：

$$\langle Q(\boldsymbol{R}^N,\boldsymbol{P}^N)\rangle = \int d\boldsymbol{R}^N \int d\boldsymbol{P}^N \rho(\boldsymbol{R}^N,\boldsymbol{P}^N) Q(\boldsymbol{R}^N,\boldsymbol{P}^N) \qquad (2-4)$$

式中：$\rho(\boldsymbol{R}^N,\boldsymbol{P}^N)$ 表示体系配置的概率密度分布，尖括号 $\langle\ \rangle$ 表示物理量在体系所有可能配置上的平均，这些配置由 $\boldsymbol{R}^N$ 和 $\boldsymbol{P}^N$ 来描述。由于遵循玻尔兹曼函数的体系配置的概率密度分布是哈密顿量的函数，它可以通过对玻尔兹曼函数进行归一化来计算：

$$\rho(\boldsymbol{R}^N,\boldsymbol{P}^N) = \frac{\exp[-H(\boldsymbol{R}^N,\boldsymbol{P}^N)/(k_B T)]}{\int d\boldsymbol{R}^N \int d\boldsymbol{P}^N \exp[-H(\boldsymbol{R}^N,\boldsymbol{P}^N)/(k_B T)]} \qquad (2-5)$$

几乎不可能对体系的所有配置空间进行完整采样，但根据遍历假设（ergodic hypothesis），给定一个足够长的时间，体系可以经历配置空间中所有可能的状态，因此物理量在配置空间中的平均值可以根据它们在时间上的平均值近似成：

$$\langle Q(\boldsymbol{R}^N,\boldsymbol{P}^N)\rangle = \lim_{\tau\to\infty} \frac{1}{\tau} \int_0^\tau Q(\boldsymbol{R}^N,\boldsymbol{P}^N) dt \qquad (2-6)$$

2 计算模拟基本理论

MD 模拟的基本流程如图 2-1 所示。

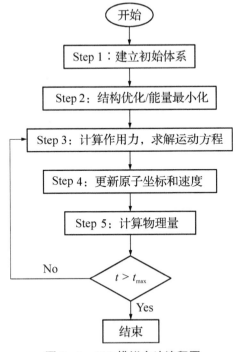

图 2-1 MD 模拟方法流程图

第 1 步，建立初始体系，预设体系原子的初始位置、速度、边界和约束条件，并配置合适的力场函数。

第 2 步，根据所配置的力场函数对初始体系进行结构优化（能量最小化），使体系几何构型有初步的调整，从而确保 MD 模拟能够顺利执行。

第 3 步，根据所配置的力场函数计算作用在每个原子上的初始力，然后通过求解牛顿运动方程求解新的时间步上各原子的运动状态。

第 4 步，相应地更新各原子的位置和速度。

第 5 步，根据第 4 步记录的运动轨迹计算感兴趣的物理量。重复第 3 步到第 5 步，直至模拟时间达到设定的时限。

2.1.2 力场

根据量子力学的玻恩-奥本海默近似（Born-Oppenheimer approximation),一个分子的能量可以近似看作分子内各原子位置的函数,即分子能量随分子构型的变化而变化。描述这种分子能量与分子结构之间关系的函数就是力场函数,也称为势能函数。如前所述,在 MD 模拟中作用于各原子上的力是根据计算力场函数关于原子位置的一阶导数得到的,因此,配置准确的力场函数是得到高置信 MD 模拟结果的必要前提[71-73]。

力场函数的建立分为两个步骤:第一步是选择适当的力场函数形式,即确定力场函数所包含的能量项及各能量项对应的表达式;第二步是确定力场函数中各能量项表达式的具体参数,这些参数可通过物理或化学实验数据进行拟合得到,也可根据量子力学计算获取。力场的基本函数形式包括描述经由共价键连接的原子之间相互作用的键合项,以及描述范德华力、静电力等非共价相互作用的非键合项:

$$E_{total} = E_{bonded} + E_{non\text{-}bonded} \tag{2-7}$$

其中键合能量项的组成由以下方程给出:

$$E_{bonded} = E_{bond} + E_{angle} + E_{dihedral} + \cdots \tag{2-8}$$

式中:E_{bond} 为键伸缩能,即共价键沿键轴方向伸缩所产生的分子能量变化;E_{angle} 为键角弯曲能,即两共价键之间角度扩张导致的分子能量变化;$E_{dihedral}$ 为二面角扭曲能,即由单键旋转引起分子骨架扭曲所引起的能量变化。根据不同力场形式还可以添加其他的能量项如面外弯曲相互作用等。

非键合能量项的组成由以下方程给出:

$$E_{non\text{-}bonded} = E_{van\,der\,Waals} + E_{electrostatic} \tag{2-9}$$

式中:$E_{van\,der\,Waals}$ 为范德华力;$E_{electrostatic}$ 为静电相互作用。

遵循上述函数形式的常用力场函数可分为以下几类:

① 传统力场。传统力场包括适合处理蛋白质、核酸等生物大分子体系的 AMBER(assisted model building with energy refinement)力场,适用于有机分子、溶液、聚合物和生物分子的 CHARMM(chemistry at HARvard macromolecular mechanics)力场,主要用于无机体系的 CVFF(consistent valence force field),以及主要用于碳氢化合物和其他有机小分子构象分析的分子力学(molecular mechanics,MM)力场。

② 第二代力场。第二代力场比传统力场精度更高,但函数表达式也更加复杂,涉及的力场参数更多,计算成本相应更高。第二代力场包括适用于有机小分子、聚合物、生物大分子等诸多体系的 PCFF(polymer consistent force field),适用于常见有机分子、无机小分子和聚合物的 COMPASS (condensed-phase optimized molecular potentials for atomistic simulation studies)力场。

③ 通用力场。通用力场也称基于规则的力场(rule-based Force Field),其力场参数基于原子性质计算所得,用户可通过自主设定一系列分子作为训练集来生成力场参数,因而具有较好的可移植性,但计算精度较低,可靠度较差。通用力场包括可应用于完整元素周期表的 UFF(univers all force field)力场,适用于有机小分子、生物大分子和主族元素计算的 Dreiding 力场。

④ 其他力场。除上述三类力场之外,不同科研团队还根据研究需要开发了一些能实现特殊功能的力场函数,例如能基于键级预测化学反应的 ReaxFF,以及 DPD(dissipative particle dynamics,耗散粒子动力学)、Martini force field(马提尼力场)等用于开展粗粒化分子动力学的粗粒化力场。本书第 7 章即采用 ReaxFF 对沥青分子的老化行为进行了探究。

前三类力场属于经典力场,在经典力场作用下分子结构不允许有化学键断裂,也不允许新的化学键形成,因此它们仅限于模拟分子体系的物理性质和热力学性能而无法模拟化学反应。采用经典力场的分子动力学称为经典力场分子动力学,与之相对的是能模拟化学反应的反应力场分子动力学。

2.1.3 系综

在统计力学中,系综(ensemble)是指在一定宏观条件下一个体系所有可能状态的集合。也就是说,系综是体系状态的一个概率分布,而体系宏观物理量是相应微观量的系综平均值。对于具有统一宏观性质的两个体系,其微观状态(例如体系内每个粒子的位置和速度)可能是截然不同的[74-75]。

一个宏观体系所有可能的微观状态是一个天文数字,这些微观状态共同组成了体系的相空间。每一时刻体系所处的微观状态都对应于其相空间中的某一个点,随着时间推移,体系的状态持续变化,体系在相空间形成一条轨迹。在足够长的时间内,该轨迹将覆盖相空间所有可能的状态。正如遍历假设所述,对于一个平衡体系,其物理量在相空间中的平均值等于该物理量在时间上的平均值。这正是通过 MD 模拟来获取分子体系物理性质的理论基础。

不同的宏观约束对应不同类型的系综,并使体系具有不同的统计特征。MD 模拟中涉及的系综包括正则系综(canonical ensemble, NVT 系综)、等温等压系综(isobaric-isothermal ensemble, NPT 系综)、微正则系综(microcanonical ensemble, NVE 系综)、等压等焓系综(contant-pressure, contant-enthalpy, NPH 系综)和巨正则系综(grand canonical ensemble, μVT 系综),其中前三个系综最常见,也被本书研究所采用。

(1) NVT 系宗。该系综中原子数 N、体积 V 和温度 T 保持恒定,而总能量 E 和压力 P 未予指定。NVT 系综适用于描述与周围环境存在热量交换的封闭系统。为了达到统计平衡,体系必须保持完全封闭,即模拟体系不能与外界环境交换粒子。

(2) NPT 系综。该系综中原子数 N、压力 P 和温度 T 保持恒定。该系综在化学上起着重要作用,因为化学反应通常在恒压条件下进行。

(3) NVE 系综。该系综中原子数 N、体积 V 和总能量 E 保持恒定。NVE 系综下模拟体系与外界环境完全隔离,两者之间既不发生能量交换,也不发生粒子交换,从而保持统计平衡。

MD 模拟的系综选择取决于研究体系所处的热力学条件,一个基本经验法则是,所选择的系综应确保能生成具有代表性的微观状态样本,以便对研究体系进行有效的统计论证。

2.1.4 边界条件

在为 MD 模拟建立初始体系时,需要给模拟体系施加一定的边界条件,以便控制其与外界环境的交互形式。边界条件的设置取决于所模拟的对象或要解决的问题,通常情况下 MD 模拟的目的是获取三维体相材料的物理性质,此时位于模拟体系边界处的粒子是不受欢迎的。这是因为边界粒子与中心粒子(非边界粒子)相比具有相对较少的邻位粒子,而根据力场函数的定义,任意粒子的受力状态都与其邻位粒子的坐标有关,因此边界粒子的动态行为相对中心粒子有较大偏差。尽管宏观材料也存在边界原子或分子,但由于 MD 模型的尺寸一般仅为纳米级别,这使得 MD 模型中边界粒子的数目与所有粒子数目之比远高于宏观材料,从而导致模拟结果与宏观尺度上的实验结果有显著不同[69]。

针对上述问题,一个解决方案是为模拟体系施加周期性边界条件[76]。周期性边界条件的思想是用一个称为元胞的周期性盒子来描述宏观的体系,在该元胞周围有紧密堆积的具有完全相同排列及运动的镜像元胞。结合图2-2中的二维体系对其进行说明,计算元胞(中心元胞)四周有相同的镜像元胞,若计算元胞中有一个粒子从左边界移出至左侧的镜像元胞,则其右侧镜像元胞中必然同时有一个相同的粒子以相同的轨迹进入计算元胞内,由此确保计算元胞内粒子数目和物理量(动量、能量等)守恒[77]。周期性边界条件使计算元胞内的每个粒子不仅与计算元胞内的其他粒子相互作用,也与其附近镜像元胞内的粒子相互作用。因此,具有周期性边界条件的模拟体系的边界粒子和中心粒子具有相近的邻位粒子数目,这几乎消除了MD模拟中的表面效应,使纳米尺度的MD模拟能用于分析宏观体系行为。

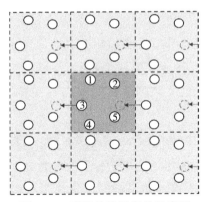

图2-2 周期性边界条件示意图

与周期性边界条件相对的是非周期性边界条件。当所研究的问题恰好是表面问题,比如求解材料体系的表面能或分析材料自由表面的粒子分布状态时,为模拟体系施加非周期性边界条件是合适的。对于同一个体系,可以对其不同边界施加不同的边界条件,例如在三维体系的 x,y 维度上施加周期性边界条件,而在 z 维度上施加非周期性边界条件。在具有非周期性边界条件的维度上,模拟体系不存在镜像体系,位于边界处的粒子也不再与镜像体系中的粒子形成跨越体系的交互作用。

根据边界条件对粒子运动的限制情形,非周期性边界条件可进一步分为固定边界、缩放包围(shrink-wrapping)边界、条件缩放包围边界等[77]。其中固定边界是指如果一个粒子移动到边界之外,那它将在下一个模拟步中被删除;缩放包围边界是指该维度的边界可随着边界原子的移动而缩放,并确保始终包围住边界原子,无论它们移动至多远;条件缩放包围边界是对缩放包围边界的修改,即为后者添加了一定的限制条件,例如为 z 维度上的上限边界设置不小于 100 Å($1 \text{ Å}=10^{-10}$ m)的条件,那么无论体系内粒子的分布位置如何,z 维度的边界仅能在等于或大于 100 Å 的范围内变动。

2.2 反应力场分子动力学理论基础

在经典力场分子动力学中,原子间化学键的连接性是预先设置不可改变的,因而经典 MD 模拟不涉及化学键的断裂与形成,这限制了对化学反应相关问题的研究,包括本书所关注的沥青老化反应过程信息。基于量子力学的从头算方法(如量子化学)可以准确预测化学反应,并针对反应路径获取能垒和反应能。但从头算方法必须解析电子行为,计算成本过高,难以为凝聚态或固体物质的复杂化学反应提供详细的动态描述。为此,Adri van Duin 团队开发了 ReaxFF,用于解决模拟大分子体系化学反应所面临的难题[53,78]。

ReaxFF 是一种基于键级的力场函数形式,它根据键级(也称键序)大小判断化学键的断裂与生成,从而预测分子体系的化学反应。在分子轨道理论中,键级定义为成键轨道中电子数与反键轨道中电子数之差的一半。键级可用于评价共价键的强度,对于键级小于 4 的大多数分子而言,键级越大,分子越稳定。键级还与原子之间化学键的数量有关,单键的键级为 1,双键的键级为 2,三键的键级为 3,而键级为 0 时表明两原子之间无法形成共价键。键级的大小与键长有关,因而 ReaxFF 根据经验从原子间距计算出键级大小,从而判断原子间化学键的连接性以及属性。

ReaxFF 的能量项由以下方程给出,可以看出其函数表达式仍符合式(2-7)所示的力场函数基本形式,但具体各分项的能量表达式更为复杂。为方便理解,可将 ReaxFF 的构建思想解释为任意两个原子都由"非键"相互作用主导,从而使化学键能够顺利断开。与经典力场一致,"非键"相互作用起初就包含范德华力(van der Waals force)和库仑力(Coulomb force),但此外还增加了局部扰动(键、角、扭转等)能量项,和校正(过配位、欠配位等)能量项,以更准确描述复杂分子。ReaxFF 还试图获得对量子现象的准确描述,如共振效应、自由基体系中的不饱和键等。

$$E_{\text{system}} = E_{\text{bond}} + E_{\text{angle}} + E_{\text{tors}} + E_{\text{over}} + E_{\text{under}} + E_{\text{vdW}} + E_{\text{Coulomb}} + E_{\text{Specific}}$$

(2-10)

式中:E_{bond} 是与化学键伸缩相关的键能,根据键级计算得到(在经典力场中,键能根据 Lennard-Jones 势等简单函数获取),而键级须根据原子间距离按相应公式进行计算;E_{angle} 是与三体键角应变有关的键角能,需要重要的是,当组成键角的三个原子中如果有两个原子间的键级变为零,那么键角能也变为零;E_{tors} 是与四体扭转角应变有关的扭转角能,其特征与键角能一致;E_{over} 和 E_{under} 分别是防止原子过配位和欠配位的能量修正,例如,根据键价理论,碳原子的总键级不应超过 4,所以当一个碳原子形成 4 个以上的共价键,则施加过配位能量校正;E_{vdW} 和 E_{Coulomb} 是未成键原子之间的范德华力和静电相互作用;E_{Specific} 是视情况对体系能量进行的必要修正,如共轭效应、孤对电子以及氢键等带来的能量贡献。对 ReaxFF 各能量项函数的更多描述可参考 Adri van Duin 团队的相关文献[54]。

ReaxFF 参数集是通过对量子力学计算结果进行拟合得到的,因而理论上 ReaxFF MD 模拟具有较高的精度,且其计算量仅与经典 MD 方法处于同一量级,可用于分析大型分子体系的化学反应过程(由于参数形式复杂,ReaxFF MD 模拟的计算量仍高于经典 MD 模拟,不过远低于量子化学方法)。ReaxFF 最早于 2001 年提出,用于训练力场模型的参数包括对小分子化合物键解离及其他反应过程的量子化学计算结果,以及一些稳定烃类化合物的形成热和几何构型数据[78]。当时所开展的 ReaxFF MD 模拟的准确性与半经验量子化学方法 PM3 相似或更优,且 ReaxFF MD 模拟速度约为后者的 100 倍,不过当时 ReaxFF MD 模拟还无法用于烃类化合物的复杂化学反应预测分析。2008 年,通过将原有的 2001 年数据与根据量子化学计算新获取的烃类化合物氧化反应过渡态及反应能数据相结合,训练得到更加完善的 ReaxFF 模型,并成功用于模拟甲烷、丙烯、苯、邻二甲苯等烃类化合物与氧气间的化学反应[53]。

2.3 量子化学理论基础

所有材料物质的性质均由其原子或分子状态决定,而原子/分子状态受电子行为驱动,电子行为则进一步受量子力学基本原理制约。当量子力学理论被用于处理化学问题特别是分析电子结构对原子/分子体系物理化学性质的影响时,对应的交叉学科称为量子化学。一般认为最早的量子化学计算是1927年沃尔特·海因里希·海特勒(Walter Heinrich Heitler)和菲列兹·伦敦(Fritz London)将量子力学用于计算H_2分子以及同年奥伊温德·布劳(Oyvind Burrau)将之用于计算双氢离子(H_2^+)。经过近百年的发展,量子化学已形成多种理论方法,其中DFT是凝聚态物理和计算化学中最流行和最通用的方法之一,而将DFT和MD方法有机结合形成的AIMD方法极大地扩展了量子化学的广度和深度,成为当前计算模拟领域最先进的技术之一[79-81]。

2.3.1 薛定谔方程与基本近似[82-84]

2.3.1.1 薛定谔方程

经典力学使用牛顿第二定律描述物体的运动。与之类比,量子力学中对应的描述方程为薛定谔方程。具体而言,薛定谔方程给出了波函数(wave function)随时间的演变。在量子力学中,波函数被用来描述孤立量子体系的状态(也称量子状态)。波函数是坐标和时间的复函数,包含了体系所有可测量的性质。量子力学最直接的表述就是薛定谔所建立的波动方程(即薛定谔方程),方程的解即为量子体系的波函数。对于一个明确的体系,波函数给出了体系可能范围内的所有信息,例如要测量粒子的能量时,波函数将给出所有可能会测得的能量值以及测得这些能量值的概率。正因为如此,可以说波函数描述了体系所处的量子状态。

薛定谔方程可以分为含时薛定谔方程[式(2-11)]和不含时薛定谔方程[式(2-12)]两种形式。含时薛定谔方程与时间有关,用于描述体系随时间的演化(如体系对外部环境的响应过程);不含时薛定谔方程则与时间无关,用于描述体系的定态物理性质(如体系自身的能量状态)。通过求解薛定谔方程,即可从电子结构层面来阐明原子和分子体系的能量与性质。

$$i\hbar \frac{\partial}{\partial t}\Psi(\boldsymbol{r},\boldsymbol{R},t)=\hat{H}\Psi(\boldsymbol{r},\boldsymbol{R},t) \tag{2-11}$$

$$\hat{H}\Psi(\boldsymbol{r},\boldsymbol{R})=E\Psi(\boldsymbol{r},\boldsymbol{R}) \tag{2-12}$$

式中:$\boldsymbol{r}$ 表示所有电子坐标 r_i 的集合;$\boldsymbol{R}$ 表示所有原子核坐标 R_i 的集合;Ψ 和 $\hat{H}$ 分别为体系的波函数和哈密顿量;E 是体系能量。哈密顿量是体系的能量算符,其本征值就是体系各种状态所对应的能量。对于含有 N 个电子的多体体系,其哈密顿量可表述为:

$$\hat{H}(\boldsymbol{r},\boldsymbol{R})=-\frac{1}{2}\sum_i \nabla_i^2 - \sum_{i,I}\frac{Z_I}{|\boldsymbol{r}_i-\boldsymbol{R}_I|}+\frac{1}{2}\sum_{i\neq j}\frac{1}{|\boldsymbol{r}_i-\boldsymbol{r}_j|}-\frac{1}{2}\sum_I \frac{1}{M_I}\nabla_{\boldsymbol{R}_i}^2$$
$$+\frac{1}{2}\sum_{I\neq J}\frac{Z_I Z_J}{|\boldsymbol{R}_I-\boldsymbol{R}_J|}$$

$$(2-13)$$

式中:Z 和 M 分别是原子核电荷数和原子核有效质量;$\sum_i \nabla_i^2$ 是体系的所有电子动能;$\sum_{i,I}\frac{Z_i}{(\boldsymbol{r}_i-\boldsymbol{R}_i)}$ 是体系的所有电子势能;$\sum_{i\neq j}\frac{1}{|\boldsymbol{r}_i-\boldsymbol{r}_j|}$ 是体系的所有电子间库仑排斥能;$\sum_I \frac{1}{M_I}\nabla_{\boldsymbol{R}_i}^2$ 是体系的所有核动能;$\sum_{I\neq J}\frac{Z_I Z_J}{|\boldsymbol{R}_I-\boldsymbol{R}_J|}$ 是体系的所有核间库仑排斥能。为简单起见,该方程以原子单位表示。

2.3.1.2 玻恩-奥本海默近似

原则上通过求解薛定谔方程得到描述体系状态的波函数和本征能量,就能确定该体系的所有性质。但是对于复杂的分子体系,由于电子和原子核以及二者之间相互作用对的数目极其庞大,精确求解薛定谔方程几乎不可能。因此,在求解薛定谔方程时必须引入各种近似加以简化,进而发展出不同的计算方法,其中玻恩-奥本海默近似是描述体系量子态的最基本概念之一。

从式(2-11)和式(2-12)可以看出,电子运动和原子核运动的耦合给薛定谔方程的求解带来巨大困难。然而,原子核的质量比电子大很多(前者通常比后者大 3~4 个数量级),由于粒子加速度的大小与质量成反比,因而在同样的相互作用下,原子核的移动速度比电子慢很多。作为结果,可将原子核视为静止状态,即原子核不与运动的电子耦合,仅受到电子平均势场的作用,而电子则运动在静止原子核构成的势场中。由此可将原子核的运动与电子运动视为独立运动,进而将求解整个分子体系波函数的复杂过程分解为求解原子核波函数和求解电子波函数两个相对简单的过程,这就是玻恩-奥本海默近似,也被称为绝热近似。通过玻恩-奥本海默近似处理,可将薛定谔方程分解为原子核运动方程[式(2-14)]和电子运动方程[式(2-15)]。

$$\left[-\frac{1}{2}\sum_I \frac{1}{M_I}\nabla_{R_I}^2 + \frac{1}{2}\sum_{I\neq J}\frac{Z_I Z_J}{|R_I - R_J|} + U(R)\right]\Psi_n(r) = E\Psi_n(r) \tag{2-14}$$

$$\left(-\frac{1}{2}\sum_i \nabla_{r_i}^2 - \sum_{i,I}\frac{Z_I}{|r_i - R_I|} + \frac{1}{2}\sum_{i\neq j}\frac{1}{|r_i - r_j|}\right)\Psi_e(r) = U(R)\Psi_e(r) \tag{2-15}$$

式中:$\Psi_n(r)$和$\Psi_e(r)$分别为原子核与电子的波函数;$U(R)$为电子对原子核的平均势能;E是体系能量;其他参数含义与式(2-11)和式(2-12)中一致。

2.3.1.3 单电子近似

经过玻恩-奥本海默近似处理后,分子体系的电子运动方程[式(2-15)]仍难以求解,原因是在计算电子间库仑作用时涉及非常复杂的多中心积分。为此,进一步发展出单电子近似来简化电子运动方程的求解。单电子近似的思想是认为每个电子的运动都受到其他电子波函数的影响,因此在求解薛定谔方程时需将所有体系电子视为一个整体来考虑,也就是说,作为方程解的各电子波函数需满足一定的自洽关系。

遵照这一思路,道格拉斯·雷纳·哈特里(Douglas Rayner Hartree)提出自洽场方法来求解单个电子的波函数,即采用平均方式近似处理电子-电子相互作用,将每个电子视为在其他所有电子构成的平均势场中运动的粒子,这意味着可以计算每个电子与其他所有电子的平均势场之间的相互作用,而不用计算所有电子对之间的相互作用。因此,体系电子的哈密顿量可分解为若干单电子的哈密顿量的简单代数和,且每个单电子的哈密顿量仅包含一个电子的坐标,这就是哈特里方程:

$$\hat{H}_i \Psi_i(r) = E_i \Psi_i(r) \tag{2-16}$$

$$\hat{H}_i = -\frac{1}{2}\nabla^2 - \sum_I \frac{Z_I}{|r - R_I|} + \sum_{j\neq i}\int \frac{1}{|r_i - r_j|}|\Psi_j(r_j)|^2 \mathrm{d}r_j \tag{2-17}$$

式中:$\hat{H}_i$ 和 Ψ_i 分别为第 i 个电子的有效哈密顿量和单电子波函数。

2.3.1.4 哈特里-福克(Hartree-Fock)近似

由于哈特里方程没有考虑到电子波函数的反对称性要求,其准确性并不高。哈特里的学生福克(B. A. Fock)进一步考虑自旋电子之间的交换作用和多电子体系波函数的反对称性,以能量作为波函数的泛函,对能量泛函变分求极值推导出哈特里-福克方程:

$$F_i \Psi_i(\boldsymbol{r}) = E_i \Psi_i(\boldsymbol{r}) \qquad (2-18)$$

$$F_i = -\frac{1}{2}\nabla^2 - \sum_I \frac{Z_I}{|\boldsymbol{r}-\boldsymbol{R}_I|} + \sum_{j \neq i}\left[\int \frac{1}{|\boldsymbol{r}-\boldsymbol{r}_j|}|\Psi_j(\boldsymbol{r}_j)|^2 \mathrm{d}\boldsymbol{r}_j - \delta(m_{s_i}, m_{s_j})\int \frac{\Psi_j^*(\boldsymbol{r}_j)\Psi_i(\boldsymbol{r}_j)\Psi_j(\boldsymbol{r})}{|\boldsymbol{r}-\boldsymbol{r}_j|\Psi_i(\boldsymbol{r})}\mathrm{d}\boldsymbol{r}_j\right]$$

$$(2-19)$$

式中:F_i 为福克算符;s_i 和 s_j 为第 i 个和第 j 个电子的自旋。式(2-19)右边最后一项表达了自旋电子之间的交换作用。

哈特里-福克方程是量子物理、凝聚态物理和量子化学等学科中最重要的方程之一,以该方程为核心的数值计算方法称为哈特里-福克方法。尽管在物理上更准确,但由于哈特里-福克方法比早期的哈特里方法和经验模型的计算量大得多,在提出后的一段时间内其实际应用一直较少,直到1950年代计算机技术出现。伴随着计算机技术的快速发展,研究者基于哈特里-福克方程提出了更加高级的量子化学方法,例如常见的组态相互作用方法、多体微扰理论方法等。这些方法的特点是计算精度高但计算量随体系电子数呈指数增长,因此多用于计算由轻元素原子组成的分子体系。

2.3.2 密度泛函理论

密度泛函理论是基于量子力学和玻恩-奥本海默近似的另一种从头算方法。如前所述,哈特里-福克方法和后哈特里-福克方法以复杂得多电子波函数为基础,在这些方法中每个分子体系对应 $3N$ 个变量(N 为电子数,每个电子包含3个空间变量)。密度泛函理论的主要目的是以电子密度取代波函数作为研究的基本量,从而将体系变量数目从 $3N$ 降至3个,这给实际应用带来很大的方便,使对大分子体系的严格求解成为可能[83-86]。

2.3.2.1 托马斯-费米-狄拉克(Thomas-Fermi-Dirac)模型

1927年莱韦伦·希莱恩·托马斯(Llewellen Hilleth Thomas)和恩利克·费米(Enrico Fermi)首次意识到可以用统计方法来近似计算电子分布。他们提出将一个原子的动能表示为电子密度的泛函,再加上经典形式的原子核-电子以及电子-电子相互作用(两种相互作用都可以通过电子密度来表达)来计算原子的能量,这就是托马斯-费米模型。

托马斯-费米模型是密度泛函理论发展的第一步,但由于没有考虑电子间交换相互作用,该模型的精度受到限制。1928年,保罗·狄拉克(Paul Dirac)在该模型基础上增加了一个交换能泛函项,形成托马斯-费米-狄拉克模型。不过,对大多数体系托马斯-费米-狄拉克模型表现得不够准确,其中最大的误差来自动能项,然后是交换能误差,以及对电子关联作用的忽略。

2.3.2.2 霍恩贝格-科恩(Hohenberg-Kohn)定理

虽然密度泛函理论的概念起源于托马斯-费米模型,但直到1964年霍恩贝格-科恩定理提出之后密度泛函理论才有了坚实的理论依据。霍恩贝格-科恩定理主要内容表述如下:

第一定理:对于处在外势场中且不计自旋的束缚电子体系,如果给出了这个体系的基态的电子密度分布,那么这个体系的哈密顿量就是唯一确定的。

第二定理:在任意给定的外势场下,对于电子数保持不变的体系,体系的基态能量等于体系能量泛函对电子密度的全局极小值。

上述提及的体系能量泛函可表述为:

$$E[\rho(r)] = T[\rho(r)] + \int \rho(r)V(r)\mathrm{d}r + E_{XC}[\rho(r)] \quad (2-20)$$

式中:$\rho(r)$为电子密度;$E[\rho(r)]$为体系总能;$T[\rho(r)]$为体系动能;$\int \rho(r)V(r)\mathrm{d}r$为外势场对电子的作用;$E_{XC}[\rho(r)]$为体系交换关联能(体现了体系电子间的多体相互作用,即自旋相同电子的交换作用和自旋相反电子的关联作用)。

霍恩贝格-科恩第一定理指出体系的基态能量仅取决于电子密度,它为以电子密度取代波函数作为基本变量来确定体系状态的做法奠定了基础,此后该定理被扩展至时间相关域,并发展出赖以描述激发态的时间相关密度泛函理论。霍恩贝格-科恩第二定理定义了体系的能量泛函,并证明基态电子密度使体系能量泛函最小化。

尽管如此,霍恩贝格-科恩定理对如何构造式(2-20)中的泛函没有具体的指导,因此仍需要解决如下三个问题:

① 如何确定电子密度;

② 如何确定动能泛函;

③ 如何确定交换关联能量泛函。

2.3.2.3 科恩-沈吕九(Kohn-Sham)方程

沃尔特·科恩(Walter Kohn)和沈吕九(Lu Jeu Sham)在1965年提出了解决上述前两个问题的方法。他们引入一个假想的无相互作用的电子体系,用该电子体系的动能来描述真实体系的动能,且该体系的基态电子密度恰好等于真实体系的电子密度。也就是说,多粒子体系的电子密度函数可以通过形式更简单的单粒子波动方程得到,所述单粒子方程就是科恩-沈吕九方程。

在科恩-沈吕九方程中,体系的电子密度函数用单电子波函数的平方和来表示:

$$\rho(\boldsymbol{r}) = \sum_{i=1}^{N} |\Psi_i(\boldsymbol{r})|^2 \tag{2-21}$$

科恩-沈吕九方程形式如下:

$$\{-\nabla^2 + V_{KS}[\rho(\boldsymbol{r})]\}\Psi_i(\boldsymbol{r}) = E_i\Psi_i(\boldsymbol{r}) \tag{2-22}$$

$$V_{KS} = V(\boldsymbol{r}) + \int \frac{\rho'(\boldsymbol{r}')}{|\boldsymbol{r}-\boldsymbol{r}'|} d\boldsymbol{r}' + \frac{\delta E_{XC}[\rho'(\boldsymbol{r}')]}{\delta \rho(\boldsymbol{r})} \tag{2-23}$$

在科恩-沈吕九方程的框架中,多电子体系的基态特征值问题转化为单电子问题,而科恩-沈吕九方程需要联立并进行自洽迭代求解。

2.3.2.4 交换关联能泛函

针对上述第三个问题的交换关联能量泛函的物理意义是一个电子在多电子体系中运动时与其他电子间的静电相互作用所产生的能量。交换关联能量泛函在密度泛函理论中非常重要,但到目前为止还没有准确的表达方式,因此常采用近似方法来求取交换关联能量,包括局域密度近似(local-density approximation,LDA)、局域自旋密度近似(local spin density approximation,LSDA)、广义梯度近似(generalized gradient approximation,GGA)和混合密度泛函(如 BLYP 方法)等。

2.3.3 从头算分子动力学

如前所述,经典 MD 模拟不能描述化学反应的问题可以通过 ReaxFF MD 模拟来解决,但 ReaxFF 的模型参数可移植性差,且未能考虑电子极化效应,准确性受到限制。基于量子力学的 DFT 计算可以精准解析化学反应,并获取全部电子性质,但该方法须通过"假设-验证"方式获取化学反应路径,难以应用于复杂分子体系的反应路径求解。而最近发展成熟的 AIMD 方法将 MD 模拟与 DFT 计算有机结合,无需预设反应路径即可预测潜在的化学反应过程,彻底改变了复杂分子体系化学反应问题的研究范式[63,87-89]。

在 AIMD 模拟中,原子运动轨迹通过解析牛顿经典力学和统计力学进行描述(与经典 MD 模拟一致),而原子受力状态则通过实时求解电子结构来精准获取,属于量子力学计算范畴(在经典 MD 模拟中原子受力状态通过力场函数进行经验计算)。由于结合了经典 MD 方法的动态优势和量子力学计算的准确严谨特质,AIMD 方法成为非常卓越并得到持续发展的计算工具,可用于研究分子水平上的各类复杂物理、化学和生物学问题,包括通过纯理论方法描述特定条件下化学键的断裂和形成。在模拟开始之前没有预见到的新反应现象也可以通过 AIMD 模拟获取,所以该方法具有真正的预测能力。

尽管具有明显优势,但将分子动力学建立在量子力学基础上要付出极高的计算成本,这影响到研究中的建模规模和时间跨度。因此,AIMD 方法也经历了持续优化的发展过程。最早提出的 AIMD 方法也称为玻恩-奥本海默(Born-Oppenheimer)分子动力学(BOMD),在 BOMD 模拟过程中,根据经典力学计算原子核的运动,同时假设原子核相对电子固定不动,直接求解每个动力学步骤中的静态电子结构。也就是说,对电子结构的分析被简化为求解与时间无关的量子力学问题,即求解不含时薛定谔方程。BOMD 模拟的早期应用是在对电子结构问题进行半经验近似求解的基础上开展的,随着后来 Hartree-Fock 近似被提出后,BOMD 模拟的效率也得到提高。

1985 年,罗伯托·卡尔(Roberto Car)和米歇尔·帕里内洛(Michele Parrinello)提出一个减少 AIMD 计算成本的隐式方法,把 DFT 计算与 MD 模拟结合起来,对电子和原子核的自由度进行统一考虑,提出卡尔-帕里内洛(Car-Parrinello)分子动力学(CPMD),极大地扩展了分子模拟方法的广度和深度。由于 CPMD 采用了高效的轨道预测方案和并行化策略,在凝聚态计算和集群运算上效果非常出色。CPMD 方法的基本思想可以看作是充分利用快速电子运动和慢速核运动的"量子力学绝热时间尺度分离"(quantum-mechanical adiabatic time scale separation)优势。在算法上,这是通过将这种分离转化为动力学体系理论框架下的"经典力学绝热能量尺度分离"(classical-mechanical adiabatic energy-scale separation)来实现的。CPMD 方法的提出使 AIMD 模拟在技术上容易实现,从而大幅促进了 AIMD 方法的发展和推广,为研究高压化学、结构相变、激发态动力学、第一性原理物理学等开辟了道路。目前 AIMD 模拟完全被 CPMD 方法所主导,以至于 CPMD 成为 AIMD 的同义词,且许多先进的模拟方法如浮动电荷极化力场法等都直接基于 CPMD 方法或受其启发。

尽管经过了不断优化,AIMD 模拟的计算量始终非常庞大,远超前文所述 ReaxFF MD 模拟和静态 DFT 计算,这是因为在动力学模拟过程中需对电子结构进行实时计算。因此,AIMD 模拟在很长时间内只应用于数个原子的分子体系,直到近年 CPMD 方法提出者之一帕里内洛的学生朱格·哈特(Jürg Hutter)开发了 CP2K 这一具有强大功能的软件,AIMD 模拟才得以用于沥青这类大分子体系的研究[26]。

实际应用中,约束 AIMD 模拟使用的主要因素仍是计算成本过高,对应的解决方案包括:

① 减小建模尺寸,因为量子化学方法的计算量大致与体系粒子数目三次方成正比。

② 进行具有精度梯度的量子力学/分子力学(QM/MM)耦合动力学模拟[90],即把易发生反应的区域设置为 QM 区域,对该区域进行量子力学模拟,将不易发生反应的区域设置为 MM 区域,对于该区域进行分子力学模拟,总体设置如图 2-3 所示。

扫码看彩图

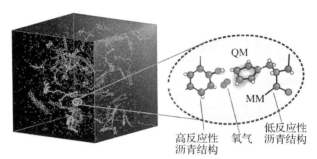

图2-3　沥青-氧气体系 QM/MM 模型

③ 进行降低自由度的元动力学(metadynamics)增强采样动力学模拟[91],即通过选择原子间配位数等统计变量(collective variable)作为反应坐标,不断施加偏置势,迫使分子体系沿着反应坐标搜索全局势能面,诱导体系沿已经明确的路径发生反应,如图2-4所示。需要注意的是,方案2和方案3的实施需先对反应路径具有一定的了解才能实施,否则可能降低模拟结果的准确性。

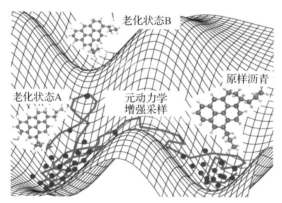

图2-4　基于元动力学增强采样动力学的沥青老化反应路径预测

2.4　计算模拟方法在沥青材料研究中的适用性

2.4.1　分子动力学方法适用性分析

基于经典力场的 MD 方法计算量相对较小,制约其使用的主要因素是力场函数的准确性,而 PCFF、COMPASS 等常用力场模型对有机体系、无机晶体、聚合物等凝聚态的描述有较高的准确性,因此,经典 MD 模拟适用于沥青、集料、改性剂等沥青路面材料的性能分析[31,92]。自 Zhang 和 Greenfield 采用 MD 方法预测沥青结合料的物理性质[33]以来,这一成熟的工具在沥青材料性能研究中得到快速发展,并被证明为深入理解沥青材料微观行为特性和性状机理创造了条件(见表 1-2)。为此,本书基于经典 MD 方法对物理现象及热力学行为进行了研究,如第 5 章对新旧沥青扩散混溶现象进行模拟,以及第 4、6 章对老化前后沥青-集料界面体系的黏附特性和拉伸失效行为进行模拟。

2.4.2 反应力场分子动力学方法适用性分析

在过去的十余年中,Adri van Duin 团队及其他研究者逐步开发了适用于不同材料体系的 ReaxFF 模型,总体上可以分为燃烧/氧化分支和水化学分支[54,93]。其中燃烧/氧化分支主要应用于解析烃类化合物、聚合物、燃料(煤炭和木质素等)、高能材料等物质的燃烧及氧化行为,而水化学分支主要应用于探究生物结构、纳米材料、金属催化剂、储能装置、电池电极等体系的结构转化和电化学反应。由于沥青老化行为与煤炭、木质素等有机大分子物质的燃烧降解行为近似,都涉及碳氢结构与氧气分子间的化学反应,因此可基于燃烧/氧化分支力场对沥青老化反应进行模拟[94-97]。本书第 7 章基于 ReaxFF MD 方法对沥青在不同温度和氧浓度条件下的老化行为进行了研究。

2.4.3 量子化学方法适用性分析

2.4.3.1 DFT 方法适用性分析

随着对材料性能认识的深入,研究者期望从更底层视角探究材料发挥特定物理和化学性质的内在机制,从而寻求更优的材料设计及改性方案。DFT 计算允许在量子力学基础上预测和计算材料行为,而无需输入基本材料性能之类的高阶参数,因此被广泛用于解释和预测由元素内秉属性决定的复杂材料性质。大量研究证明,基于 DFT 方法对由电子行为驱动的有机体系物理化学性质进行计算分析可得到准确结果。Fini 等人的研究也表明将 DFT 方法直接用于沥青材料的性能研究是可行的,只需在计算过程中设置合理的泛函和基组参数即可[57-59]。为此,本书在第 8 章采用 DFT 方法对沥青复杂物理化学性质进行了研究,包括热力学能量、分子极性、静电势分布、分子间相互作用、激发态行为等。

2.4.3.2　AIMD 方法适用性分析

AIMD 模拟可以准确且不带主观偏见地研究凝聚态化学反应过程(无需依赖个人经验进行反应路径预设,从而避免主观立场带来的错误),在预测反应现象、阐明微观机制、指导实验方案等方面带来了全新的研究范式。尽管在本书之前 AIMD 方法未被用于沥青材料的研究,甚至很少被用于与沥青相似的有机大分子体系的研究,但由于 AIMD 的核心理论基础是基于量子力学的 DFT 计算,所以也应具有与 DFT 方法相同的广泛适用性,因此预计可用于沥青老化反应过程的动态分析。本书在第 8 章基于 AIMD 模拟对沥青分子的老化反应路径进行了预测,同时一方面通过文献数据校验了所获取老化路径的正确性,另一方面基于静态 DFT 方法对沿老化路径的势能面及其驱动力进行解析,证实了所得老化路径结果的合理性。

2.5　计算模拟与后处理软件简介

2.5.1　分子动力学模拟软件

2.5.1.1　LAMMPS

LAMMPS(Large-scale Atomic/Molecular Massively Parallel Simulator)是美国桑迪亚国家实验室开发的免费开源分子动力学软件,通常是在 Linux 操作系统上运行[98]。LAMMPS 可通过并行通信提高效率,在并行环境下,使用空间分解技术,将整个模拟体系分解成若干个更小的体系传递给不同处理器执行模拟,边界处理则使用所谓"幽灵原子"保证整体的连续。LAMMPS 的运行需要用户自己使用指定格式的脚本实现,脚本主要由四个部分组成:初始化、定义原子、设置参数和运行模拟。LAMMPS 软件运行中逐行读取并执行脚本内容,因此脚本中的部分命令的顺序不可相互调换。

自从 2004 年 LAMMPS 作为开放源代码发布以来,它已经成为一个被广泛应用的 MD 模拟工具。LAMMPS 的优势是能让用户通过修改脚本自行控制模拟细节,但它不提供图形化界面,因此需使用第三方工具进行建模或模拟结果展示。

2.5.1.2 Materials Studio

Materials Studio 软件是 BIOVIA 品牌下的一款商业分子模拟软件,首个版本于 2000 年发布,现已发展为涵盖经典分子力学、量子力学、介观动力学、蒙特卡洛动力学、定量构效关系以及晶体结构模拟等模块的跨尺度研究平台。Materials Studio 软件提供了 Windows 系统下的标准用户界面,允许用户通过各种控制面板直接对计算参数和计算结果进行设置与分析,此外也开发了适用于 Linux 系统的版本。Materials Studio 软件具有完整的建模和模拟环境,使用过程相比 LAMMPS 软件更为友好,但在功能性和效率上不如 LAMMPS。因此,本书主要采用 Materials Studio 软件进行复杂分子体系的模型搭建,这是该软件的独特优势之一。

2.5.2 量子化学软件

2.5.2.1 Gaussian

Gaussian 是一款商业量子化学计算软件,是目前应用最广泛的计算化学软件之一,其代码最初由理论化学家、1998 年诺贝尔化学奖得主约翰·安东尼·波普(John Anthony Pople)编写。Gaussian 软件在 Windows 系统和 Linux 系统上均可运行,其出现降低了量子化学计算的门槛,极大地推动了量子化学方法的应用。Gaussian 软件可对基态或激发态体系进行计算,可分析的对象包括过渡态能量和结构、键和反应能量、原子电荷和电势、振动频率、红外和拉曼光谱、核磁性质、极化率和超极化率、热力学性质、反应路径等。此外,Gaussian 软件具有专门的配套工具 GaussView 软件,可用于构建 Gaussian 的输入文件,并以图形界面显示计算结果。本书所研究的沥青分子极性、分子静电势、分子间相互作用、沥青老化反应势能面及能垒等静态参数均采用 Gaussian 软件进行计算。

2.5.2.2 CP2K

CP2K 几乎是目前运行最快的开源量子化学及分子动力学软件包,用于对固体、液体、晶体、分子和生物体系进行计算和模拟[26]。CP2K 软件在 AIMD 模拟领域具有很大影响力,能够相对容易地开展包含数百个原子的体系的 AIMD 模拟,为 AIMD 方法的推广应用作出了极大贡献。这主要通过采用高性能计算架构将高效算法和出色的并行可扩展性相结合而实现的。除了进行大规模 AIMD 模拟外,CP2K 还提供有其他广泛的功能,包括为特定问题调用多种解析方法,以及灵活运用联合算法等。CP2K 通常在 Linux 操作系统上运行,因此也不能提供图形化界面,须使用第三方工具进行建模和结果展示。此外,CP2K 的运行需要用户自己使用指定格式的脚本来实现。

2.5.3 可视化软件

2.5.3.1 VMD

本书主要采用 VMD(Visual Molecular Dynamics)软件对 LAMMPS 和 CP2K 软件的模拟结果进行可视化展示[99]。VMD 由美国伊利诺伊大学厄巴纳-香槟分校开发,是一个开源的分子图形软件。VMD 可以使用多种渲染风格和着色方法,同一个分子可被显示为一个或多个对象,其中每个对象体现了特定的渲染方法和着色方案。VMD 为程序控制提供了一个完整的图形用户界面,以及一个使用 Tcl 可嵌入解析器的文本界面,允许带有变量替换、控制循环和函数调用的复杂脚本。VMD 还被明确设计为能够为 MD 模拟轨迹制作动画,这些轨迹可以从已经结束的 MD 模拟结果文件中导入,也可以直接连接到正在运行的 MD 模拟中。

2.5.3.2 OVITO

OVITO(Open Visualization Tool)是另一款用于 MD 模拟和其他基于粒子的模拟所产生的输出数据的可视化及分析软件。OVITO 基于强大的数据通道技术以提供最大的灵活性与易用性,用以支持用户从模拟输出中提取有意义的信息。OVITO 提供了广泛的可视化和分析组件,用户可以将其组装到一连串的处理步骤中。这些操作都是可配置的,然后将由软件实时应用于模拟数据。数据通道的结果最终显示在屏幕上,并可以渲染成输出图像。动态通道概念使用户可以随时更改和调整应用操作的顺序,而且受益于 OVITO 中采用的智能数据缓存和并行技术,工作流不会被中断。

沥青及关联材料的分子模型

分子模拟最重要的输入参数是模拟对象的分子结构,因此,建立准确的沥青结合料以及其他关联材料如矿质集料、改性剂、再生剂等的分子模型对获取可靠的沥青材料性能模拟结果至关重要。一般通过元素分析、FTIR、NMR等微观测试方法确定材料的元素组成、官能团分布等参数,从而获取沥青及其关联材料的化学结构。不过,由于沥青的组成成分非常复杂,获取沥青分子结构的流程较为烦琐,在实际研究中,研究者通常会采用已有的沥青分子模型来开展研究。

3.1 沥青分子模型

3.1.1 沥青的元素组成与组分

3.1.1.1 元素组成

沥青是由不同分子量的碳氢化合物及其非金属衍生物组合而成的黑褐色复杂混合物。道路工程中常用的沥青多为石油沥青,属于石油中相对分子质量最大、组成及结构最为复杂的部分,是原油分馏得到的残余产物。在不同来源的沥青中,碳、氢两种元素的质量占比一般比较稳定,碳元素大约占82%~88%,氢元素大约占8%~13%,碳、氢元素的总含量在95%左右。除碳、氢元素外,沥青还包括杂原子如硫、氮、氧,以及微量金属元素如钒、镍、铁等。

3.1.1.2 化学组分

具有不同极性的沥青分子通过形成团聚程度不同的纳米聚集体,共同构成沥青胶体结构。由于很难对单个沥青分子进行分离,实际工程中通常将沥青中物理化学性质相近的化合物视为一个组分,从而将沥青分为不同的组分,并分析各组分与沥青力学性能的对应关系。我国现行《公路工程沥青及沥青混合料试验规程》(JTG E20—2011)中规定有三组分和四组分两种分析法。此外,还有五组分分析法和更多组分分析法。目前,沥青组分分析方法还在不断修正和发展中,对沥青组分的划分也可以根据工作的需要加以粗分或细分。

3 沥青及关联材料的分子模型

其中四组分分离方法将沥青分为沥青质、胶质、芳香分、饱和分4种组分(SARA),该分离方法在实践工程中最常见,在沥青材料的计算模拟研究中应用也最广泛。关于将沥青分成各种组分的详细方法可在相关教材中找到,本书对此不再赘述,而是对沥青四组分特性进行简要的描述。

(1) 沥青质

沥青质是沥青中不溶于正庚烷但溶于苯或甲苯的黑色或棕色固体,其元素组成除主要元素碳、氢外,还含有少量氮、硫、氧。沥青质是沥青四组分中分子量最大、极性很强且含有最多芳香环结构的组分。沥青质含量对沥青的流变特性有很大影响,沥青质含量越高,则沥青针入度越低、软化点越高,因此黏度也越高。一般沥青中沥青质含量约占5%~20%。

(2) 胶质

胶质是沥青中能溶于正庚烷的深棕色固体或半固体。与沥青质一样,胶质主要由碳、氢元素组成,同时也含有少量氮、硫、氧等元素。胶质的极性很强,对沥青的黏结力和延度有很大影响。胶质与沥青质的比例在一定程度上决定了沥青胶体结构的类型。胶质一般占到沥青总量的20%~50%。

(3) 芳香分

芳香分是沥青组分中极性相对较低,分子量相对较小的部分,由一系列链烷烃、环烷烃和芳香族化合物构成。芳香分为深棕色的黏稠液体,对沥青质和胶质组分具有很强的溶解能力,一般占到沥青总量的20%~50%。

(4) 饱和分

饱和分是沥青中的非极性组分,由正构烷烃、支链烷烃和环烷烃组成。饱和分是稻草色或白色的稠油,占沥青总量的5%~20%。饱和分和芳香分在沥青中的作用主要是溶解沥青质和胶质,使沥青胶体体系保持稳定。

3.1.2 沥青代表性分子结构

构建沥青分子模型的方法有平均分子模型和组合模型两种方法。早期,Jennings 等人基于 NMR 试验数据构建了8种平均分子模型来分别表示 SHRP 沥青试样 AAA-1、AAB-1、AAC-1、AAD-1、AAF-1、AAG-1、AAK-1 和 AAM-1[100]。这些平均分子模型使用起来非常方便,但沥青作为石油的副产品,其内部化学成分相当复杂,仅用平均分子模型难以表示沥青内部不同组分间的相互作用。因此 Zhang 和 Greenfield 提出了一种三组分模型,用二甲基萘(1,7-dimethylnaphthalene)代表胶质,用正二十二烷(n-$C_{22}H_{46}$)代表油分,用 $C_{64}H_{52}S_2$ 和 $C_{72}H_{98}S$ 代表沥青质[35]。后来,Li 和 Greenfield 又在此基础上改进了沥青分子模型,基于沥青质、饱和分、芳香分和胶质这 4 个组分提出了更加精细的 12 种分子结构[36]。用不同分子结构表示沥青内部的四组分结构,由这 12 种分子建成的沥青模型密度与实验值更加接近,这也是目前最为常用的沥青分子模型。因此,本书也多采用这种基于沥青四组分的 12 种分子结构来构建沥青模型。

3.1.2.1 沥青质分子结构

沥青质是沥青中分子结构最复杂且极性相对较高的组分。在石油化工行业,沥青质馏分对原油黏度的影响十分显著,给石油资源的开采、传输和储存等环节带来诸多困难与安全风险。为采取有效措施去除原油中的沥青质或对其进行加氢处置,研究者对沥青质的分子结构及理化性质进行了深入的研究。长久以来,关于沥青质分子究竟是岛状结构还是群岛状结构一直存有争论,一些研究认为沥青质分子通常仅包含一个多环芳香烃核心(岛状结构)[101],而另一些研究支持沥青质分子具有多个多环芳香烃核心(群岛结构)的观点[102]。最近 Schuler 等人基于原子力显微镜(atomic force microscope, AFM)和扫描隧道显微镜(scanning tunneling microscope, STM)技术,在极低温实验环境下直接识别了不同来源沥青质的分子结构,证明了岛状结构的主导地位[103-104],如图 3-1 所示。这些研究首次揭示了沥青质的真实面貌,使研究者对沥青质分子有了直观认识。

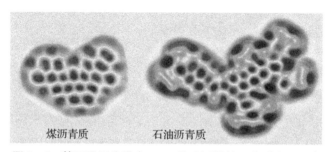

图 3-1 基于原子分辨率 AFM 技术测得的沥青质分子图像

在计算模拟中,使用基于 AFM 单分子成像技术测得的真实沥青质分子结构来代表沥青质组分无疑是最准确的方法。然而,由于沥青质同样由数

3 沥青及关联材料的分子模型

以万计的分子构成,AFM 观测到的沥青质分子结构非常多样化,无法用其中之一来代表整体沥青质。因此,更合适的方案是通过激光质谱、荧光发射光谱、X 射线光谱等微观手段测量沥青质的分子量、多环芳香烃类型、多环芳香烃尺寸等特征参数,从而建立沥青质组分的平均化分子结构。目前接受度最高、应用最广泛的沥青质分子模型是 Mullins 在"修正 Yen 模型"中提出的三个分别带有硫、氮、氧杂原子的分子结构[105]。这些代表性分子模型具有单一的多环芳香烃核心,在多环芳香烃核心周围附有环烷和支链取代烃,如图 3-2 所示。

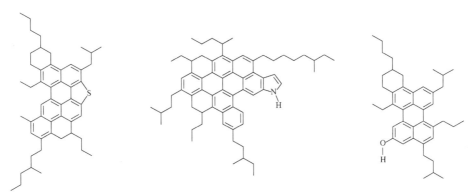

图 3-2 "修正 Yen 模型"中的沥青质分子结构

3.1.2.2 沥青 SARA 组分分子结构

2007 年,Greenfield 团队首次将 MD 方法引入沥青材料的研究中,并致力于构建准确的沥青结合料分子模型。最早该团队将沥青分为沥青质、芳香分和饱和分 3 种组分,每种组分用一个分子来代替,但得到的模拟结果不太理想[33]。为此,他们在 2014 年提出新的沥青分子模型,将沥青分为沥青质、胶质、芳香分和饱和分 4 种组分,每种组分用多个分子来代替[34]。其中代表沥青质的模型即为图 3-2 所示分子结构,不过该团队对其部分侧链的位置进行了调整,目的是降低原结构过高的内能。Greenfield 团队提出的胶质、芳香分和饱和分的代表性分子模型也是通过总结和优化其他学者此前所鉴定的化学结构来确定的,如图 3-3 所示。

Li 和 Greenfield 将这些代表性分子结构按不同的配比组合在一起,构建成表示不同来源沥青的分子模型[34],例如按表 3-1 的配比组合成美国公路战略研究计划(Strategic Highway Research Program,SHRP)中加

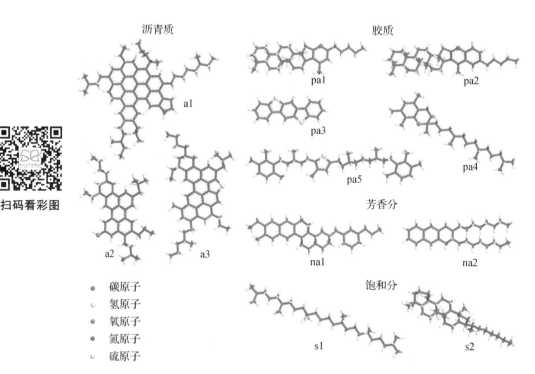

图3-3 Greenfield团队提出的沥青组分代表性分子结构

拿大/劳埃德明斯特沥青(AAA-1沥青)的替代模型,用以模拟密度、热膨胀系数、汉森溶解度参数等物理性质和热力学特性。所得MD模拟结果与实验数据吻合性较好,并明显优于他们之前所提出的三组分沥青分子模型,证明了该新建模型的更高适用性。图3-3沥青组分代表性分子结构与表3-1分子配比的组合随即被其他学者引用,成为沥青材料MD模拟研究领域应用最广泛的分子建模方案。

表3-1 沥青代表性分子结构的详细信息及其在SHRP AAA-1沥青分子模型中的配比

沥青组分	分子标签	化学名称	化学式	分子配比
沥青质	a1	沥青质1-吡咯(pyrrole)	$C_{66}H_{78}N$	2
	a2	沥青质2-苯酚(phenol)	$C_{42}H_{54}O$	3
	a3	沥青质3-噻吩(thiophene)	$C_{51}H_{62}S$	3

续表

沥青组分	分子标签	化学名称	化学式	分子配比
胶质	pa1	胶质 1-吡啶藿烷(pyridinohopane)	$C_{36}H_{57}N$	4
	pa2	胶质 2-喹啉藿烷(quinolinohopane)	$C_{40}H_{59}N$	4
	pa3	胶质 3-苯并双苯噻吩(benzobisbenzo-thiophe)	$C_{18}H_{10}S_2$	15
	pa4	胶质 4-三甲基苯氧烷(trimethylbenze-neoxane)	$C_{29}H_{50}O$	5
	pa5	胶质 5-硫代异海绵烷(thioisoreniera-tane)	$C_{40}H_{60}S$	4
芳香分	na1	芳香分 1-全氢菲萘(PHPN)	$C_{35}H_{44}$	11
	na2	芳香分 2-二辛基环己烷萘(DOCHN)	$C_{30}H_{46}$	13
饱和分	s1	饱和分 1-角鲨烷(squalene)	$C_{30}H_{62}$	4
	s2	饱和分 1-藿烷(hopane)	$C_{35}H_{62}$	4

3.2 沥青-集料界面分子模型

沥青混合料是由沥青、集料和空隙组成的多尺度、多相复合材料。沥青混合料内部细观结构决定了沥青路面宏观力学行为,而细观结构的性能形成取决于沥青-集料相互作用和界面性状。沥青路面常见病害包括开裂、磨耗、松散、车辙等,都与沥青-集料界面效应密切相关。足够的界面强度确保了沥青混合料内部荷载均匀连续传递,从而减少应力集中,提高沥青混合料的整体性能。因此,围绕沥青-集料界面性质的研究是沥青材料计算模拟研究的重点内容之一。

3.2.1 集料模型

矿质集料是沥青混合料中起骨架和填充作用的粒料,包括来自天然岩石的材料,或者其他材料制造过程中的副产品,例如钢铁制造过程中产生的矿渣。沥青混合料中集料部分按重量比占到90%以上,按体积比占到85%。

集料的理化性质和力学特性在沥青路面性能中发挥着重要作用。与不规则的沥青分子相比,集料通常由规则排布的矿质晶体构成。

二氧化硅(SiO_2)晶体是矿质集料中含量最丰富的化合物成分,在以往的分子模拟研究中常被用作集料的代表[106],因此本书也多以 SiO_2 晶体代表集料来构建沥青-集料界面分子模型,其晶胞常数如表 3-2 所示。同时,三氧化二铝(Al_2O_3)和氧化铁(Fe_2O_3)等晶体也是矿质集料中常见的化合物,为分析集料不同化学组成对界面体系黏附特性和失效行为的影响,本书也采用 Al_2O_3 和 Fe_2O_3 晶体代表集料进行了界面体系建模。

表 3-2　SiO_2(石英)晶胞常数

晶胞单元	晶胞常数	
	长度	角度
	$a=b=4.913$ Å $c=5.405$ Å	$\alpha=\beta=90°$ $\gamma=120°$

3.2.2　沥青-集料界面分子模型

以 SiO_2 晶体代表集料为例,沥青-SiO_2 界面分子模型如图 3-4 所示。其中紫色部分为沥青层,红色部分为集料层。由于 SiO_2 晶体在潮湿环境下容易羟基化,因此在沥青层贴近集料的一侧加上了蓝色的羟基。此外,一些研究为了考虑含水率对沥青-集料界面性状的影响,会在沥青层和集料层之间加入一定数目的水分子。图 3-4 所示的沥青-SiO_2 界面体系分子模型既可用于根据静态能量参数评估界面的黏附特性,也可以开展动态拉伸行为模拟以评估界面的抗裂性能。

3 沥青及关联材料的分子模型

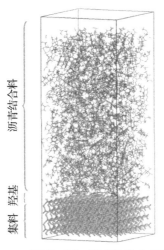

扫码看彩图

图 3-4 沥青-SiO_2 界面体系分子模型

3.3 改性剂分子模型

沥青的化学成分、胶体结构、微观形貌等微观性状参数与其物理性能和流变学特性之间存在密切联系,任何改变沥青微观性状的外掺剂都可能引起沥青宏观路用性能的改变。这些外掺剂通常被称为改性剂。随着经济的发展和交通量的增加,国内外对道路使用质量的要求越来越高。因此,为改善沥青的性质,国内外学者开展大量研究,提出了各种不同类型的沥青改性方案,包括聚合物改性、天然材料改性、纤维改性、纳米材料改性等,用以提升沥青路面材料的抗高温车辙、抗低温开裂、抗疲劳、抗老化、抗磨耗等服役性能。

与沥青和集料一样,在计算模拟过程中,构建准确的改性剂分子模型将有利于获取更精确的模拟结果。本节将对苯乙烯-丁二烯-苯乙烯嵌段共聚物(SBS)和丁苯橡胶(SBR)两种实际工程中常用的沥青改性剂的分子结构模型进行介绍。

3.3.1 苯乙烯-丁二烯-苯乙烯嵌段共聚物

SBS 是一种由聚苯乙烯端部嵌段和聚丁二烯中心嵌段组成的三嵌段共聚物,其结构式如图 3-5 所示。SBS 结合了坚硬塑料和柔韧橡胶的属性,坚硬的玻璃质苯乙烯嵌段提供了力学强度和耐久性,而橡胶质丁二烯嵌段则提供了弹性和韧性。因此,SBS 可以同时增加沥青的弹性、热稳定性和低温抗裂性能,提高沥青与集料的界面黏附性。尽管存在一些经济和技术上的限制,但 SBS 是沥青路面中应用最为广泛的改性剂。

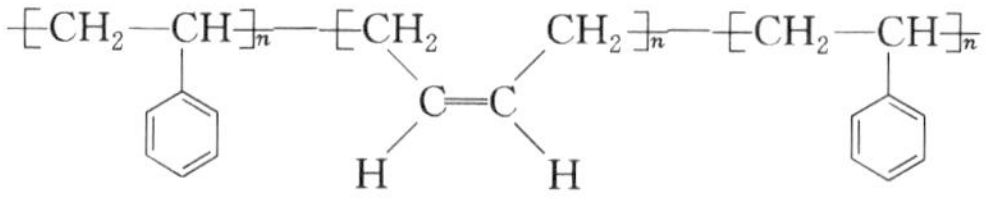

$$\text{-[CH}_2\text{-CH]}_n\text{-[CH}_2\text{-C=C-CH}_2\text{]}_n\text{-[CH}_2\text{-CH]}_n\text{-}$$

图 3-5 SBS 结构式

SBS 改性沥青的建模难点在于如何确定 SBS 的聚合度(degree of polymerization, DP)。如果聚合度过大,模拟中加入的 SBS 用量就容易高于工程实践中的真实 SBS 用量;而如果聚合度值过小,由于其分子结构与沥青中的饱和分相似,SBS 链就不能发挥聚合物改性对沥青的功效。考虑到高黏度是 SBS 改性沥青最突出的特点之一,因此,可以根据加入 SBS 后沥青模型的黏度变化来判断设定的聚合度是否合适。如果加入 SBS 后黏度确实增加,说明设定的聚合度是合适的,反之亦然。

在一项试验性研究中,分别用一条 $SBS_{6\text{-}37\text{-}6}$ 链(由一段聚合度为 6 的聚苯乙烯、一段聚合度为 37 的聚丁二烯和另一段聚合度为 6 的聚苯乙烯组成)与三条 $SBS_{2\text{-}12\text{-}2}$ 链来表示 SBS 模型。具有不同聚合度的 SBS 链如图 3-6 所示。

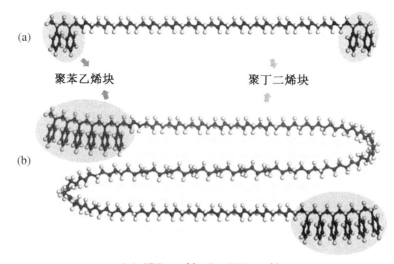

(a) $SBS_{2\text{-}12\text{-}2}$ 链;(b) $SBS_{6\text{-}37\text{-}6}$ 链

图 3-6 具有不同聚合度的 SBS

3 沥青及关联材料的分子模型

随后,计算并比较了基质沥青与 SBS 改性沥青模型的剪切黏度,如图 3-7 所示。与基质沥青相比,SBS_{6-37-6} 改性沥青的黏度增加,而 SBS_{2-12-2} 改性沥青的黏度下降,说明在 MD 模拟中用 SBS_{6-37-6} 链来表示 SBS 更可行。这是因为只有当添加的 SBS 的尺寸远大于沥青分子的尺寸时,才能实现聚合物改性的功效。相反,小尺寸的 SBS 分子结构与沥青中的饱和分相似,它们的加入会增加沥青胶体中的溶剂,稀释沥青质和胶质,从而降低沥青的黏度。

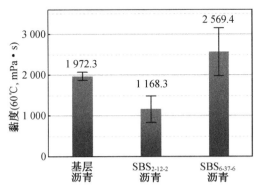

图 3-7 模拟所得基质沥青与 SBS 改性沥青的剪切黏度

不过,在实际工程中,SBS 交联成三维立体网状结构,并因吸附沥青中的轻质组分而大幅膨胀,因此其真实化学结构比上述模型更加复杂。

3.3.2 丁苯橡胶

丁苯橡胶(SBR)是由丁二烯、苯乙烯通过乳液或溶液聚合而成的一种人工合成橡胶,根据聚合方式的不同分为乳聚丁苯橡胶和溶聚丁苯橡胶。由于丁二烯橡胶单体层之间存在热塑性苯乙烯单体,这种共聚物具有良好的强度,因此被广泛用于汽车轮胎行业。汽车的报废轮胎经过粉碎和分离钢丝与纤维后所得的颗粒较小的精细胶粉称为胶粉,常用于沥青路面改性,其主要成分是 SBR。SBR 中丁二烯、苯乙烯单体呈无规分布,其结构式如图 3-8 所示。SBR 的加入使沥青的低温延展性增强,黏度提高,弹性恢复得到改善,在低温条件下柔韧性和抗裂性提升。

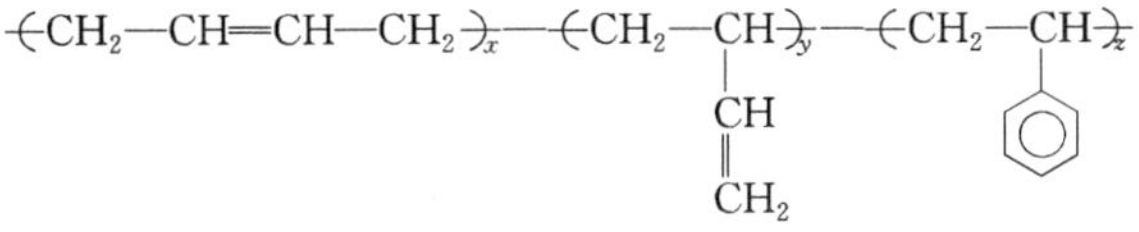

图 3-8 SBR 结构式

需要注意的是,汽车轮胎中所含橡胶并非单一种类的橡胶,除 SBR 外还包括天然橡胶、顺丁橡胶等,且都经过硫化处理,目的主要是提高橡胶强度。相反,普通的生胶是没有经过硫化处理的橡胶。硫化是通过交联剂或交联引发剂使橡胶大分子产生交联,使线形的橡胶分子结构通过交联转变为三维的空间网状结构的过程。硫化橡胶的结构非常复杂,既有化学交联键,也有因分子间作用力所致的物理交联。因此,在分子模拟过程中,一般都对橡胶粉的分子模型进行简化,例如图 3-9 所示的 SBR 分子链模型。

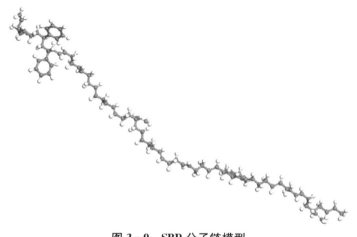

图 3-9 SBR 分子链模型

3.4 老化沥青及再生沥青分子模型

3.4.1 老化沥青分子模型

沥青老化过程会有两种变化:① 氧化老化,即沥青内部敏感官能团中的部分原子被氧原子取代;② 轻质组分的转化,即随着老化的进行,芳香分等轻质组分逐渐向胶质和沥青质转化。其中,轻质组分的转化影响的是沥青各组分的比例,而沥青各组分分子结构的变化需依据沥青氧化老化程度确定。

沥青的氧化老化反应主要是氧气与沥青中的敏感官能团反应形成了含

氧官能团。有学者提出用氧原子取代苄基碳上的氢原子形成的酮基和用硫化物与氧气反应生成的亚砜基来表示沥青氧化老化的产物,如图 3-10 所示。

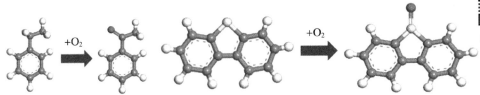

（a）酮基　　　　　　　　　　　　　（b）亚砜基

图 3-10　沥青主要氧化老化产物

沥青四组分中除饱和分外均存在不同数量的敏感官能团,因此它们都有可能发生氧化老化的部位。对于不同老化程度的沥青,其氧化老化程度也不一样。Fallah 等提出根据沥青胶结料中氧元素的含量添加不同数量的氧原子,并按照沥青质＞胶质＞芳香分的优先级顺序配置酮基和亚砜基团[9]。Qu 等则根据傅里叶红外光谱测得的羰基（C═O）和亚砜基（S═O）官能团的相对含量来描述沥青的氧化老化程度,进而确定不同老化沥青中添加的酮基和亚砜基数量[107]。在本书第 7 章和第 8 章也采用了计算模拟的方法来预测老化沥青的化学结构。

除了向沥青分子添加一定数量的含氧官能团外,在老化沥青分子建模中还需要考虑老化期间 SARA 组分的变化,这主要通过改变建模过程中加入模型单元中的各组分分子数目来调节。

3.4.2　再生剂分子模型

通过向老化沥青分子模型单元中掺加不同比例的再生剂,就可以得到不同再生激活程度的再生沥青模型,因此建立准确的再生剂分子模型是模拟计算再生沥青材料性能参数的关键。由于再生剂的品类很多,包括石蜡油等石油基产品和植物油等有机生物质材料,因而无法建立通用的再生剂分子模型。因此,在具体研究中学者们常通过 FTIR、NMR、气相色谱-质谱联用（gas chromatograph-mass spectrometer, GC-MS）、液相色谱-质谱联用（liquid chromatograph-mass spectrometer, LC-MS）等微观试验方法获取所采用再生剂的化学结构,从而建立准确的再生剂分子模型。图 3-11 展示了一种典型的沥青再生剂分子结构。

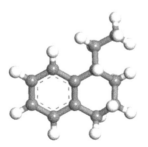

图 3-11 典型的沥青再生剂分子模型

3.5 小结

本章简要介绍了原样沥青、老化沥青、沥青-集料界面体系、沥青改性剂、沥青再生剂等沥青路面关联材料的分子结构模型,有助于对原子尺度计算模拟方法在沥青材料研究中的应用形成初步和直观的认识。

老化及水分对沥青-集料界面黏附性能的影响分析

沥青路面在使用期间不断受到交通负荷和复杂气候条件的影响，导致路面性能逐渐下降，引发坑槽、剥落、开裂、变形等路面病害。有研究认为，由老化和水分入侵引起的沥青与集料之间黏附性丧失是造成沥青路面水损坏的重要原因。了解老化沥青容易水损坏的成因对提升沥青路面的使用质量和服役寿命具有重要意义，为此，本章基于 MD 模拟和微观试验方法研究了老化及水分对沥青-集料界面黏附性能的纳微观影响机制。

4.1 沥青-集料界面模型的构建

本章主要通过 MD 模拟研究沥青-集料界面体系的黏附特性，所采用的沥青模型结构参数根据 FTIR 测试和 SARA 沥青组分分离试验结果确定，同时通过 AFM 试验测试沥青样本的微观黏附力，用于验证 MD 模拟结果的可靠性。所有分子建模及模拟步骤都采用 Materials Studio 软件进行，并使用 COMPASS Ⅱ 力场描述分子间的相互作用和势能。

在进行 MD 模拟之前，需要先建立不同老化状态沥青样本与集料组成的界面模型。构建准确的界面体系分子模型是获取可靠模拟结果的重要保证。界面建模分三步完成：① 确定原样沥青和老化沥青所对应的分子结构及组成配比；② 确定集料晶体结构；③ 组装成沥青-集料界面体系模型。

4.1.1 新旧沥青分子结构及配比

4.1.1.1 新旧沥青分子结构

本章所采用的新沥青分子结构模型与图 3-3 中 Greenfield 团队提出的沥青分子结构一致。所采用的老化沥青分子结构模型根据 FTIR 试验和元素分析试验共同确定，其中 FTIR 试验用于确定老化沥青中的氧化官能团数量，而元素分析试验用于验证沥青分子模型的 H/C 原子比。

用于确定老化沥青分子结构模型的试验流程如下：

（1）基质沥青材料

室内试验所用的原样沥青是 SK 公司生产的 70# 基质沥青，其 PG 分级为 64-22，物理性能如表 4-1 所示。

4 老化及水分对沥青-集料界面黏附性能的影响分析

表 4-1　原样沥青物理性能

指标	单位	测量值
针入度（25 ℃,100 g,5 s）	0.1 mm	65.6
延度（5 cm/min,5 ℃）	cm	36.8
软化点（ring & ball）	℃	47.3
动力黏度（60 ℃）	Pa·s	215

（2）老化沥青制备

为获得不同老化状态的沥青胶结料，对 SK-70 原样沥青进行了短期和长期老化试验。按照《公路工程沥青及沥青混合料试验规程》(JTG E20—2011)，在每个盛样瓶中倒入 35 g±0.5 g 的基质沥青，放入旋转薄膜烘箱(rolling thin film oven, RTFO)中进行 85 min 短期老化(图 4-1)。再将 50 g±0.5 g 的短期老化沥青残余物倒入如图 4-2(a)所示的盛样盘中，在压力老化容器(pressure ageing vessel, PAV)中进行 20 h 和 40 h 的长期老化。为方便表示，下文原样沥青用 VG 表示，短期老化沥青用 RTFO 表示，20 h 长期老化沥青用 PAV20 表示，40 h 长期老化沥青用 PAV40 表示。

(a) 短期老化沥青样品

(b) 旋转薄膜烘箱

图 4-1　沥青的短期老化试验

(a) 长期老化沥青样品

(b) 压力老化容器

图 4-2　沥青的长期老化试验

(3) 红外光谱试验

采用赛默飞科技 Thermo Scientific 公司的 Nicolet iS10 型红外光谱仪对沥青胶结料进行了红外光谱测试,波长的测量范围为 4 000～400 cm^{-1},扫描次数为32,分辨率为 4 cm^{-1}。

采用压片法制作红外光谱沥青试样,制样过程如下:① 用二氯甲烷溶解沥青胶结料,得到沥青-二氯甲烷混合液;② 将溴化钾(KBr)晶体研磨成粉末状,用压片机制成厚度均匀的薄片;③ 将沥青-二氯甲烷混合液均匀涂抹在 KBr 薄片上,进行干燥处理使二氯甲烷挥发;④ 将制好的薄片放置在红外光谱测试仪中进行测试,得到沥青的红外光谱图。

为了消除样品膜厚度变化对羰基和亚砜基官能团峰值强度的影响,此处采用羰基指数(ICO)和亚砜基指数(ISO)来定量确定两种官能团的相对含量,其含义如式(4-1)和式(4-2)所示:

$$\text{ICO} = \frac{A(1\ 700)}{A(1\ 460) + A(1\ 375)} \quad (4-1)$$

$$\text{ISO} = \frac{A(1\ 030)}{A(1\ 460) + A(1\ 375)} \quad (4-2)$$

式中:$A(1\ 700)$是指 1 700 cm^{-1} 附近羰基吸收峰的积分面积;$A(1\ 030)$是指 1 030 cm^{-1} 附近亚砜基吸收峰的积分面积;$A(1\ 460)$ 和 $A(1\ 375)$ 分别是指 1 460 cm^{-1} 和 1 375 cm^{-1} 附近亚甲基和甲基吸收峰的积分面积。

由式(4-1)和式(4-2)可知,计算所需用到的波长范围在 1 700～1 300 cm^{-1},因此这里截取 2 000～400 cm^{-1} 红外光谱数据用来分析,如图 4-3 所示。

扫码看彩图

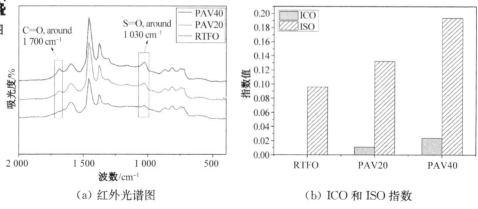

(a) 红外光谱图　　(b) ICO 和 ISO 指数

图 4-3　不同老化程度沥青的红外光谱测试结果

4 老化及水分对沥青-集料界面黏附性能的影响分析

由图4-3可知,RTFO沥青试样的ICO值几乎为零,而PAV20和PAV40沥青试样的ICO值随着老化时间的延长而增大。因此,在RTFO沥青分子结构的苄基碳中没有添加氧原子。但是对于PAV20和PAV40,分别使用了部分氧化和完全氧化的分子结构。类似地,S=O官能团的数量也根据ISO值进行了调整。由于饱和分中几乎不含敏感官能团,饱和分的分子结构不会随沥青老化而变化,C=O和S=O官能团的分配如表4-2所示。

表4-2 不同老化沥青添加的酮基和亚砜基官能团数量

沥青组分	分子标签	RTFO C=O	RTFO S=O	PAV20 C=O	PAV20 S=O	PAV40 C=O	PAV40 S=O
饱和分	s1	0	0	0	0	0	0
	s2	0	0	0	0	0	0
芳香分	na1	0	0	2	0	4	0
	na2	0	0	1	0	2	0
胶质	pa1	0	0	1	0	2	0
	pa2	0	0	1	0	2	0
	pa3	0	1	1	0	0	2
	pa4	0	0	1	0	1	0
	pa5	0	1	1	1	2	1
沥青质	a1	0	0	4	0	7	0
	a2	0	0	2	0	4	0
	a3	0	0	2	1	4	1

综上,三种老化沥青的分子结构如图4-4所示。

4.1.1.2 新旧沥青分子配比

在确定新旧沥青的分子结构后,还需根据沥青中各组分的实际比例来计算每种分子的相对数量,使得四组分比例的模型值与实测值相同。因此,首先要进行新旧沥青的四组分试验。

(1) 四组分试验

按照《石油沥青四组分测定法》(NB/SH/T 0509—2010)测定了沥青胶结料中饱和分、芳香分、胶质和沥青质的比例。主要试验步骤如下:

① 氧化铝活化。将中性氧化铝(100~200目)倒入蒸发皿中,放入

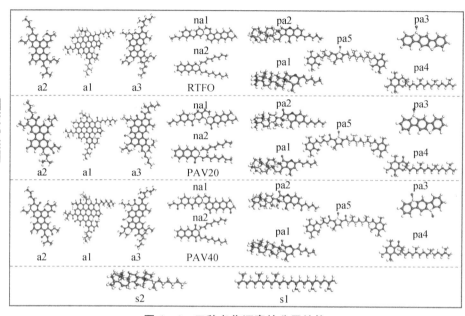

图 4-4 三种老化沥青的分子结构

500 ℃马弗炉中活化 6 h,然后取出置于干燥器中冷却至室温。将氧化铝装进细口瓶中,滴入氧化铝质量 1% 的蒸馏水,盖上瓶塞,剧烈摇动细口瓶 5 min,放置 24 h 再使用。

② 锥形瓶称重。取 5 个锥形瓶并编号,用蒸馏水洗净后放入 105 ℃ 真空干燥箱中烘干 1 h。取出后放在干燥器中冷却至室温,再用电子天平分别测量每个瓶子的重量,精确至 0.000 1 g。

③ 四组分分离。取 1 g±0.1 g 的沥青(沥青质含量<10%时)或 0.5 g±0.01 g(沥青质含量>10%时)放入 1 号锥形瓶中,按 1 g 沥青对应 50 mL 正庚烷的比例加入正庚烷。然后按照图 4-5 所示流程对沥青的四组分进行分离。

④ 回收干燥。回收各锥形瓶中的溶剂,将所有锥形瓶放入 105 ℃ 的真空烘箱(93 kPa±1 kPa)中烘干 1 h,取出放入干燥器中冷却至室温。

⑤ 组分比例计算。依次称重烘干后的锥形瓶质量,与空锥形瓶质量相减得到各组分的质量,计算其占总质量的百分比。

为避免单次测量的误差,对每种沥青试样同时进行了两组平行试验,当两组试验结果差值小于规范值时,取二者的平均值作为最终结果。图 4-6

4 老化及水分对沥青-集料界面黏附性能的影响分析

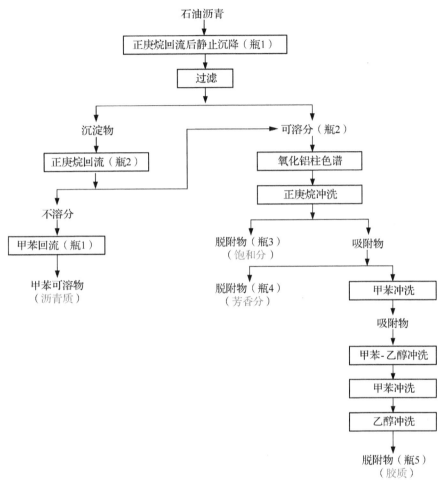

图 4-5 沥青四组分分析流程图

为沥青的四组分试验图,图 4-7 为各沥青胶结料的四组分测试结果。

由图 4-7 可知,随着沥青老化程度增加,沥青质和胶质的相对比例增加,而芳香分比例明显减少。沥青老化过程伴随着轻质组分的转换,重质组分沥青质和胶质含量增加,氧化老化和组分迁移都存在。

(2) 分子数量确定

由前可知新旧沥青的分子结构和内部组分比例,接下来将依据这些数据配置各沥青中 12 种分子结构的数量。配置方法是依据各分子的相对分子质量得到模型的组分比例,通过调整分子数量使得模型值与试验值尽可能接近。同时,模型的 H/C 原子比与实测值也需一致。考虑到后面需比较新

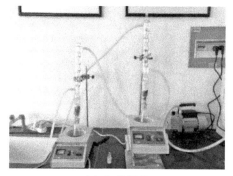

(a) 加热回流

(b) 冲洗色谱

(c) 分离组分

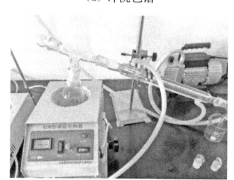

(d) 蒸发回收

图 4-6 沥青的四组分试验

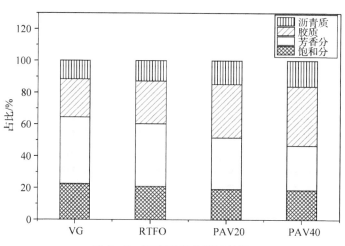

图 4-7 沥青四组分测试结果

旧沥青的性能,配置时还需注意不同沥青模型的总原子数量相差不能过大,以免尺寸效应对计算结果产生较大影响。综上,各沥青的分子配比情况如

4 老化及水分对沥青-集料界面黏附性能的影响分析

表4-3所示。

表4-3 新旧沥青的分子配比情况

沥青组分	分子标签	VG		RTFO		PAV20		PAV40	
		分子式	数量	分子式	数量	分子式	数量	分子式	数量
饱和分	s1	$C_{35}H_{62}$	7	$C_{35}H_{62}$	7	$C_{35}H_{62}$	8	$C_{35}H_{62}$	8
	s2	$C_{30}H_{62}$	8	$C_{30}H_{62}$	8	$C_{30}H_{62}$	6	$C_{30}H_{62}$	6
芳香分	na1	$C_{35}H_{44}$	14	$C_{35}H_{44}$	14	$C_{35}H_{40}O_2$	12	$C_{35}H_{36}O_4$	11
	na2	$C_{30}H_{46}$	15	$C_{30}H_{46}$	15	$C_{30}H_{44}O$	12	$C_{30}H_{42}O_2$	9
胶质	pa1	$C_{36}H_{57}N$	2	$C_{36}H_{57}N$	2	$C_{36}H_{55}NO$	4	$C_{36}H_{53}NO_2$	3
	pa2	$C_{40}H_{59}N$	1	$C_{40}H_{59}N$	2	$C_{40}H_{57}NO$	3	$C_{40}H_{55}NO_2$	5
	pa3	$C_{18}H_{10}S_2$	13	$C_{18}H_{10}OS_2$	15	$C_{18}H_{10}OS_2$	16	$C_{18}H_{10}O_2S_2$	13
	pa4	$C_{29}H_{50}O$	2	$C_{29}H_{50}O$	2	$C_{29}H_{50}O$	2	$C_{29}H_{48}O_2$	2
	pa5	$C_{40}H_{60}S$	2	$C_{40}H_{60}OS$	2	$C_{40}H_{58}O_2S$	3	$C_{40}H_{56}O_3S$	5
沥青质	a1	$C_{66}H_{81}N$	1	$C_{66}H_{81}N$	1	$C_{66}H_{73}NO_4$	1	$C_{66}H_{67}NO_7$	2
	a2	$C_{42}H_{54}O$	2	$C_{42}H_{54}O$	2	$C_{42}H_{50}O_3$	2	$C_{42}H_{46}O_5$	2
	a3	$C_{51}H_{62}S$	2	$C_{51}H_{62}S$	3	$C_{51}H_{58}O_3S$	3	$C_{51}H_{54}O_5S$	3

表4-3中四种沥青模型的原子数分别为5 271、5 562、5 548、5 460,模型的整体规模近似,可以避免尺寸效应对其产生的影响。

4.1.2 沥青分子模型构建过程

4.1.2.1 沥青分子结构绘制

根据前一小节确定的不同老化状态沥青分子结构,即可使用Materials Studio软件进行绘制,主要需用到Visualizer模块中的草绘(Sketch)工具条。以胶质-三甲基苯氧烷分子(图3-3中pa4分子)为例,其绘制步骤如下:

(1) 创建3D文档(.xsd)

从菜单中选择File|New…打开New Document对话框。选择3D Atomistic Document 三位原子文档并确定,即可在Project Explorer中显示已建立名为3D Atomistic Document.xsd的文件,右击该文件选择Rename可

对其进行重命名,如对该分子 3D 文档命名为 RE-E. xsd。

(2) 画环和原子链

在草画工具条上单击 Sketch Ring 按钮,将鼠标移到绘图三维绘图窗口,鼠标光标变为铅笔表示当前处于 Sketch 模式。鼠标旁的数字 6 表示将要画的环包括 6 个原子数,即六元环(注意该数字可变化为 3~8 间任意数字)。这里由于该胶质分子中包含的是六元环,因此直接在绘图窗口中单击左键就可以得到 6 个 C 原子的环。由于该分子结构中还包含一个苯环,将光标移动到六元环的左侧键位置,当键变为绿色时同时按住 Alt 键并单击,得到一个含有部分双键的苯环与之前的六元环相连。

然后单击 Sketch Atom 按钮(通用添加原子工具,可加入任何元素,默认加入 C 原子),将光标移动到六元环的右下角 C 原子位置处,当原子变为绿色时单击鼠标就加入了一个 C 原子,再移动,并单击,依次重复直至在环上加上 13 个碳原子,双击或按 Esc 键结束。

在原子链画好后,根据图 4-8 所示的分子结构在环和原子链对应位置处添加剩余的 C 原子。

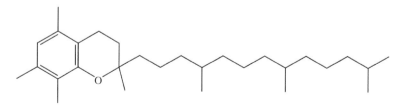

图 4-8　胶质三甲基苯氧烷分子结构

(3) 编辑元素类型

根据分子结构,在六元环上需要将一个 C 原子换成 O 原子,单击 3D Viewer Selection Mode 按钮,选中需要编辑的 C 原子,选定的原子会变成黄色。单击 Modify Element 按钮上的下拉三角箭头,选择 O 元素,然后选定的 C 原子就变成了 O 原子。单击空白区域取消选择,即可看到红色的 O 原子。

(4) 调整 H 原子和结构

在画好分子的骨架后,单击 Adjust Hydrogen 按钮,程序会自动给

4 老化及水分对沥青-集料界面黏附性能的影响分析

结构加上数目正确的 H 原子(首先要确认原子的不饱和状况或键级)。然后单击 Clean 按钮 ，调整分子结构中原子的位置,以便键长、键角和二面角显示得更为合理。此时可以按住鼠标右键并拖动,调整视角以观察分子的三维结构是否合理。(注意:Clean 做出的调整仅仅是基于分子力学基础的,若想获得更加准确的优化构型还需进行能量最小化优化等。)

(5) 改变显示风格

Materials Studio 默认的显示风格是 line 线型模型,可以右击空白处选择 Display Style 。在弹出的对话框中改变显示的方式为球棍模型(Ball and Stick)。同时还可以在 Display Option 对话框中改变文档的显示风格,如背景色、标尺等,绘制完成的 Trimethylbenzeneoxane 分子如图 4-9 所示。类似地,也可以得到其他沥青组分分子。

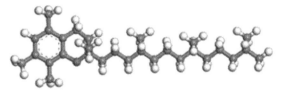

图 4-9 Materials Studio 绘制的胶质-三甲基苯氧烷分子模型　　扫码看彩图

4.1.2.2 沥青分子结构优化

按照上一节构建出新旧沥青分子结构后,还需要对单分子的构型进行优化,以消除初始结构中存在的不稳定分子。当分子的位置偏离其稳定状态时,它的能量会处于较高状态,因此结构优化的过程也是能量最小化的过程。

此处结构优化使用的是 Materials Studio 软件中的 Forcite 模块,选择 Geometry Optimization 任务,采用 Smart 算法,设置最大迭代步数为 2 000 步。力场为 CVFF,静电力的求和方式为 Ewald,范德华力的求和方式为 Atom based。以芳香分-全氢菲萘分子(图 3-3 中 na1)为例,优化前后的分子构型如图 4-10 所示。

由图 4-10 可知,优化后芳香分-全氢菲萘分子的空间构型发生了明显变化,不再是单一的平面状态,有了更多空间形态的变化。在这一过程中分子的能量变化也是显著的,如图 4-11 所示。

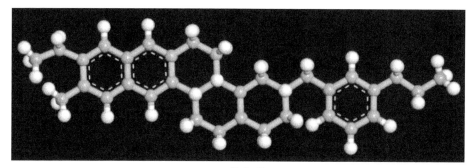

(a) 优化前

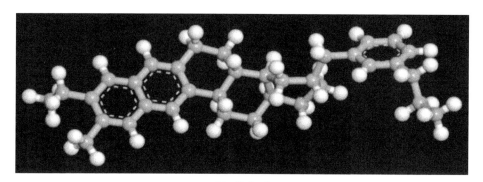

(b) 优化后

图 4-10　芳香分-全氢菲萘分子结构优化前后对比

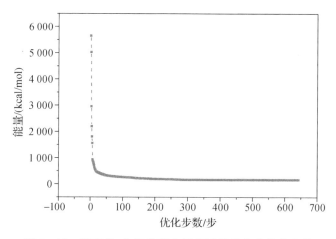

图 4-11　芳香分-全氢菲萘分子能量随优化步数的变化

(注：1 kcal=4.186 8 kJ，下同)

4 老化及水分对沥青-集料界面黏附性能的影响分析

在结构优化的过程中,芳香分-全氢菲萘分子的能量从 5 653 kcal/mol 下降到了 162 kcal/mol,并在 300 步后能量几乎不发生变化。由此可知,优化后该分子的构型已经达到了非常稳定的状态。因此,按照该方法对所构造的所有分子都进行了结构优化。

4.1.2.3 沥青分子模型建立

在获得稳定的单分子构型后,根据表 4-3 中的分子数量构建新、旧沥青的初始模型。采用 Materials Studio 软件中的 Amophous Cell 模块,初始温度设为 298.15 K,初始密度设为 0.1 g/cm³,放入立方体盒子中。

值得注意的是,在组装这些分子时各分子的空间相对位置是随机分布的。为了避免原子间相互重叠,此处设置了较低的初始密度。对整个模型进行能量最小化时,设置同单分子结构优化,只是将最大迭代步数调整为 20 000 步。

以新沥青为例,优化后的初始模型及优化过程中的能量变化如图 4-12 所示。

图中,粉色表示饱和分,蓝色表示芳香分,橙色表示胶质,绿色表示沥青质。由图可以发现,模型在优化 14 000 步左右时已满足能量最小化的要求。优化后沥青分子的相对位置发生了改变,使得系统总能量降低,稳定性得到大大提高。这样形成了一个较为合理的初始模型,可以防止后期进行动力学模拟时产生原子丢失。

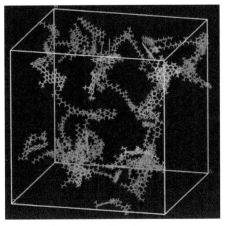

扫码看彩图

(a) 优化后模型

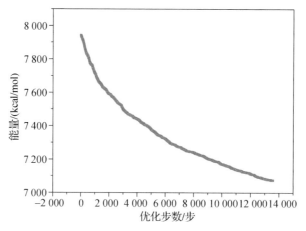

(b) 优化过程能量变化

图 4-12 新沥青初始模型优化

4.1.2.4 沥青分子模型弛豫

系统弛豫过程中需要确定的有边界条件、系综以及弛豫步骤。分子模拟中的边界条件一般可分为两大类：周期性边界条件和非周期性边界条件。不同的边界条件有它的适用条件。因此，根据不同的使用需求，本章既有采用周期性边界条件，也有采用非周期性边界条件，具体设置后文模拟时会说明。系综是指大量具有相同宏观态、不同微观态的相互独立的系统的集合。不同系综的宏观状态并不相同，因此适用于不同的研究目的。本章在系统弛豫过程中主要采用的系综为 NVT（正则系综）和 NPT（等温等压系综）。在确定边界条件和系综后，对体系进行弛豫的步骤如下：

① 使用 Materials Studio 软件中的 Forcite 模块，选择 Dynamics 任务，设置 NVT 系综，温度为 298.15 K，恒温器为 Nose-Hoover，时间步为 0.5 fs，截断半径为 15.5 Å，模拟时长 200 ps；

② 选择 NVT 模拟结束时生成的最终步 .xsd 文件，设置 NPT 系综，温度为 298.15 K，压力为 0.0001 GPa，恒温器为 Nose-Hoover，恒压器为 Berendsen，时间步为 1 fs，截断半径为 15.5 Å，模拟时长 500 ps；

③ 打开 NPT 模拟结束时生成的能量和密度数据文件，分析其变化趋势是否趋于稳定，若密度仍在上升，则重复步骤②直至密度曲线稳定。

以新沥青为例，经过 NVT 和 NPT 模拟的沥青模型如图 4-13 所示。

4 老化及水分对沥青-集料界面黏附性能的影响分析

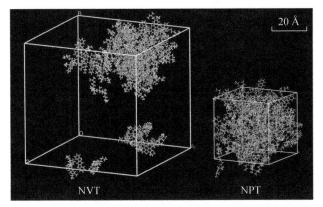

扫码看彩图

图 4-13 新沥青在 NVT 和 NPT 系综下的系统弛豫过程

由图 4-13 可知,在 NVT 系综下,系统体积大小并未发生变化,但沥青分子在此过程中会聚集成团,整体势能下降,体系趋于稳定;在 NPT 系综下,系统的体积有明显收缩趋势,分子间空隙减小,密度变大,体系进一步稳定,更加接近真实沥青。

NPT 模拟过程中四种沥青的密度变化如图 4-14 所示。

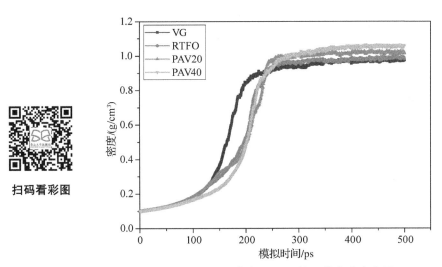

扫码看彩图

图 4-14 新旧沥青在 NPT 系综下的密度变化图

由图可知,沥青的密度在 350 ps 后趋于稳定,由此可认为在经过 500 ps 的系统弛豫后,模拟体系已经达到相对平衡的状态。同时,这四种沥青的密度和势能大小排序依次为:PAV40＞PAV20＞RTFO＞VG,这也与实际试验结论相一致。

4.1.3 沥青分子模型验证

4.1.3.1 模型参数验证

首先对分子模型参数进行验证,基于表4-3数据建立的沥青模型参数值与室内试验测试值的对比如表4-4所示。

表4-4 模型参数验证

沥青		四组分比例/%				H/C原子比
		饱和分	芳香分	胶质	沥青质	
VG	计算值	22.4	41.8	24.3	11.5	1.42
	实验值	22.5	41.9	24.1	11.5	1.43
RTFO	计算值	21.0	39.1	27.0	12.9	1.40
	实验值	20.9	39.4	26.9	12.8	1.40
PAV20	计算值	19.0	32.6	33.7	14.7	1.34
	实验值	19.2	32.4	33.7	14.7	1.35
PAV40	计算值	18.7	28.1	37.0	16.2	1.29
	实验值	18.6	28.1	37.2	16.1	1.30

由上表可知,所构建的沥青分子模型计算值与试验值接近,误差在2%以内。因此,从模型结构角度可认为采用的新旧沥青分子模型是合理的。

4.1.3.2 材料性能验证

为了进一步比较所构建的分子模型与真实沥青性能之间的差距,还需对平衡后的沥青性能进行计算。

(1) 溶解度参数

溶解度参数是衡量不同物质间相容性的重要参数指标,其值等于内聚能密度的平方根。而内聚能密度是指消除体系单位体积内分子间相互作用所需要的能量,内聚能密度越大表示分子间相互作用越强。内聚能密度和溶解度参数的计算方法分别如式(4-3)和式(4-4)所示:

$$D_{ce} = \frac{E_{coh}}{V} \quad (4-3)$$

4 老化及水分对沥青-集料界面黏附性能的影响分析

$$\delta = \sqrt{D_{ce}} \quad (4-4)$$

式中：D_{ce} 是材料的内聚能密度；E_{coh} 是系统的总内聚能；V 是系统的总体积；δ 是材料的溶解度参数。

（2）表面自由能

沥青的表面自由能是指分离沥青并形成新表面所需要做的功。它可被用来评价沥青抵抗黏聚破坏的能力，表面自由能越大表示沥青抵抗黏聚破坏的能力越强。表面自由能计算公式如式(4-5)所示：

$$\gamma_a = (E_{film} - E_{bulk})/2A \quad (4-5)$$

式中：γ_a 是表面自由能；E_{film} 是具有自由表面的沥青模型的势能；E_{bulk} 是散体沥青模型的势能；A 是产生的新表面的面积。

以新沥青为例，散体沥青模型和有自由表面的沥青模型如图 4-15 所示。

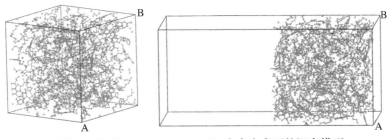

(a) 散体沥青模型　　(b) 有自由表面的沥青模型

图 4-15　散体沥青模型和有自由表面的沥青模型示意图

综上，计算了 25 ℃下不同老化状态沥青样本的热力学性能，其与试验值的对比如表 4-5 所示。

表 4-5　沥青材料性能计算值与试验值对比

沥青性能	模拟值				试验值
	VG	RTFO	PAV20	PAV40	
密度/(g/cm³)	0.976	0.984	1.015	1.057	0.95～1.08[79]
溶解度参数/[(J/cm³)^{1/2}]	17.54	17.76	18.32	18.80	15.3～23[80]
表面自由能/(mJ/m²)	46.85	42.72	33.20	30.53	13～47.6[81]

由表 4-5 可知，所构建的沥青模型性能参数都在合理范围之内，与试验

值具有可比性。因此，从材料性能角度而言所构建的沥青分子模型也具有一定的代表性。

4.1.3.3 沥青分子模型可视化

综合以上成果，构建出的具有合理结构且处于平衡状态的四种沥青结合料的分子模型如图 4-16 所示。

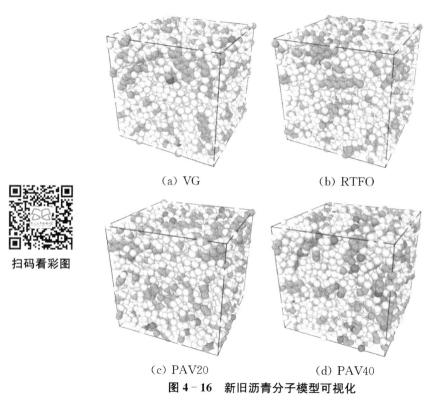

图 4-16 新旧沥青分子模型可视化

（注：灰色为 C 原子，白色为 H 原子，黄色为 S 原子，红色为 O 原子，蓝色为 N 原子）

为进一步比较沥青老化前后内部自由体积的变化，这里计算了各沥青的自由体积分数。自由体积分数是指材料内部未被分子占据的体积（自由体积）与材料总体积之比，计算公式如式（4-6）所示：

$$FFV = \frac{V_\mathrm{f}}{V_\mathrm{f} + V_\mathrm{o}} \times 100\% \qquad (4-6)$$

式中：FFV 为自由体积分数；V_f 为自由体积；V_o 为被分子占据的体积。

在 298.15 K 下，各沥青的 Connolly 自由表面如图 4-17 所示。

4 老化及水分对沥青-集料界面黏附性能的影响分析

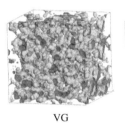  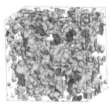 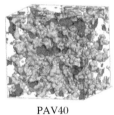

VG　　　　　RTFO　　　　　PAV20　　　　　PAV40

图 4-17　沥青的自由表面

（注：灰色和蓝色分别表示模型的高低等值面）

扫码看彩图

计算得到 VG、RTFO、PAV20 和 PAV40 四种沥青分子模型对应的自由体积分数分别为 17.8%、17.6%、17.1% 和 16.9%。由此可得，随着沥青老化程度的加深，其内部自由体积空间会有所减小。

4.1.4　沥青-集料界面模型构建

界面模型中所采用的新、旧沥青分子结构及配比方案为 4.1.1 所展示的方案。为了分析模型尺寸的影响，在沥青层分子模型构建中使用了两种模型尺寸。第一种模型中放置的沥青分子数量与表 4-3 中所列数量相同。而对于第二种模型，分子数量是第一种模型的两倍。沥青模型的初始密度均设置为 $0.1\ g/cm^3$，以减少原子间的重叠。然后依次进行几何优化、300 ps 的 NVT 模拟和 500 ps 的 NPT 模拟，使各沥青模型达到平衡状态。

在工程实践中，玄武岩和花岗岩材质的集料得到广泛应用。在这两种集料中 SiO_2 晶体的含量最为丰富，为此本书采用 SiO_2 晶体来代表集料开展 MD 模拟。值得注意的是，AFM 试验所采用的针尖的材质是硅。因此，为了比较 AFM 测试值与 MD 模拟值，我们另外构建了一个由硅代表集料的界面模型。

通过 Materials Studio 软件构建集料层的方法如下：首先从软件导入 SiO_2 晶胞，沿（0 0 1）平面切削 SiO_2 晶胞得到一个晶体表面，其厚度应大于 MD 模拟采用的截断距离，因此在本书中将 SiO_2 晶体表面的厚度设置为 25.2 Å。然后，通过沿 U 和 V 方向复制晶胞，创建更大尺寸的 SiO_2 超晶胞。最后，将一个厚度为 0 Å 的真空层添加到超晶胞外侧，以获得一个三维晶体模型。

根据前述方法构建了沥青层和集料层后,通过"Build Layer"功能将沥青层附着在集料层上获得沥青-集料界面模型。需要注意的是,需在沥青层顶部增加一个 50 Å 的真空层,以确保沥青和集料间的界面唯一存在。

4.2 沥青原子力显微镜试验方法

为与 MD 模拟结果进行比较,对不同老化状态的沥青样品进行了原子力显微镜(AFM)测试。AFM 试验是最接近 MD 模拟尺度的试验测量方法之一。AFM 测试将在纳米尺度上测得硅质探针与沥青之间的黏附力,可用于验证 MD 模拟结果的正确性。

有研究表明,用于 AFM 测试的沥青样品平整度及厚度会直接影响测试结果。因此,本书采用了一个直径为 10 mm、厚度为 2.5 mm 的预制玻璃容器来承装沥青样品,如图 4 - 18(a)所示。在沥青样品制备过程中,首先将沥青倒入这些玻璃容器,然后在 110 ℃ 下退火 10 min 以形成平整光滑的表面。在开展 AFM 测试之前,将所有沥青样品放入 25 ℃ 的玻璃箱中恒温静置 24 h。图 4 - 18(b)展示了制备好的 AFM 试验沥青样品。

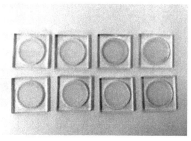
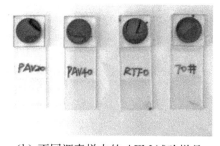

(a) 玻璃容器　　　　　　(b) 不同沥青样本的 AFM 试验样品

图 4 - 18　AFM 试验沥青样品的制备

为了评估水分对沥青黏附性能的影响,AFM 试验也被用于测试浸水后的沥青样品。根据相关文献中的方法,注入玻璃容器中的沥青样品在进行退火处理和 24 h 室温静置后,再于室温下浸入去离子水中,分别浸水 4 h 和 24 h。达到浸水时长后,将沥青样品从水中取出,然后在室温下用氮气枪进行干燥。

采用 Bruker Dimension Icon 原子力显微镜的峰值力轻敲模式(PFT-

4 老化及水分对沥青-集料界面黏附性能的影响分析

QNM)测试沥青样品的微观力学性能。测试过程中拓扑结构的扫描区域被设定为 20 μm×20 μm。关于 AFM 针头,建议采用中等硬度的针头,因为大多数沥青的杨氏模量小于 2 GPa。因此,本书使用 RTESPA-150 针头来获得沥青样品的力曲线。

4.3 沥青-集料界面黏附特性

采用黏附功评价沥青-集料界面的黏附特性。黏附功的定义为将沥青从集料表面分离所需做的功,可以通过计算沥青与集料之间的相互作用能得到,如公式(4-7)所示。黏附功是描述沥青-集料界面对黏附失效的抵抗力的一个重要指标。黏附功为负值意味着沥青和集料之间相互吸引,黏附功幅值越大,说明二者的黏结强度越高,对黏附失效的抵抗力越强。

$$W_{ad} = \Delta E_{inter\_aag}/A = (E_p - E_a - E_{ag})/A \tag{4-7}$$

式中:W_{ad} 为沥青-集料界面黏附功;ΔE_{inter_aag} 为沥青与集料间的界面能;E_p 为界面体系总势能,是与分子间相对位置有关的能量项;E_a 为沥青的势能;E_{ag} 为集料的势能;A 为沥青与集料的接触面积。计算所得的界面黏附功是三次重复模拟结果的平均值。

此外,为了比较不同分子模型尺寸对界面黏附功计算结果的影响,构建了不同截面尺寸的沥青-Si 界面模型,如图 4-19 所示。不同截面尺寸沥青-Si 界面的黏附功的计算结果如图 4-20 所示。

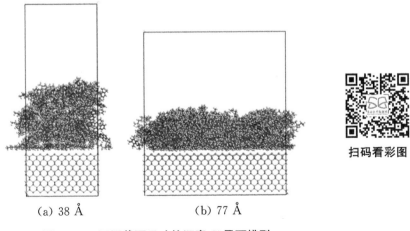

(a) 38 Å   (b) 77 Å

图 4-19 不同截面尺寸的沥青-Si 界面模型

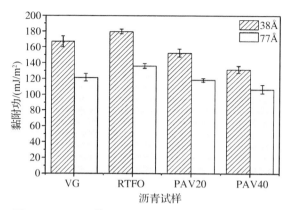

图 4-20 不同截面尺寸沥青-Si 界面模型的黏附功

从图 4-20 可以看出,随着老化程度的加深,沥青与 Si 之间的黏附功先增大后减小,最大的黏附功出现在 RTFO-Si 界面。为了校验 MD 模拟结果是否可靠,还进行了 AFM 试验以获取沥青与硅质针尖之间的微观黏附力。黏附力由沥青试样的力曲线得到,如图 4-21 所示。黏附力是回缩曲线的基线和最低点之间的差值。通过 AFM 测试的 PFT-QNM 模式,可以得到所有测试点(512×512)的力曲线,而沥青试样的总黏附力是根据所有数据点计算得到的微观黏附力的平均值来确定的。

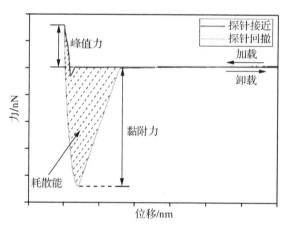

图 4-21 基于 AFM 测试得到的力曲线示意图

通过 AFM 试验测得的原样沥青及不同老化状态下沥青试样的微观黏附力图像如图 4-22 所示。

4 老化及水分对沥青-集料界面黏附性能的影响分析

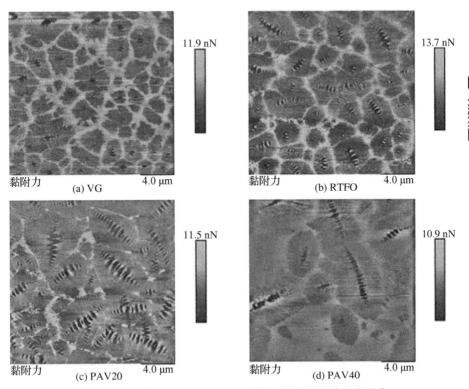

图 4-22 原样沥青及不同程度老化沥青的微观黏附力图像

从图 4-22 中可以看到沥青中蜂状结构的平均尺寸随着老化加深而变大,这一结论与此前 Kim、Rebelo、Wu 等研究者的发现一致。他们认为,沥青中的蜂状结构在老化后相互连接,因此蜂状结构的尺寸呈增加趋势。此外,从图 4-22 中可以清楚看到不同沥青相之间的黏附力差异,蜂状结构的山谷比山丘处具有更高的黏附力,而蜂状结构的周围相(peri-phase)表现出比蜂状结构山丘更高但比山谷更低的黏附力。不同老化状态下沥青试样的整体黏附力如表 4-6 所示。

表 4-6 不同老化状态下沥青试样的整体黏附力

沥青试样	VG	RTFO	PAV20	PAV40
黏附力/nN	7.18	7.79	6.83	6.06

从表 4-6 中可以看出,沥青与 Si 之间的黏附力从老化前的 7.18 nN 先增加至 7.79 nN,然后逐步下降到 6.06 nN。RTFO 沥青试样的黏附力最

高,而 PAV40 沥青试样的黏附力最低。

此处还测量了未经退火处理的原始沥青试样的黏附力,用以制作不含蜂状结构的原样沥青对照组。结果表明,蜂状结构的存在可能削弱了沥青试样的整体黏附力,因为不含蜂状结构的原始沥青试样的黏附力为 7.53 nN。

为了进一步使 AFM 测试结果与 MD 模拟相联系,根据约翰逊-肯德尔-罗伯茨(Johnson-Kendall-Roberts,JKR)方程计算了沥青和硅质针尖之间的黏附功,如式(4-8)所示:

$$W_{ad} = \frac{2F_{ad}}{3\pi R} \quad (4-8)$$

式中:W_{ad} 是沥青试样与 AFM 针尖之间的黏附功;F_{ad} 是沥青试样与 AFM 针尖之间的黏附力;R 是 AFM 针尖的等效半径。

如图 4-23 所示,根据 MD 模拟和 AFM 试验得到的不同老化状态沥青试样的黏附功遵循相同的变化趋势,排序为 RTFO>VG>PAV20>PAV40,唯一的区别是黏附功幅值存在差异。根据 MD 模拟得到的黏附功幅值比 AFM 测试结果要高,这可能是因为 MD 模拟和 AFM 测试所采用的样本尺度差异造成的。与 38 Å 的界面模型尺寸相比,77 Å 的界面模型尺寸更接近 AFM 试验所采用的针尖尺寸,因此其黏附功差值比前者低得多。77 Å 模型尺寸的界面模型黏附功与 AFM 测试结果之间的相关系数为 0.98,p-值接近于 0,表明两组数据之间相关性是显著的。由此可见,基于 MD 模拟计算沥青黏附性能是可行的。

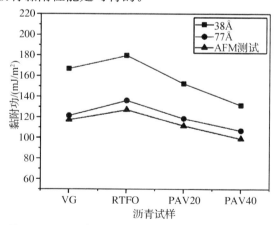

图 4-23 MD 模拟和 AFM 测试之间黏附功的比较

4 老化及水分对沥青-集料界面黏附性能的影响分析

根据上述讨论，MD 模拟得到的结果可有效表征沥青界面模型的微观黏附性能，因此，下一节将基于 MD 模拟结果解析沥青-集料界面黏附特性及其受老化与水分因素的影响。

4.4 老化对黏附性能的影响

在室内老化和现场老化过程中，很难观察到 SARA 组分和氧化老化对沥青黏附性能的单独影响，但 MD 模拟对此具有很好的便利性。因此，为了区分不同老化因素对沥青与集料之间黏附性能的影响，本书分析了包括 SARA 比例变化、分子结构变化及其组合在内的多种因素，如表 4-7 所示。

表 4-7 考虑不同因素的沥青模型排列

沥青模型	四组分变化		分子结构变化		组合因素	
	分子结构	分子数量	分子结构	分子数量	分子结构	分子数量
VG	（Ⅰ）	(a)	（Ⅰ）	(a)	（Ⅰ）	(a)
RTFO	（Ⅰ）	(b)	（Ⅱ）	(a)	（Ⅱ）	(b)
PAV20	（Ⅰ）	(c)	（Ⅲ）	(a)	（Ⅲ）	(c)
PAV40	（Ⅰ）	(d)	（Ⅳ）	(a)	（Ⅳ）	(d)

表 4-7 列出了不同分子结构和不同分子数目的老化因素组合，以构建不同老化特征的沥青模型。此处（Ⅰ）、（Ⅱ）、（Ⅲ）和（Ⅳ）分别代表采用 VG、RTFO、PAV20 和 PAV40 沥青样本的分子结构，(a)、(b)、(c) 和 (d) 分别代表采用 VG、RTFO、PAV20 和 PAV40 沥青样本的分子数目。因此，对于 SARA 比例分数变化的那一组，RTFO、PAV20 和 PAV40 沥青样本的分子结构与 VG 样本相同，唯一的区别是 SARA 组分的含量。对于分子结构变化的那一组，RTFO、PAV20、PAV40 沥青样本的 SARA 组分比例与 VG 样本相同，但它们的分子结构各不相同。对于组合因素，则同时考虑了 SARA 比例分数和分子结构的变化，这一分组被用于代表实际老化情形下的沥青样本。

考虑不同老化因素的沥青-SiO_2 界面模型的黏附功计算结果如图 4-24 所示。

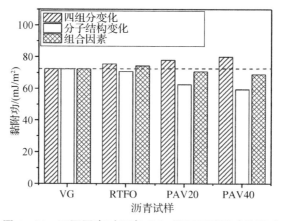

图4-24 不同因素对沥青-SiO₂界面间黏附功的影响

从图4-24可知,SARA组分比例和分子结构的变化对沥青与集料之间黏附功的影响不同。为了更好地理解这些影响,采用沥青质指数来表征沥青中类沥青质组分的相对含量,采用氧化指数来表征由于氧化老化引起的沥青分子结构的变化。沥青质指数和氧化指数的计算如式(4-9)和式(4-10)所示:

$$I_A = \frac{P_{as} P_{re}}{P_{sa} P_{ar}} \tag{4-9}$$

$$I_O = \text{ICP} + \text{ISO} \tag{4-10}$$

式中:I_A为沥青质指数;P_{as}、P_{re}、P_{sa}和P_{ar}分别为沥青中沥青质、胶质、饱和分和芳香分的百分比;I_O为氧化指数。

计算得到沥青质指数与界面黏附功的关系如图4-25(a)所示,氧化指数与界面黏附功的关系如图4-25(b)所示。

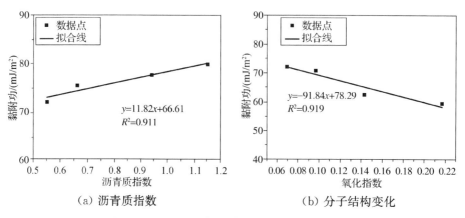

(a) 沥青质指数　　　　　(b) 分子结构变化

图4-25 不同老化因素与界面黏附功的关系

4 老化及水分对沥青-集料界面黏附性能的影响分析

从图4-25可以看出,沥青质指数与沥青-集料界面黏附功正相关,而氧化指数与界面黏附功负相关。此外,统计分析结果表明,两种老化因素均与界面黏附功之间呈现显著的线性关系。综合考虑这两项因素,RTFO沥青试样的黏附功最高,而对于长期老化沥青,随着老化时长的增加,黏附功反而降低。

综上所述,对于考虑了组合老化因素的沥青模型,其总黏附功由各单独老化因素的叠加效应决定。在本书中,RTFO沥青试样的氧化老化程度不是很高,因此由SARA组分变化起主导作用。但对于长期老化沥青如PAV20和PAV40样本,它们的氧化老化程度较高,在这种情况下沥青-集料界面黏附功对氧化老化更为敏感,氧化老化的增加会导致黏附性能的劣化。

4.5 水分对黏附性能的影响

原样沥青及不同老化状态的沥青试样经不同时长的浸水后测得的AFM形貌如图4-26所示。

从图4-26中可以发现浸水之后沥青微观结构发生变化。在浸水4 h后,沥青试样蜂状结构的周围相出现了纳米凸起。在浸水24 h后,纳米凸起增多并变得更高,纳米凸起的分布范围比浸水4 h的样品更广泛,表明更多的纳米凸起开始相互融合。在原样和短期老化的沥青试样中,浸水4 h后纳米凸起不像长期老化沥青样品那样显著。然而在浸水24 h后,所有沥青试样都出现了明显的纳米凸起。为进一步分析水分对沥青黏附性能的影响,计算浸水沥青试验的微观黏附力,结果如图4-27所示。

从图4-27中可以看出,随着浸水时长增加,沥青试样的黏附力变小。对于原样沥青,浸水24 h后其黏附力下降24.4%。然而,短期老化、20 h长期老化和40 h长期老化沥青试样的黏附力分别下降了27.9%、51.8%和66.2%。有趣的是,虽然短期老化沥青试样的黏附力高于原样沥青,但在浸水24 h后,其黏附力的下降比例远高于原样沥青。因此,老化沥青可能对水更敏感。换言之,老化对沥青的水稳定性产生了不利影响。

在前述分析中,黏附功被用于量化干燥条件下沥青和集料之间的黏附性能。而在潮湿条件下,沥青-集料界面体系对水分侵入的抵抗性能可以通

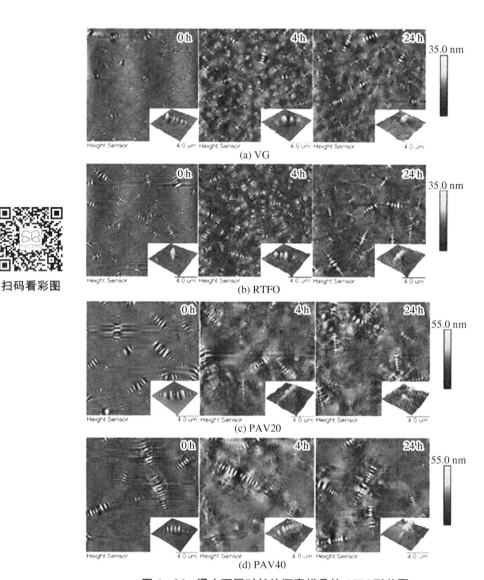

图 4‑26 浸水不同时长的沥青样品的 AFM 形貌图

过剥落功来表征。剥落功被定义为水分置换沥青-集料界面体系中的沥青时体系能量的减少量,如式(4‑11)所示:

$$W_{de}=\frac{\Delta E_{inter\_aw}+\Delta E_{inter\_agw}+\Delta E_{inter\_aag}}{A} \quad (4-11)$$

式中:W_{de} 为潮湿条件下沥青-集料界面剥落功;ΔE_{inter_aw} 为沥青与水的界面能;ΔE_{inter_agw} 为集料与水的界面能;ΔE_{inter_aag} 为沥青与集料的界面能;A 为

4 老化及水分对沥青-集料界面黏附性能的影响分析

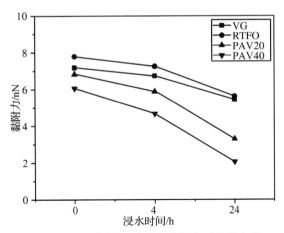

图 4-27 沥青样品黏附力随浸水时长的变化

沥青-集料界面模型的接触面积。

通过计算沥青-水界面、集料-水界面和沥青-集料界面的相互作用能,即可获取沥青-集料体系的剥落功。在分子建模过程中,在沥青与集料界面处添加不同分子数的水分子层,用以分析不同含水率带来的影响。在潮湿条件下,SiO_2 表面容易羟基化,因此构建界面模型时采用了完全羟基化的 SiO_2 层来代表集料。界面模型构建完成后,首先进行 5 000 步的几何优化以达到更合理的界面构造,然后在 NVT 系综下执行 500 ps 的平衡模拟,以在 298.15 K 温度下弛豫整个界面模型。图 4-28 展示了具有不同含水率的沥青-集料界面模型。

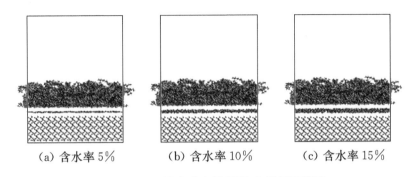

图 4-28 不同含水率的沥青-集料界面模型

剥落功始终为负值,表明由水分引起的沥青剥落过程是自发进行的。剥落功幅值越大,意味着水分更容易从集料表面置换沥青,即水分引起沥青脱黏的可能性越大,沥青的抗水损性能越差。

如图4-29所示,随着沥青-集料界面含水率的增加,界面黏附功降低。在干燥条件下,黏附力排序为RTFO>VG>PAV20>PAV40。但当水分含量达到10%时,排序变成了VG>RTFO>PAV20>PAV40。因此,虽然短期老化沥青在干燥条件下的黏附性能优于原样沥青,但当含水率达到一定水平时,其黏附性能的下降程度大于原样沥青。这一模拟结果与AFM试验测得的浸水沥青微观黏附力结果一致。

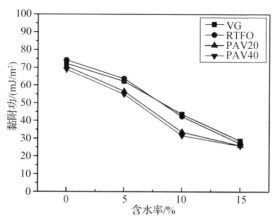

图4-29 沥青集料模型在不同含水率下的黏附功

考虑到界面润湿性和界面剥落功的重要性,Bhasin等人提出采用能量比(energy ratio,ER)这一参数来表征沥青的抗水损能力[38],该参数与界面润湿性成正比,与界面剥落功成反比,如式(4-12)和式(4-13)所示:

$$ER = \left| \frac{W_{ad} - W_{aa}}{W_{de}} \right| \tag{4-12}$$

$$W_{aa} = 2\gamma_a \tag{4-13}$$

式中:ER 为能量比;W_{ad} 为干燥条件下的黏附功;W_{aa} 为沥青内聚能,定义为将沥青分离成两部分所需的能量;γ_a 为沥青表面自由能;W_{de} 为潮湿条件下的剥落功。

较高的ER值表明有更好的抗水损性能。为了比较含水率对沥青-集料界面黏附性能的影响,计算不同含水率的沥青-集料界面模型的ER值,结果如图4-30所示。

4 老化及水分对沥青-集料界面黏附性能的影响分析

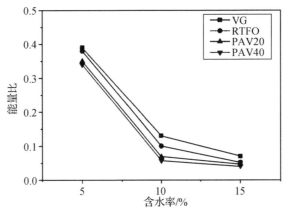

图4-30 不同含水率的沥青-集料界面模型的能量比

由图4-30可知,湿润条件下ER值排序为VG＞RTFO＞PAV20＞PAV40,说明新沥青的抗水损能力高于老化沥青。总体上ER值随着含水率的增加而降低,因此更多的水侵入使沥青-集料界面更容易发生水损害。有趣的是,ER值的下降梯度并不恒定,当含水率从5％增加到10％时,沥青-集料界面的ER值显著降低,而含水率从10％变化至15％时,ER值的下降幅度大幅减小。此外,当含水率达到15％时,不同沥青样本之间的差异不是很明显,这可能是因为沥青和集料之间的相互作用已经减弱了很多,以至于老化的影响不再是主导因素。

4.6 小结

本章首先采用FTIR试验确定了新旧沥青的分子结构,然后通过沥青四组分试验和元素分析试验确定了不同老化状态沥青的组成配比,从而构建了新旧沥青分子模型和沥青-集料界面模型,最后通过MD模拟和AFM试验分析了老化及水分对沥青-集料界面黏附性能的影响。

结果表明,MD模拟得到的沥青黏附性能与AFM试验结果相关性显著,证明通过MD模拟分析沥青界面黏附性能是可行的。进一步研究表明,短期老化可能在一定程度上改善沥青和硅之间的黏附性,但对于长期老化沥青,随着老化程度的增加,沥青和集料之间的黏附性能会降低。老化沥青的沥青质指数与沥青-集料界面黏附性能呈正相关,而氧化指数则对界面黏附产生负面影响。沥青-集料界面的整体黏附效果由 SARA 组分和分子结构的变化综合决定,但随着沥青老化程度的增加,分子结构变化带来的影响比 SARA 组分变化带来的影响更为显著。尽管在干燥条件下短期老化沥青的黏附性能优于原样沥青,但当界面含水率达到 10% 时,短期老化沥青的黏附功下降幅度超过原样沥青。在潮湿条件下,不同老化状态沥青的抗水损性能排名为 VG>RTFO>PAV20>PAV40,同时沥青-集料界面含水率越高,可能导致越差的界面抗水损能力。

新旧沥青扩散融合行为及其影响因素分析

再生沥青混合料中RAP集料表面的旧沥青在再生过程中与新沥青的作用机制以及新旧沥青融合度一直是沥青路面再生研究领域的热点。新旧沥青融合程度，即再生混合料拌合、压实以及长期使用过程中有多少旧沥青与新沥青发生了融合，将决定再生沥青性能的变异性，这是影响再生沥青混合料宏观路用性能的关键因素之一。在新旧沥青相互融合过程中，沥青分子的位置和运动状态是不断变化的，该过程很难通过实验来表征，但采用分子动力学模拟可得到不同时刻粒子的坐标和动量，从微观上分析新旧沥青的融合过程及其影响因素。

5.1 分子扩散理论

5.1.1 扩散动力学

5.1.1.1 扩散定律

扩散是指位于高浓度区域的粒子向低浓度区域迁移的现象，它是一种受浓度梯度主导的分子热运动过程。Karlsson等[108]通过FTIR试验观测了老化沥青中特征官能团的变化，发现再生剂在老化沥青中的扩散遵循菲克定律(Fick's Law)。而再生剂在老化沥青中的扩散与新沥青在老化沥青中的扩散是相通的，因此，菲克定律也可以用来描述新旧沥青的相互扩散过程。

(1) 菲克第一扩散定律

菲克第一扩散定律是指在单位时间内通过垂直于扩散方向单位面积的扩散通量和该位置处的浓度梯度成正比，如式(5-1)所示[109]：

$$J = -D\left(\frac{\partial c}{\partial x}\right) \tag{5-1}$$

式中：J为扩散通量，$g/(cm^2 \cdot s)$；D为扩散系数，cm^2/s；c为扩散物质的浓度，g/cm^3；x为扩散距离，cm。

由此可知，只要体系存在浓度梯度就会产生扩散。同时，值得注意的是该定律成立的前提是在一定时间内体系的浓度不发生变化，因此它只适用于描述各向同性物质的内部扩散过程。而对于新-旧沥青这种非稳态体系,菲克第一扩散定律并不适用。

(2) 菲克第二扩散定律

菲克第二扩散定律是在第一扩散定律的基础上进一步推导而得,它表明在非稳态扩散中,在 x 位置处,浓度随时间的变化率等于该位置的扩散通量随距离变化率的负数,如式(5-2)所示。

$$\frac{\partial c}{\partial t}=\frac{\partial}{\partial x}\left(D(c)\frac{\partial c}{\partial x}\right) \quad (5-2)$$

式中:t 是扩散时间,s;$D(c)$ 是与浓度有关的扩散系数,cm^2/s。

当扩散系数 D 可近似看作常数时,上式又可简化为:

$$\frac{\partial c}{\partial t}=D\frac{\partial^2 c}{\partial x^2} \quad (5-3)$$

综上,菲克第二扩散定律适用于浓度随时间发生变化的不稳定扩散,它在计算时考虑了物质间的平衡,因此更符合新-旧沥青体系中扩散系数的计算。

5.1.1.2 扩散类型

在分析新旧沥青扩散行为的时候,根据扩散对象的不同,又将扩散分为了自扩散和相互扩散,二者区别如图 5-1 所示。

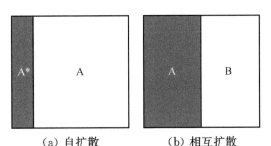

(a) 自扩散　　　　(b) 相互扩散

图 5-1　自扩散和相互扩散示意图

图 5-1 中,A^* 表示组 A 中的某一组元,即 $A^* \in A$;B 表示和 A 不同的组。由此可知,自扩散是指粒子在由该种粒子构成的物质中进行的迁移运动,自扩散过程中体系内部是平衡的,不存在浓度梯度。相互扩散则是两种物质相互迁移的运动过程,在该过程中体系内部是存在浓度梯度的。

由于沥青老化后其内部化学结构和组分比例都发生了较大变化,新-旧沥青混合体系中存在明显的浓度梯度。因此,新旧沥青二者之间的扩散是相互扩散;而沥青本身或饱和分、芳香分、胶质和沥青质这四种组分在沥青内部的扩散情况,则为自扩散。

5.1.2 沥青扩散模拟过程

5.1.2.1 扩散初始构型

本章 MD 模拟所采用的新、旧沥青分子结构及配比与 4.1.1 中一致。对于新旧沥青的自扩散,构建出对应温度下的平衡模型即可,无需进行进一步的组装。因此,新-旧沥青自扩散模型构建过程与 4.1.2 中所述方法相同,只需要根据计算目的改变温度的设置,以饱和分在 VG 沥青中的自扩散为例,其对应的自扩散模型如图 5-2 所示。

扫码看彩图

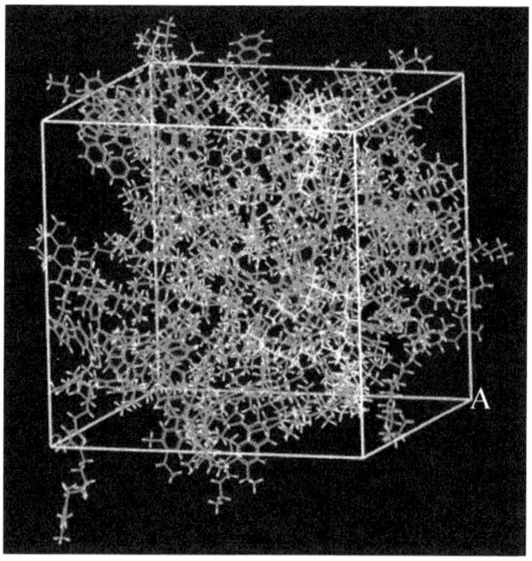

图 5-2 新-旧沥青自扩散模型
(黄色标记为饱和分分子)

为了获得再生沥青模型,首先需要构建新旧沥青的相互扩散模型,新旧沥青间相互扩散一定时间后即可使得新旧沥青之间产生融合。以常见的热拌温度 160 ℃(433.15 K)为例,构建新-旧沥青相互扩散初始模型的步骤如下:

① 基于 Materials Studio 软件,按照 4.1.2 中方法分别构建 VG、RTFO、PAV20 和 PAV40 四种沥青的分子模型,设置温度为 160 ℃,进行结构优化和系统弛豫以获得稳定的沥青模型,记录各模型的立方体格子边长。

② 采用 Amorphous cell 模块构建 confined layer 沥青层(这样做的好处

5 新旧沥青扩散融合行为及其影响因素分析

是可以使沥青层在 z 轴方向表面相对平坦,便于构建新-旧沥青界面),初始密度设为 $0.5\ g/cm^3$,格子类型选择 orthorhombic,调整 a 和 b 的值使得 c 值约为步骤 1 中构建的各模型边长的一半,其中 $a=b$。构建结果如图 5-3 所示。

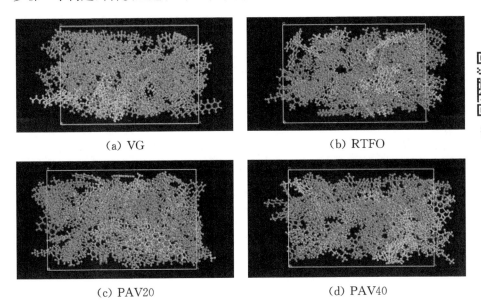

(a) VG (b) RTFO
(c) PAV20 (d) PAV40

图 5-3　四种 confined layer 沥青层

(粉色为饱和分,蓝色为芳香分,橙色为胶质,绿色为沥青质)

③ 选择 Build-Build Layer,Layer 1 设置为老化沥青,Layer 2 设置为新沥青,点击 Build 构建新-旧沥青双层模型。对模型进行整体结构优化,以 VG-RTFO 为例,优化后的双层模型示意图如图 5-4 所示。

图 5-4　新-旧沥青相互扩散初始模型

(橙色表示老化沥青,绿色表示新沥青)

5.1.2.2 扩散模型平衡

将构建好的三种扩散初始构型通过 LAMMPS 软件附带的 msi2lmp 模块转换成 data 文件,然后采用 LAMMPS 软件对新-旧沥青组合模型进行系统弛豫和扩散模拟。以在 160 ℃下的平衡为例,弛豫步骤如下:

① 设置 x,y 轴方向为周期性边界,z 轴方向为非周期性边界,同时在 z 轴方向上下边界处添加反射墙,防止粒子穿过 z 边界。温度设置为 160 ℃,时间步长为 0.5 fs,在 NVT 系综下进行 200 ps 的分子动力学模拟。

② 对经过 200 ps NVT 模拟的模型进行进一步弛豫。在 x 轴和 y 轴方向分别施加一个大气压(1 大气压=101.3 kPa),温度为 160 ℃,时间步长为 1 fs,在 NPT 系综下进行 1 ns 的模拟,使得体系自然收缩趋于平衡状态。

③ 判断是否达到平衡。根据 NPT 模拟过程中的密度和势能数据变化,判断体系是否平衡,若密度还有明显增长且势能还有明显下降趋势,则重复步骤②。以 VG-RTFO 模型为例,其平衡过程中的密度及能量变化如图 5-5 所示。

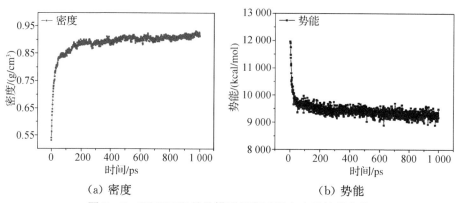

(a) 密度　　　　　　　　　　(b) 势能

图 5-5　VG-RTFO 扩散模型平衡过程密度及势能变化

以 VG-RTFO 模型为例,平衡后的相互扩散模型如图 5-6 所示。

5.1.2.3 扩散过程模拟

在得到新-旧沥青的平衡模型后,则需要对二者的相互扩散过程进行模拟。考虑到实际新旧沥青的混融大都是新沥青以膜的形式裹覆在含有旧沥青的集料上,因此这里设置 x 轴、y 轴方向为周期性边界(可无限延伸),z 轴方向为非周期性边界,同时在 z 轴方向上下边界处添加反射墙(使得只有一

5 新旧沥青扩散融合行为及其影响因素分析

扫码看彩图

图 5-6 新-旧沥青相互扩散模型

个扩散界面)。温度设置为 160 ℃,时间步长为 1 fs,在 NVT 系综下进行扩散模拟。考虑到扩散模拟的计算时间较长,用于计算相互扩散系数的扩散模拟时间为 5 ns,而用于计算融合程度的扩散模拟时间为 10 ns。

以 VG-RTFO 模型为例,该体系在 160 ℃温度下的 5 ns 的相互扩散过程如图 5-7 所示。

扫码看彩图

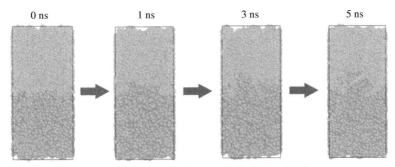

图 5-7 新-旧沥青相互扩散过程示意图

(绿色为新沥青,橙色为老化沥青)

由图 5-7 可知,随着扩散时间的延长,会有更多的老化沥青与新沥青发生融合,但是由新旧沥青相互扩散导致的新旧沥青融合具有空间分布的无规律性。新旧沥青分子在不同角度和不同位置处沥青的扩散深度都可能不一样。这种不均匀的空间分布状态给宏观或微观试验直接观测新旧沥青的融合界面带来了很大挑战,仅从二维图像上很难分辨有多少旧沥青参与了再生。而采用分子模拟则会大大降低数据采集的难度,分子动力学模拟可以记录新旧沥青相互扩散过程中任一时刻所有分子的位置和运动状态,因此仅从图 5-7 虽然无法明确判断新旧沥青的融合情况,但通过数据统计可以获得准确的计算结果。

5.1.3 沥青扩散系数计算

5.1.3.1 自扩散系数

自扩散系数是基于粒子运动的均方位移(mean square displacement,MSD)得到的,均方位移是指粒子运动到 t 时刻的位置相较于它们初始位置距离的平方的均值,计算如式(5-4)所示[63]:

$$\mathrm{MSD}(t) = \langle |\boldsymbol{r}_i(t) - \boldsymbol{r}_i(0)|^2 \rangle \tag{5-4}$$

式中:$\boldsymbol{r}_i(t)$ 为粒子 i 在 t 时刻的位置矢量;$\boldsymbol{r}_i(0)$ 为粒子 i 在初始时刻的位置矢量;〈 〉是指对体系中所有粒子在整个模拟时间内进行平均。

MSD 的极限斜率是关于时间的函数,可以用来评价在三维空间中的粒子进行随机布朗运动的自扩散系数 D,自扩散系数的计算如式(5-5)所示:

$$D = \frac{1}{6} \lim_{t \to \infty} \frac{\mathrm{d}(\mathrm{MSD}(t))}{\mathrm{d}t} \tag{5-5}$$

由式(5-5)可知,自扩散系数的值等于均方位移图像斜率的 1/6。

由于自扩散的前提是体系处于平衡状态,这里对平衡后的四种沥青结合料在 NVT 系综下进行了 200 ps 的模拟以获取沥青分子扩散运动数据。以它们在 25 ℃(298.15 K)下扩散运动为例,得到图 5-8 所示的对数坐标图。

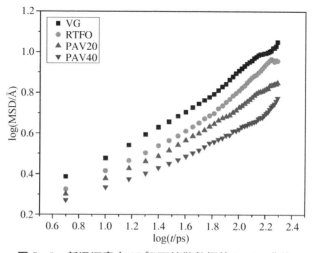

图 5-8 新旧沥青在 25 ℃ 下扩散数据的 log-log 曲线

5 新旧沥青扩散融合行为及其影响因素分析

对图 5-8 的数据进行拟合,发现该对数图中的直线斜率小于 1,说明沥青在进行亚扩散运动,其扩散会受到系统中其他粒子的约束,因此,这里得到的扩散系数并非真正的自扩散系数。为了获得沥青真正的自扩散系数,还需要进行更长时间(>10 ns 为宜)的自扩散模拟,选取对数图中斜率近似等于 1 的部分计算自扩散系数。由于计算时间的限制,并没有进行长时间的自扩散模拟,但这种亚扩散系数也能从一定程度上反映不同沥青或组分的自扩散行为特征。考虑到本章重点在于比较不同沥青扩散的难易程度,因此后面将采用该亚扩散系数作为等效自扩散系数进行比较,即后面计算的自扩散系数皆为等效扩散系数。

拟合 MSD 数据,得到图 5-9。

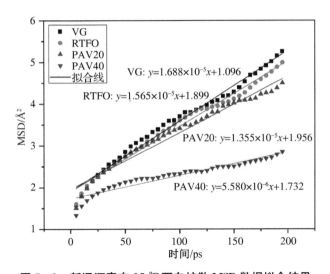

图 5-9 新旧沥青在 25 ℃下自扩散 MSD 数据拟合结果

进一步处理 MSD 拟合结果数据,可得出沥青的自扩散系数,以新沥青 VG 为例,自扩散系数的计算过程如下:

$$D_{VG}=\frac{1}{6}\lim_{t\to\infty}\frac{d(MSD(t))}{dt}=\frac{1}{6}\times 1.688\times 10^{-5} \text{Å}^2/\text{fs}=2.813\times 10^{-11} \text{ m}^2/\text{s}$$

(5-6)

由此,可得到各沥青的自扩散系数如图 5-10 所示,误差线为 MSD 数据斜率拟合的标准误差。

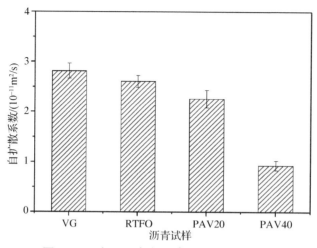

图 5-10　新旧沥青在 25 ℃下的自扩散系数

由图 5-10 可知,沥青的自扩散系数的排序为 VG＞RTFO＞PAV20＞PAV40,表明在相同温度下新沥青的自扩散比老化沥青更快。随着沥青老化程度的加深,其自扩散运动也会受到抑制,这可能与老化沥青的分子结构和分子量有关,老化使得沥青的分子结构和数均分子量都有了较大变化,进而影响了整体的扩散。

5.1.3.2　相互扩散系数

室内试验常用示踪剂标记特定元素进而观测新旧沥青的扩散过程。在分子模拟过程中,不需要引入示踪剂即可清楚地观测到新旧沥青二者间的扩散。在分子尺度的新旧沥青相互扩散是受浓度梯度控制的分子热运动过程。因此,相互扩散是一个持续的过程,沥青分子会缓慢地由高浓度区迁移到低浓度区直至二者间不存在浓度梯度,即新旧沥青完全融合。

(1) 质量密度剖面

为了计算相互扩散系数,需要知道新旧沥青在扩散方向的相对质量浓度,即质量密度分布情况。本章设置了新沥青、老化沥青的整体组,计算了它们沿 z 轴方向(扩散方向)的质量密度,将 z 轴方向每隔 2 Å 划分一个单元,示意图如图 5-11 所示。

随着扩散模拟的进行,在 z 轴方向不同深度处的单元中新旧沥青的质量密度也会随之发生变化,而根据划分的单元则可以清楚地记录每个单元中新旧沥青的相对质量密度。由于在 z 轴方向的上下边界处设置了反射

5　新旧沥青扩散融合行为及其影响因素分析

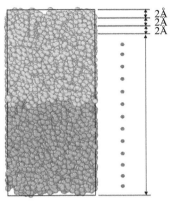

扫码看彩图

图 5-11　z 轴方向分层示意图

墙，会导致粒子在该边界处的运动状态发生变化，质量密度数据不稳定，因此这里不统计 z 轴方向上下边界处 2 Å 范围内的质量密度数据。以 VG-RTFO 模型在 160 ℃（433.15 K）下的相互扩散过程为例，新旧沥青随扩散时间变化的质量密度剖面图如图 5-12 所示。

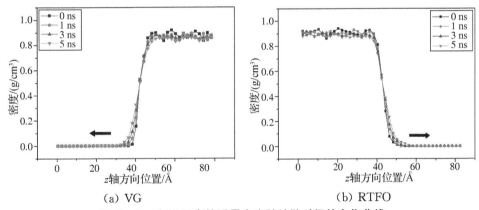

(a) VG　　　　　　　　　　　(b) RTFO

图 5-12　新旧沥青的质量密度随扩散时间的变化曲线

从图 5-12 中可以看出，随着模拟时间的增加，新沥青的质量密度曲线逐渐变缓且向左（老化沥青区域）偏移，而短期老化沥青的质量密度曲线向右（新沥青区域）偏移，这表明新沥青和短期老化沥青正在逐渐相互扩散。同时，由图可知，短期老化沥青的扩散范围为 2~58 Å，新沥青的扩散范围为 30~78 Å，表明短期老化沥青向新沥青中扩散的深度更深。这可能是由于沥青老化后其内部自由体积变小，限制了新沥青在老化沥青中的分子运动，还有可能是在浓度梯度的控制下老化沥青向新沥青的迁移更加明显。

(2) 相互扩散系数计算

由 4.2.1 可知，新旧沥青间的相互扩散满足菲克第二扩散定律，通过求解式(5-3)即可得到新旧沥青的相互扩散系数，求解公式如式(5-7)所示[86-87]：

$$c(z,t) = c_0\left(1 - \mathrm{erf}\left(\frac{z}{2\sqrt{D_0 t}}\right)\right) \quad (5-7)$$

式中：$c(z,t)$ 是与扩散方向位置和扩散时间有关的浓度函数；z 是粒子在扩散方向上的位置；t 是扩散时间；c_0 是平衡浓度；erf() 是误差函数；D_0 是相互扩散系数，为常数。

根据菲克第二扩散定律，沥青的浓度应按 $t^{0.5}$ 量级变化[88]。这里以 VG-RTFO 模型在 160 ℃ 下新旧沥青相互扩散为例，将横坐标 z 按 $t^{0.5}$ 折减并按式(5-7)拟合可得到图 5-13。

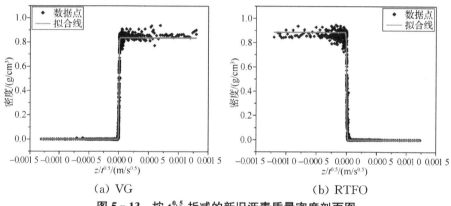

(a) VG   (b) RTFO

图 5-13 按 $t^{0.5}$ 折减的新旧沥青质量密度剖面图

根据拟合曲线可得到新沥青和短期老化沥青的相互扩散系数。其中，新沥青的相互扩散系数为 2.671×10^{-11} m²/s，短期老化沥青的相互扩散系数为 1.859×10^{-11} m²/s，这与 Karlsson 等人[108]通过试验测得再生剂在 140 ℃ 下的扩散系数在相同的数量级。虽然模拟值略小于实测值，但再生剂分子本身的扩散系数就会高于沥青，因此这也从侧面证明了分子模拟得到的扩散系数是可以在一定程度上反映沥青的扩散规律的。同时，根据新旧沥青的相互扩散系数值，可以发现新旧沥青之间是相互扩散的，但二者的扩散速度并不相同，即新旧沥青的相互扩散是非对称的。

综上，老化沥青向新沥青中的扩散速度小于新沥青向老化沥青中的扩散速度,这可能是由于老化沥青的大分子比例高于新沥青,限制了分子的运动速度。值得注意的是,虽然老化沥青的扩散速度低于新沥青,但是老化沥青向新沥青中扩散的深度却更深,这可能是由于这里计算的相互扩散系数并不表示在 z 轴方向上的扩散速度,因此该速度大并不能表示 z 轴方向上的扩散深度一定更深。同时,还有可能是因为沥青老化后其内部自由体积分数变小,限制了新沥青在老化沥青中的扩散深度。

5.2 老化程度对沥青扩散的影响

5.2.1 对自扩散的影响

5.2.1.1 对整体沥青自扩散的影响

由上一节可知,新旧沥青的自扩散系数并不相同,沥青的老化对沥青自身的扩散产生了较大的影响。因此,本小节将重点分析沥青的老化程度与其自扩散系数之间的关系。

对新沥青和不同的老化沥青在 160 ℃下分别进行了 200 ps 的 NVT 自扩散模拟,得到 MSD 数据的拟合结果如图 5‑14 所示。由于经典 MD 模拟并没有涉及分子化学键的断裂及重组,因此不考虑高温化学反应的发生,所以这里的自扩散模拟不会受到高温老化反应的影响。

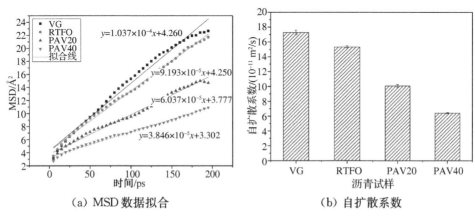

(a) MSD 数据拟合　　(b) 自扩散系数

图 5‑14　新旧沥青在 160 ℃下自扩散系数计算结果

考虑到沥青老化过程中既发生了组分的迁移,又发生了氧化老化,这两种因素都有可能影响沥青的自扩散系数。因此,以沥青组分变化与氧化老化作为自变量,以自扩散系数作为因变量,对它们之间的关系分别进行了回归分析。

(1) 沥青组分变化

沥青是一种典型的胶体结构,而表征沥青胶体稳定性的关键参数是其内部各组分的比例。在评价沥青的化学组成与其物理性质的关系时,常常需要用到沥青质指数参数。沥青质指数表示的是沥青中极性组分的相对含量,沥青质指数越高表明沥青的胶体稳定性越差,其计算公式如式(5-8)所示:

$$I_A = \frac{P_{沥青质} + P_{胶质}}{P_{饱和分} + P_{芳香分}} \tag{5-8}$$

式中:I_A 是沥青质指数;$P_{沥青质}$ 是沥青中沥青质组分的比例;$P_{胶质}$ 是沥青中胶质组分的比例;$P_{饱和分}$ 是沥青中饱和分组分的比例;$P_{芳香分}$ 是沥青中芳香分组分的比例。

以沥青质指数为横坐标,以自扩散系数为纵坐标,得出二者之间的关系如图5-15所示。

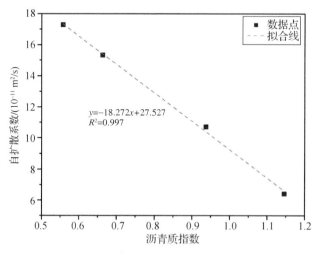

图 5-15 沥青质指数和自扩散系数的关系

由上图可知,沥青质指数与沥青的自扩散系数呈明显的负相关。而在沥青老化过程中,沥青质指数会增加。因此,对于老化沥青而言,它的自扩散运动会受到不利影响。

（2）沥青氧化老化

沥青发生氧化老化后生成的特征官能团主要为羰基和亚砜基，因此这里以 ICO 和 ISO 指标数值之和作为氧化老化指数，用来表征沥青氧化老化的程度。图 5-16 以氧化老化指数为横坐标，以自扩散系数为纵坐标进行了回归分析。

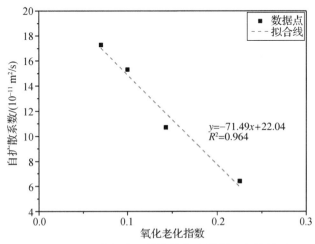

图 5-16　沥青氧化老化指数与自扩散系数的关系

由图 5-16 可知，沥青的氧化老化指数越高，沥青的自扩散系数越低，二者存在负相关性。因此，老化后沥青的化学结构变化也会影响其自扩散运动速度。

综上，沥青老化过程中的组分变化和氧化老化都对沥青的自扩散有不利影响，二者共同导致了老化沥青的自扩散系数降低。其中，组分变化与沥青自扩散系数的相关性更高，因此沥青组分变化可能比氧化老化对沥青自扩散的影响更大。

5.2.1.2　对各组分自扩散的影响

沥青胶结料的组成成分很复杂，Corbett 法按照溶解度相似性原理将其分为四种不同的组分。而本章采用的沥青分子模型中，每个组分都是由几种不同的分子构成，其中沥青质由 3 种分子构成，胶质由 5 种分子构成，饱和分和芳香分各由 2 种分子构成。沥青老化后，各组分的分子结构和相对比例改变，对应的组分数均分子量也产生了较大变化。因此，下面将主要分析老化后沥青各组分数均分子量与其自扩散之间的关系。

为了计算各组分的自扩散系数,本章分别设置了新旧沥青各自所含四组分的分子组,并计算了每个组的 MSD。对系统平衡后的沥青模型进行 200 ps 自扩散模拟,收集各组分的 MSD 数据来计算它们的自扩散系数。以长期老化沥青 PAV40 在 160 ℃下的自扩散为例,其四组分的自扩散系数如图 5-17 所示。

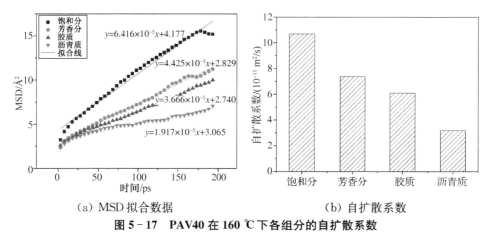

(a) MSD 拟合数据　　　　(b) 自扩散系数

图 5-17　PAV40 在 160 ℃下各组分的自扩散系数

由图 5-17 可知,不同组分在自扩散过程中的运动状态是不同的。从运动距离和扩散速度来看,沥青中四组分的排序都是:饱和分＞芳香分＞胶质＞沥青质。沥青中饱和分的自扩散运动最明显,自扩散系数约为沥青质的 3~4 倍,这可能与沥青质和饱和分的分子大小有关。沥青质主要由大分子构成,因此其运动可能不如由小分子构成的饱和分剧烈。

Newcomb 等人通过试验研究发现分子量是影响分子扩散速度的关键因素之一[110]。因此,为了进一步分析分子量对沥青组分自扩散的影响,这里计算了各组分的加权平均分子量,即数均分子量。统一采用数均分子量指标可以较好地避免组分内部不同分子结构的影响,按照各分子的比例计算分子量均值来代表组分的整体分子量。不同新旧沥青中各组分的数均分子量如表 5-1 所示。

表 5-1　沥青各组分的数均分子量

沥青	饱和分	芳香分	胶质	沥青质
VG	450.85	434.75	365.62	690.52

5 新旧沥青扩散融合行为及其影响因素分析

续表

沥青	饱和分	芳香分	胶质	沥青质
RTFO	450.85	434.75	379.08	693.30
PAV20	457.14	456.69	405.13	708.31
PAV40	457.14	482.00	443.34	795.89

以各组分的数均分子量为横坐标,以自扩散系数为纵坐标进行回归分析,得到图5-18。

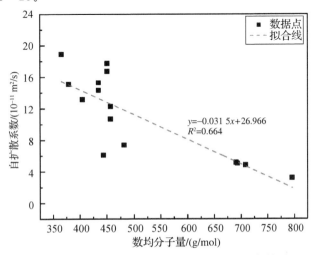

图5-18 沥青四组分数均分子量与自扩散系数的关系

由图5-18可以看出沥青组分的数均分子量与其自扩散系数间存在一定的负相关性,但这种相关性并不十分显著,可见影响自扩散系数的因素不仅仅是分子量。Ding等人采用凝胶渗透色谱(GPC)测定了不同粒径上沥青胶结料的分子量分布曲线,发现除了分子量以外,分子尺寸也是影响其自扩散系数的重要因素[111]。Xu等人通过分子动力学模拟再生剂在沥青模型中的扩散发现,分子周围的环境也会显著影响其自扩散运动[112]。对于老化沥青而言,它内部的自由体积分数比新沥青少,可供分子扩散的空间较为有限。因此,即使是同一组分,在不同沥青中的自扩散系数也是不相同的。

由此可见,影响沥青组分分子自扩散的因素较为复杂,沥青的分子量大小、分子结构形态、分子周围环境(空隙、通道等)都有可能影响沥青组分的自扩散系数。对于胶质组分,虽然它的数均分子量最小,但是构成胶质分子的5种分子结构极性较大,相较于极性较小的饱和分和芳香分,自扩散运动受到的阻力可能会更大。

5.2.2 对相互扩散的影响

5.2.2.1 相互扩散系数分析

由前一节可知,新旧沥青间存在相互扩散,但二者的相互扩散非对称,新沥青与短期老化沥青的相互扩散系数并不相同,说明沥青的老化会影响到新旧沥青的相互扩散过程。因此,接下来将主要分析沥青老化对相互扩散系数的影响。以 160 ℃下新旧沥青的相互扩散为例,不同老化程度对应的相互扩散系数计算数据如下。

对于 VG-RTFO 模型,其折减后的质量密度拟合曲线如图 5-19 所示。

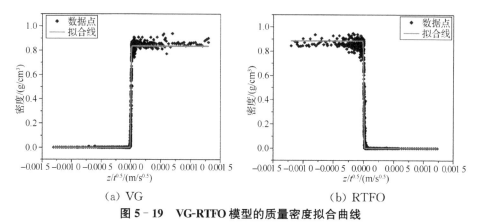

(a) VG (b) RTFO

图 5-19　VG-RTFO 模型的质量密度拟合曲线

对于 VG-PAV20 模型,其折减后的质量密度拟合曲线如图 5-20 所示。

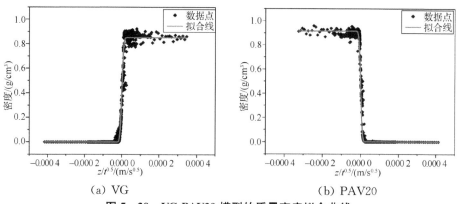

(a) VG (b) PAV20

图 5-20　VG-PAV20 模型的质量密度拟合曲线

对于 VG-PAV40 模型,其折减后的质量密度拟合曲线如图 5-21 所示。

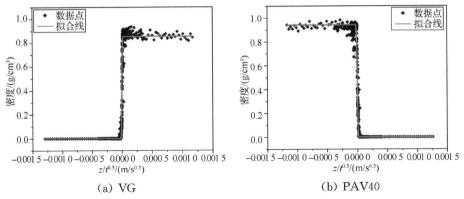

(a) VG (b) PAV40

图 5-21　VG-PAV40 模型的质量密度拟合曲线

综上，按式(5-7)计算得到各沥青的相互扩散系数如图 5-22 所示。

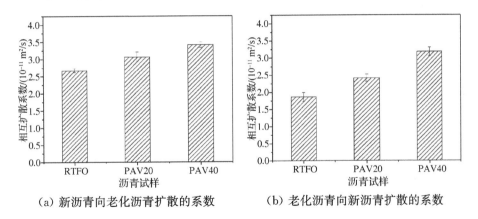

(a) 新沥青向老化沥青扩散的系数　(b) 老化沥青向新沥青扩散的系数

图 5-22　新旧沥青的相互扩散系数

由图 5-22 可知，随着沥青老化程度的增加，新沥青向老化沥青扩散的速度和老化沥青向新沥青扩散的速度都有增加的趋势，这表明老化有利于加快新旧沥青间的融合。这可能是由于随着沥青老化程度的加深，新沥青与老化沥青间的浓度差变大，在浓度梯度的主导下新旧沥青间的相互扩散运动更加活跃。

为了进一步分析老化与沥青相互扩散的影响，下面对相互扩散系数与新旧沥青间的质量密度差进行了回归分析。

以质量密度差值为横坐标，以老化沥青相互扩散系数为纵坐标，得到图 5-23。

由图 5-23 可知，新旧沥青间的质量密度差与其相互扩散系数存在明显的正相关性，质量密度差大的新-旧沥青模型间的相互扩散系数更高，这也

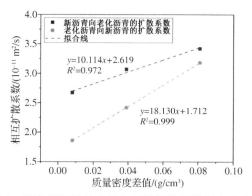

图 5-23 沥青相互扩散系数与新旧沥青间质量密度差的关系

在一定程度上解释了沥青老化程度与新旧沥青间的相互扩散系数的关系。不仅如此，拟合结果还表明相对于新沥青向老化沥青的扩散，老化沥青向新沥青的扩散更容易受到质量密度差值的影响。

5.2.2.2 相互扩散过程能量分析

为了分析沥青老化程度对相互扩散过程中分子内和分子间作用力的影响，分别计算了体系的分子内势能（键伸缩能、键角弯曲能、二面角扭转能和非正常二面角扭转能之和）和分子间相互作用能（范德华相互作用能、库仑相互作用能）。

对于 VG-RTFO、VG-PAV20 和 VG-PAV40 三种扩散模型，它们在 160 ℃下相互扩散过程中的分子内势能变化如图 5-24 所示。

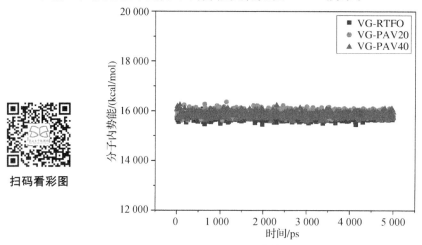

图 5-24 不同新旧沥青体系分子内势能变化

5 新旧沥青扩散融合行为及其影响因素分析

由图 5-24 可知,沥青老化对体系分子内势能的影响不大。对于不同的新旧沥青模型,它们的分子内势能差别并不显著,在 3% 以内。

类似地,相互扩散过程中不同体系的分子间相互作用能变化如图 5-25 所示。

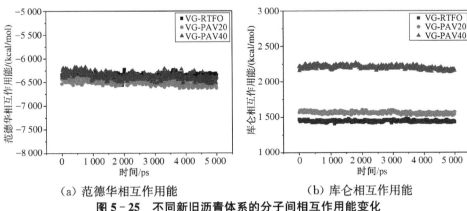

(a) 范德华相互作用能　　　　(b) 库仑相互作用能

图 5-25　不同新旧沥青体系的分子间相互作用能变化

由图 5-25 可知,沥青老化对于相互扩散过程中的范德华相互作用影响也并不十分明显,不同新-旧沥青模型的范德华相互作用能差距在 5% 以内;而沥青老化对于相互扩散过程中的库仑相互作用有较大影响,VG-PAV40 模型的库仑相互作用能约为 VG-PAV20 模型的 1.4 倍,约为 VG-RTFO 模型的 1.5 倍,这表明老化会增强新旧沥青间的库仑相互作用。同时,从图 5-25(b) 还可发现新旧沥青体系在相互扩散过程中库仑相互作用能有缓慢下降趋势,总体下降了 2%~4%,而范德华相互作用能在扩散过程中下降了不到 1%。因此,在新旧沥青的相互扩散过程中,库仑力可能起到了主要推动作用。

5.3　温度对沥青扩散的影响

本节选取了三种典型的热拌温度 140 ℃、160 ℃ 和 180 ℃,分析了它们对于新旧沥青扩散的影响。

5.3.1　对自扩散的影响

沥青的自扩散运动主要是分子的布朗运动,而布朗运动与温度的联系十分紧密。因此本小节将重点分析温度对沥青自扩散的影响。

5.3.1.1 对沥青自扩散的影响

对于四种新旧沥青胶结料，它们在三种温度下的 MSD 数据如图 5-26 所示。

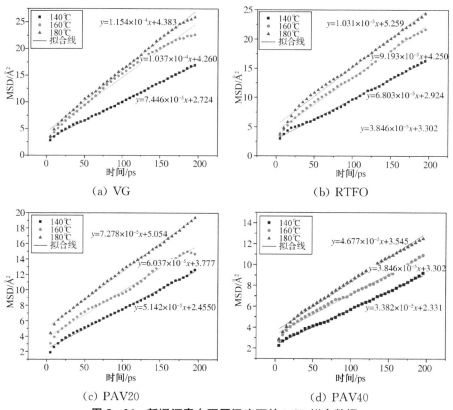

图 5-26 新旧沥青在不同温度下的 MSD 拟合数据

由此得到的自扩散系数如图 5-27 所示。

由图 5-27 可知，无论是新沥青还是老化沥青，它们的自扩散系数都随着温度的升高而增加，即在高温下沥青分子的自扩散运动更加剧烈。但是不同的沥青胶结料对高温的敏感性可能有所不同。其中，VG 的自扩散系数增加了 40.2%～56.6%，RTFO 的自扩散系数增加了 40.9%～55.5%，PAV20 的自扩散系数增加了 12.4%～38.2%，PAV40 的自扩散系数增加了 14.5%～45.3%。因此，下面将分析沥青自扩散系数与高温温度变化的相关性。

5 新旧沥青扩散融合行为及其影响因素分析

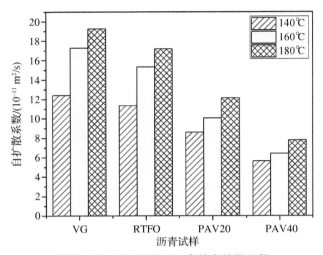

图 5-27 不同温度下沥青的自扩散系数

自扩散系数和温度的关系可用 Arrhenius 公式表示,如式(5-9)所示[94-95]:

$$\ln(D)=\ln(D_0)-\frac{E_D}{\kappa} \cdot \frac{1}{T} \qquad (5-9)$$

式中:D 是指自扩散系数;D_0 是指前因子;E_D 是指活化能;T 是指温度;κ 是指通用气体常数,取值为 8.314 5 J/(mol·K)。

因此,以 $1/T$ 为横坐标,$\ln(D)$ 为纵坐标得到图 5-28。

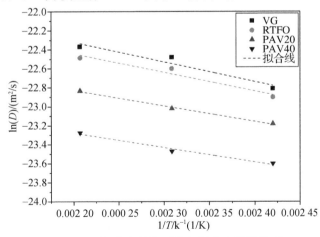

图 5-28 沥青自扩散系数与温度之间的关系

107

拟合得到的扩散活化能和指前因子参数如表 5-2 所示。

表 5-2　沥青自扩散系数与温度相关性的拟合结果

沥青	拟合方程	R^2	$E_D/(\text{kJ/mol})$	$D_0/(\text{m}^2/\text{s})$
VG	$\ln(D)=-17.75-2\,077.59\,T^{-1}$	0.87	17.27	1.96×10^{-8}
RTFO	$\ln(D)=-18.14-1\,957.82\,T^{-1}$	0.90	16.28	1.32×10^{-8}
PAV20	$\ln(D)=-19.25-1\,625.38\,T^{-1}$	0.98	13.51	4.36×10^{-9}
PAV40	$\ln(D)=-19.94-1\,518.72\,T^{-1}$	0.96	12.63	2.19×10^{-9}

由表 5-2 可知，随着沥青老化程度加深，其活化能和指数前因子逐渐下降。活化能指分子开始扩散需要做的功，指数前因子指分子的瞬时自扩散系数，活化能越高表明沥青需要更多能量才能开始自扩散，指数前因子越高表明分子扩散越快。因此，相比老化沥青，新沥青的高温温度敏感性更高，但开始自扩散需要克服的能垒也更高。

5.3.1.2　对各组分自扩散的影响

由上一小节可知，温度升高对沥青的自扩散有促进作用，而对沥青内部不同组分，其自扩散运动受温度影响的程度可能并不相同，因此，接下来将分析温度对沥青内部组分自扩散运动的影响。

以 PAV40 为例，分析其四组分在 140 ℃、160 ℃和 180 ℃下的自扩散的 MSD 数据，拟合结果如图 5-29 所示。

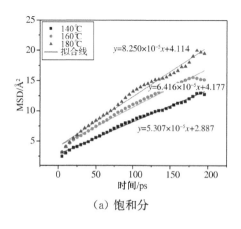

（a）饱和分

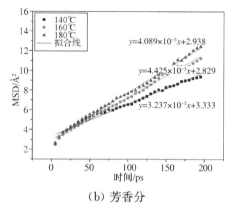

（b）芳香分

5 新旧沥青扩散融合行为及其影响因素分析

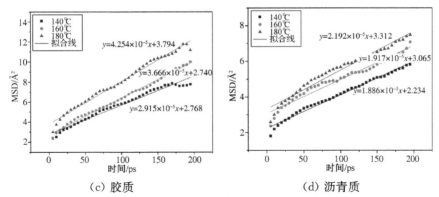

（c）胶质　　　　　　　　　　（d）沥青质

图 5-29　不同温度下沥青四组分的 MSD 拟合图

由此可得各组分的扩散系数,如图 5-30 所示。

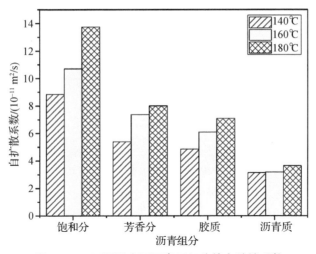

图 5-30　不同温度下沥青四组分的自扩散系数

由图 5-30 可知,沥青内部各组分的自扩散系数皆随温度的升高而增加。其中,饱和分的自扩散系数增加了 20.9%～55.5%,芳香分的自扩散系数增加了 36.7%～48.6%,胶质的自扩散系数增加了 25.7%～45.9%,沥青质的自扩散系数增加了 1.8%～16.3%。为进一步分析沥青内部各组分对高温的敏感性,图 5-31 绘制了 $1/T$ 与 $\ln(D)$ 的关系,拟合得到的扩散活化能和指前因子参数如表 5-3 所示。

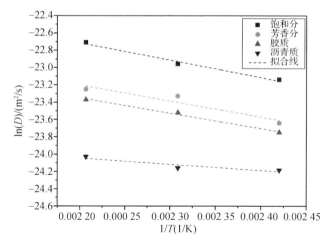

图 5-31 沥青四组分自扩散系数与温度的关系

表 5-3 沥青四组分自扩散系数与温度相关性的拟合结果

沥青组分	拟合方程	R^2	E_D/(kJ/mol)	D_0/(m²/s)
饱和分	$\ln(D)=-18.29-2\,010.49\ T^{-1}$	0.97	16.72	1.14×10^{-8}
芳香分	$\ln(D)=-19.14-1\,843.76\ T^{-1}$	0.91	15.33	4.87×10^{-9}
胶质	$\ln(D)=-19.42-1\,786.52\ T^{-1}$	0.98	14.85	3.68×10^{-9}
沥青质	$\ln(D)=-22.47-714.44\ T^{-1}$	0.85	5.94	1.74×10^{-10}

由表 5-3 可知,沥青四组分的活化能和指数前因子排序为:饱和分>芳香分>胶质>沥青质,表明在沥青的四组分中,饱和分的高温敏感性最高,沥青质的高温敏感性最低。

5.3.2 对相互扩散的影响

5.3.2.1 相互扩散系数分析

在新旧沥青的相互扩散过程中,分子的热运动起到关键作用。而温度又是影响分子热运动的重要因素,因此接下来将分析温度与新旧沥青相互扩散系数之间的关系。

(1) 在 140 ℃下

对于 VG-RTFO 模型,新旧沥青在 140 ℃下的质量密度如图 5-32 所示。

5 新旧沥青扩散融合行为及其影响因素分析

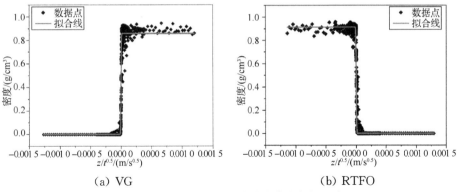

(a) VG (b) RTFO

图 5-32　VG-RTFO 模型的质量密度数据拟合图

对于 VG-PAV20 模型,新旧沥青在 140 ℃下的质量密度如图 5-33 所示。

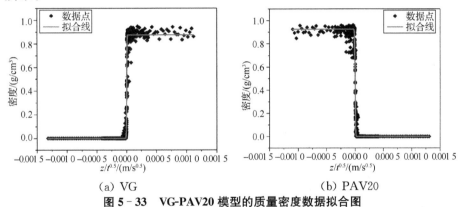

(a) VG (b) PAV20

图 5-33　VG-PAV20 模型的质量密度数据拟合图

对于 VG-PAV40 模型,新旧沥青在 140 ℃下的质量密度如图 5-34 所示。

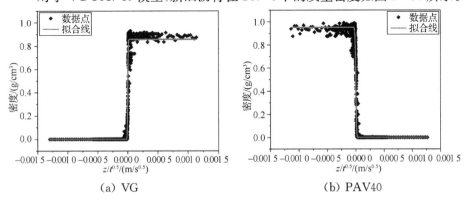

(a) VG (b) PAV40

图 5-34　VG-PAV40 模型的质量密度数据拟合图

(2) 在 160 ℃下

在 160 ℃下的质量密度拟合结果见 5.2.2。

(3) 在 180 ℃下

对于 VG-RTFO 模型，新旧沥青在 180 ℃下的质量密度如图 5-35 所示。

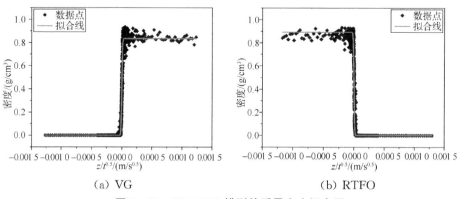

(a) VG　　　　　　　　　　　(b) RTFO

图 5-35　VG-RTFO 模型的质量密度拟合图

对于 VG-PAV20 模型，新旧沥青在 180 ℃下的质量密度如图 5-36 所示。

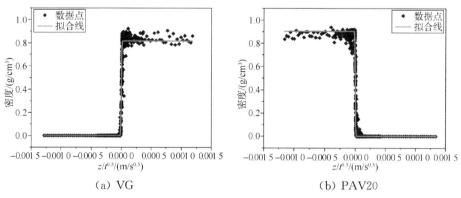

(a) VG　　　　　　　　　　　(b) PAV20

图 5-36　VG-PAV20 的质量密度曲线拟合图

对于 VG-PAV40 模型，新旧沥青在 180 ℃下的质量密度如图 5-37 所示。

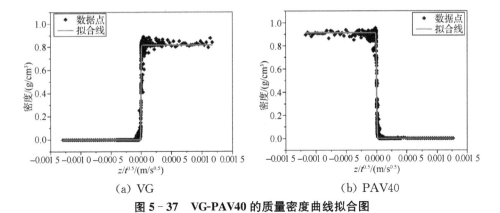

(a) VG (b) PAV40

图 5-37　VG-PAV40 的质量密度曲线拟合图

综上，不同温度下新旧沥青间的相互扩散系数如图 5-38 所示。

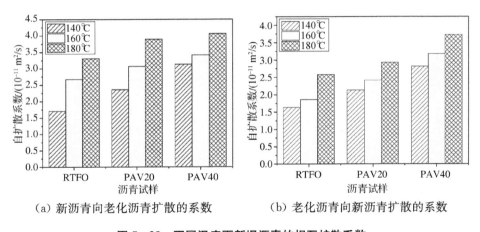

(a) 新沥青向老化沥青扩散的系数　(b) 老化沥青向新沥青扩散的系数

图 5-38　不同温度下新旧沥青的相互扩散系数

由图 5-38 可知，无论是新沥青还是老化沥青的相互扩散系数都随着温度的升高有明显增加趋势，这表明温度对新旧沥青相互扩散过程有重要影响。对于新沥青，当温度由 140 ℃升高到 180 ℃时，其相互扩散系数增加了 29.7%～93.6%；对于老化沥青，当温度由 140 ℃升高到 180 ℃时，其相互扩散系数增加了 32.3%～57.3%。因此，新沥青的相互扩散系数变化范围更大，可能新沥青的相互扩散更容易受到温度的影响。

5.3.2.2　相互扩散过程能量分析

为了分析温度对相互扩散过程中分子内和分子间作用力的影响，分别计算了体系的分子内势能（键伸缩能、键角弯曲能、二面角扭转能和非正常二面角扭转能之和)和分子间相互作用能(范德华相互作用能、库仑相互作用能)。

对于 VG-RTFO、VG-PAV20 和 VG-PAV40 三种扩散模型,它们在 140 ℃、160 ℃和 180 ℃下相互扩散过程中的分子内势能变化如图 5-39 所示。

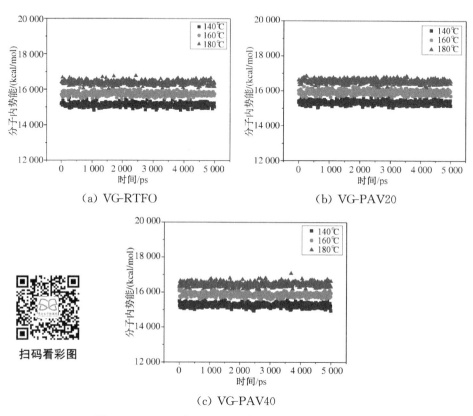

(a) VG-RTFO

(b) VG-PAV20

(c) VG-PAV40

图 5-39 不同温度下新-旧沥青模型的分子内势能变化

由图 5-39 可知,无论是何种新-旧沥青组合模型,温度都对新-旧沥青模型的分子内势能有较大影响,随着温度的升高,其分子内势能有明显的增加趋势。

三种模型在不同温度下的分子间相互作用能如图 5-40 所示。

由图 5-40 可知,温度对新-旧沥青模型分子间相互作用能影响较小。对于范德华相互作用,其能量会随着温度的升高而有所增加;而对于库仑相互作用,随着温度的升高,新旧沥青间的能量变化小于 2%。

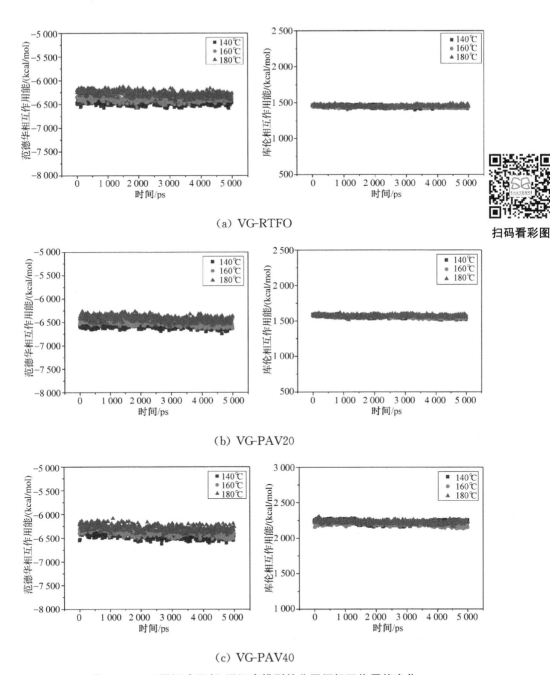

(a) VG-RTFO

(b) VG-PAV20

(c) VG-PAV40

图 5-40　不同温度下新-旧沥青模型的分子间相互作用能变化

综上,温度主要通过影响新旧沥青分子内势能来影响二者的相互扩散过程。而对于分子间相互作用,范德华力的变化则在此过程中起主要作用。

5.4 新旧沥青融合状态对再生沥青模量的影响

5.4.1 微观融合度确定

由前可知,新旧沥青间会自发进行相互扩散,这种扩散使新旧沥青间产生了融合。所采用的新旧沥青质量比约为1:1,因此可看作50%掺量旧沥青与新沥青的融合过程。为了定量表征新旧沥青的融合程度,从物理状态变化来看可采用旧沥青替换率来计算新旧沥青的微观融合度(degree of blending,DOB),模型示意图如图5-41所示。

扫码看彩图

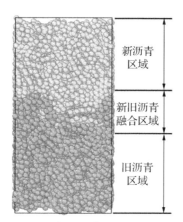

图5-41 部分融合的再生沥青模型

从图5-41可知,根据新旧沥青的扩散深度可将再生沥青模型分为三个部分:新沥青区域、新旧沥青融合区域和旧沥青区域。随着扩散的进行,新旧沥青融合区域的范围会持续增大直至扩散到整个模型,最终变为完全融合沥青。

通过计算位于新旧沥青融合区域的旧沥青质量占总的旧沥青质量的百分比来定量表征新旧沥青融合度,计算公式如式(5-10)所示:

$$\mathrm{DOB} = \frac{m}{M} \times 100\% \qquad (5-10)$$

式中:m是与新沥青发生融合的旧沥青质量;M是模型中旧沥青的总质量。

5 新旧沥青扩散融合行为及其影响因素分析

因此,计算新旧沥青融合度的关键就是确定有多少旧沥青与新沥青发生了融合。确定方法如下：① 根据 z 轴方向的质量密度分布判断新沥青和老化沥青的各自扩散深度。② 确定新旧沥青融合区域的范围。如新沥青扩散深度为 30~78 Å,老化沥青的扩散深度为 2~58 Å,则新旧沥青融合区域的范围为 30~58 Å。③ 统计位于新旧沥青融合区域范围内所有老化沥青分子的质量,即可得到与新沥青发生融合的旧沥青质量。

在分子动力学模拟的过程中分别记录了新沥青分子和旧沥青分子的坐标信息以及质量信息,进而可按式(5-10)计算得到新旧沥青的微观融合度。以 VG-PAV20 模型为例,在前期扩散模拟 5 ns 的基础上继续扩散至 10 ns,扩散过程以及对应的微观融合度如图 5-42 所示。

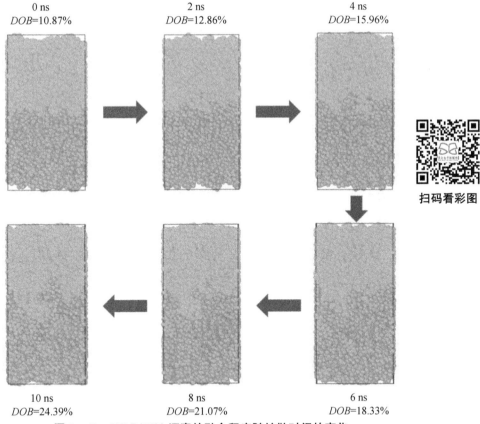

扫码看彩图

图 5-42　VG-PAV20 沥青的融合程度随扩散时间的变化

由图 5-42 可知,新旧沥青的融合程度随着扩散时间的延长而增加,但在扩散 10 ns 后新旧沥青仍未达到完全融合,这里的新旧沥青只是初步发生了融合。考虑到计算时间的问题,这里并未进行更长时间的模拟。根据 4.1.3 中的表 4-5 中溶解度参数计算结果可知,随着沥青老化程度的增加,其溶解度参数会变大,即新旧沥青间的溶解度差值会增加,这表明新旧沥青间的相容性会变差。而相容性又是影响新旧沥青最终融合程度的关键因素,相容性越差表明新旧沥青能达到的最终融合度越低。因此,这种通过仅相互扩散得到的融合沥青的融合度会存在一个上限值,这个限值与新旧沥青的相容性有关。

5.4.2 体积模量计算

由上一节可知,新旧沥青的融合度会随着相互扩散状态的变化而变化。为了分析再生沥青的力学性能是否会受到融合状态的影响,本小节计算了再生沥青模型的体积模量。

沥青的体积模量是施加在沥青材料上的压强变化与对应体积变化的比值,它可用于表征沥青胶结料抵抗各向均布压力的能力,体积模量的计算公式如式(5-11)所示:

$$K=-V\left(\frac{\partial P}{\partial V}\right)_T=\frac{\langle V\rangle \kappa_B T}{(\langle V^2\rangle-\langle V\rangle^2)} \quad (5-11)$$

式中:K 为体积模量;V 为模型体积;P 为体系压力;$\langle \rangle$ 是指系综平均;κ_B 为玻尔兹曼常数,取值为 $1.380\,649\times10^{-23}$ J/K;T 为体系温度。

由上一节可知,仅通过相互扩散难以获得完全融合的新旧沥青模型,实际应用中如果要获得完全融合的再生沥青,还需要进行高温搅拌、添加再生剂等一系列措施。而为了量化部分再生沥青的体积模量性能的恢复程度,直接构建了新旧沥青的完全融合模型,将新沥青和旧沥青分子放入一个模拟盒子中,并在 160 ℃下进行系统弛豫,z 轴方向上下为非周期性边界并设置了反射墙,平衡后的模型如图 5-43 所示。

在图 5-43 中,无论是新沥青还是旧沥青,都会在整个 z 轴方向上分布,这表明融合区域为整个模型范围,因此可认为沥青达到了完全融合的状态。设置模拟温度为 160 ℃,时间步长为 0.5 fs,压力为一个标准大气压,在 NPT 系综下进行 1 ns 的压缩模拟。以完全融合的新旧沥青模型为例,其体

5 新旧沥青扩散融合行为及其影响因素分析

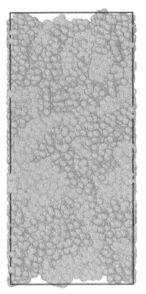

扫码看彩图

图 5-43 VG-PAV20 完全融合模型
(橙色表示老化沥青,绿色表示新沥青)

积模量在 1 ns 模拟中的变化趋势如图 5-44 所示。

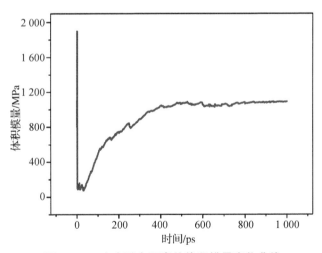

图 5-44 完全融合沥青的体积模量变化曲线

由图 5-44 可知,沥青的体积模量在 600 ps 后趋于稳定,无明显增加趋势,因此取平衡值 1 089 MPa 为完全融合沥青的体积模量。

5.4.3 体积模量受影响的规律

5.4.3.1 融合度对体积模量的影响

为了分析新旧沥青的融合程度对其体积模量的影响,这里导出了 0 ns、2 ns、4 ns、6 ns、8 ns、10 ns 对应帧的部分融合沥青模型,按式(5-11)计算处于各融合状态的再生沥青体积模量,计算结果如图 5-45 所示。

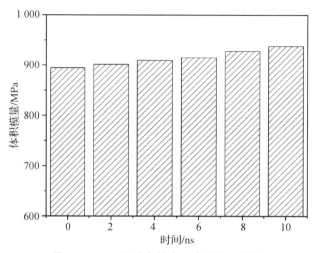

图 5-45　不同融合状态沥青的体积模量

由此可以得到部分融合沥青体积模量的恢复程度,计算公式如式(5-12)所示:

$$R_K = \frac{K_{\text{partial}}}{K_{\text{total}}} \times 100\% \qquad (5-12)$$

式中:R_K 为部分融合沥青的体积模量恢复程度;K_{partial} 为部分融合沥青的体积模量;K_{total} 为完全融合沥青的体积模量。

计算结果如图 5-46 所示。

由图 5-46 可知,随着新旧沥青融合度的增加,其体积模量性能也在不断恢复。为进一步分析新旧沥青融合度与其体积模量恢复程度之间的关系,这里以新旧沥青融合度为横坐标,以新旧沥青体积模量恢复程度为纵坐标,得到图 5-47。

5 新旧沥青扩散融合行为及其影响因素分析

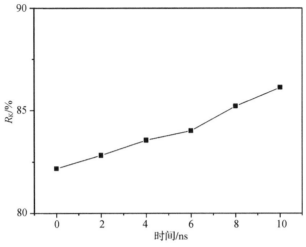

图 5-46 不同融合沥青的体积模量恢复程度

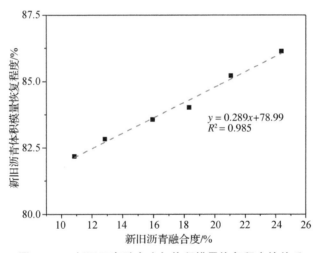

图 5-47 新旧沥青融合度与体积模量恢复程度的关系

从图 5-47 可以看出,新旧沥青融合度与其体积模量恢复程度间存在明显的正比关系,新旧沥青微观融合度的增加有利于其体积模量性能的恢复。同时还可以发现,对于只有 10%～30% 融合度的再生沥青,其体积模量已经可以恢复到 80%～90%。这是因为部分融合沥青的体积模量介于新沥青和老化沥青之间,而新沥青自身就具有一定的体积模量值。同时,按照拟合直线的预测,当新旧沥青融合度达到 72.7% 时,再生沥青的体积模量基本可以达到完全融合沥青的水平。这也从侧面反映了仅通过再生沥青模量性能的恢复水平来间接推断新旧沥青的融合度的方法是存在缺陷的,即使再生沥青的体积模量恢复到了100%,也不能判断新旧沥青是否达到完全融合。

5.4.3.2 老化程度对体积模量的影响

为了分析沥青老化程度对再生沥青体积模量的影响,本小节计算由不同老化沥青构成的三种完全融合沥青模型(VG-RTFO、VG-PAV20、VG-PAV40)的体积模量。其中,VG-RTFO和VG-PAV40两种模型的体积模量在1 ns模拟过程中的变化曲线可如图5-48所示。

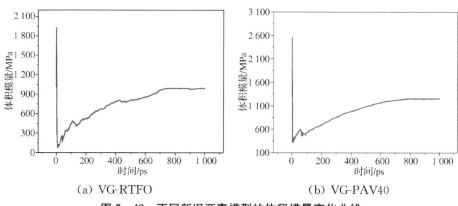

(a) VG-RTFO　　　　　　　(b) VG-PAV40

图5-48　不同新旧沥青模型的体积模量变化曲线

由图5-48可得VG-RTFO和VG-PAV40的体积模量分别为993 MPa和1 157 MPa,这表明新沥青和不同老化沥青融合后整体模量确实存在明显差异。综合来看,三种新旧沥青完全融合模型的体积模量排序为:VG-PAV40＞VG-PAV20＞VG-RTFO。因此,随着沥青的老化程度加深,完全融合沥青的体积模量会逐渐增大,这可能是由于老化沥青中极性分子和大分子比例增加,沥青化学组成的变化导致了其力学性能的变化。

以再生沥青的沥青质指数、氧化老化指数为横坐标,以体积模量为纵坐标分别进行回归分析,得到图5-49。

由图5-49可知,沥青质指数、氧化老化指数与再生沥青的体积模量间均存在正相关性,沥青质指数和氧化老化指数的增加有助于提高再生沥青的体积模量。同时,相对于沥青质指数,氧化老化指数与体积模量的相关性更高。

5 新旧沥青扩散融合行为及其影响因素分析

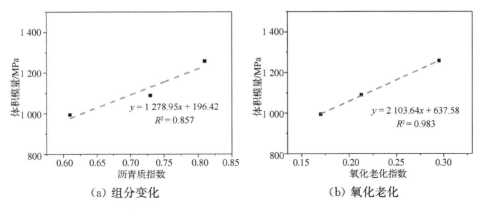

(a) 组分变化　　　　　　　　　(b) 氧化老化

图 5-49　沥青老化与体积模量变化的关系

5.5 小结

再生沥青混合料中的新旧沥青融合状态很难通过宏微观试验进行直接观测，为此本章采用 MD 模拟方法从分子尺度上研究了新旧沥青的融合行为与影响因素，并建立了新旧沥青融合状态与再生沥青力学性能间的联系。

结果表明，随着沥青老化程度的增加，其沥青质指数和氧化老化指数会增加，对沥青的自扩散有不利影响，其中沥青质指数与自扩散系数的相关性更高，同时新旧沥青的质量密度差值与其相互扩散系数成正比。随着温度升高，分子的自扩散和相互扩散运动都会更活跃。当温度由 140℃ 升高到 180℃ 时，新沥青的相互扩散系数增加了 29.7%～93.6%，老化沥青的相互扩散系数增加了 32.3%～57.3%。新旧沥青的融合度会随扩散时间的增加而增加，但仅通过相互扩散得到的再生沥青融合度有上限值。对于再生沥青的体积模量，新旧沥青的融合度与其呈正相关，当新旧沥青微观融合度达到 72.7% 时，部分融合沥青的体积模量可达到完全融合沥青的水平；沥青质指数和氧化老化指数的升高会导致再生沥青的体积模量变大，其中氧化老化指数与体积模量的相关性更高，达到 0.983。

老化及再生对沥青-集料界面失效行为的影响分析

沥青老化及再生激活行为带来的最显著影响是降低或恢复沥青混合料的抗裂性能。沥青混合料是主要由沥青和矿质集料组成的复合材料，一般认为沥青-集料界面体系的分离失效是引起混合料开裂行为的根本原因。沥青与集料的化学成分及物理性质完全不同，两者之间的黏附状态及界面交互本已复杂多变，而随着沥青的老化与再生行为，沥青-集料体系的分离失效特征变得更加难以捉摸。为此，为给易于开裂的再生沥青混合料的耐久性提升提供理论指导，本章将围绕沥青-集料界面体系的分离失效行为展开分子动力学模拟，分析老化/再生对界面体系抗裂性能的影响机制。

6.1 沥青-集料界面建模与拉伸模拟方法

6.1.1 沥青-集料界面模型构建

考虑到动态拉伸行为更容易通过 LAMMPS 软件进行，因此本章采用 LAMMPS 软件及 PCFF 力场的组合来开展界面拉伸失效行为模拟。不过 LAMMPS 软件无法用于构建模型，因此，沥青-集料界面体系的模型采用 Materials Studio 软件构建，并通过 LAMMPS 软件的 msi2lmp 模块将其转为 LAMMPS 可用的 .data 文件。

6.1.1.1 新旧沥青分子结构

仍采用图 3-3 所示 Greenfield 团队提出的沥青分子结构来代表原样沥青。不过与前两章不同的是，本章所采用的老化沥青分子结构根据量子化学模拟结果来确定，具体模拟过程参见 8.1 中的 AIMD 模拟内容。基于 AIMD 模拟结果可以发现沥青分子的老化通常以 O_2 分子和 HO_2·自由基的攫氢反应开始，随后引发环烷芳构化、含氧基团形成、分子异构化等反应，且在高温条件下沥青分子还会发生侧链均裂反应。苄基碳上的 C—H 键具有相对较低的键解离能，因而最容易发生攫氢反应并生成含氧基团。这些理论计算结果得到了 Petersen 等人实验研究的支持[1]。基于上述沥青老化机理以及相关的有机化学反应规律，本章通过修改原样沥青分子的化学结构来构建老化沥青的分子模型，如图 6-1 所示。一般认为老化期间饱和分

6 老化及再生对沥青-集料界面失效行为的影响分析

不发生反应,因此不对其分子结构进行更改。

需要注意的是,本章根据 MD 模拟得到的用于分析沥青-集料界面失效行为的拉伸应力-位移曲线因能量涨落现象而表现出很高的变异性,这种 MD 模拟方法的内源变异性可能会掩盖一些有价值的信息,例如我们所关注的沥青-集料界面失效行为受沥青老化与再生激活的影响规律等。因此,为避免这种现象发生,图 6-1 中老化沥青分子结构的含氧量被设置得比实际情况要高,而且还考虑了侧链的断裂。

此外,根据已有研究结果,采用棕榈酸来代表再生剂,通过向老化沥青分子模型中掺加不同比例的再生剂分子(5%、10% 和 20%),构建不同再生激活程度的再生沥青分子模型。棕榈酸的分子结构也可绘制在图 6-1 中。

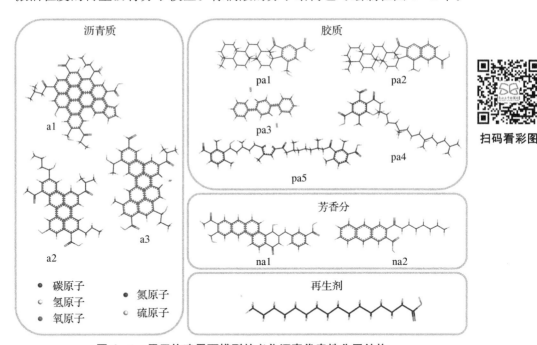

图 6-1 用于构建界面模型的老化沥青代表性分子结构

6.1.1.2 集料晶体结构

二氧化硅(SiO_2)是矿质集料中含量最丰富的化合物,在以往的分子模拟研究中常被用作集料的替代,因此本章也以 SiO_2 晶体代表集料来构建沥青-集料界面分子模型。同时,三氧化二铝(Al_2O_3)和氧化铁(Fe_2O_3)也是矿质集料中常见的化合物,为分析集料化学组成对界面体系失效行为的影响,

本章还以 Al_2O_3 和 Fe_2O_3 晶体代表集料进行了界面体系建模。

6.1.1.3 界面模型构建过程

以 SiO_2 晶体代表集料为例对界面模型的构建过程进行介绍。首先向 Materials Studio 软件数据库中导入"α-石英"型的 SiO_2 晶体单元格,沿(0 1 0)方向切削并扩展成尺寸为 39.30 Å×37.84 Å×16.50 Å 的正交超晶胞,以此作为集料层来构建沥青-集料界面体系模型。考虑到石英在潮湿环境中易发生羟基化反应,因此在建模过程中,将 SiO_2 晶体面向沥青一侧的表面裸露氧原子添加上氢原子以形成羟基[113]。

随后,构建与集料层具有相同横截面尺寸(即 39.30 Å×37.84 Å)的原样沥青、老化沥青和再生沥青模型,具体过程是通过 Materials Studio 软件的"Amorphous Cell Calculation"模块将沥青分子结构按一定数量配比组装成正交盒子,在此过程中所有沥青层模型的初始密度均设置为 1.0 g/cm³。为使沥青层具有合适的厚度以方便拉伸模拟,在构建各类沥青模型时采用的沥青分子数量按表 6-1 进行设置。其间,通过调整沥青四组分的比例,建立了两种不同老化程度的界面模型,即老化模型与重度老化模型,其中重度老化模型中沥青质的比重相对更高而其他组分的比重相对更低。

表 6-1 不同分子模型中用于构建沥青层的沥青分子配比

分子标签	分子化学名称	界面体系模型				溶液模型
		原样	老化	再生	重度老化	
a1	沥青质 1-吡咯(pyrrole)	4	4	4	8	2
a2	沥青质 2-苯酚(phenol)	6	6	6	12	3
a3	沥青质 3-噻吩(thiophene)	6	6	6	12	3
pa1	胶质 1-吡啶藿烷(pyridinohopane)	8	8	8	8	4
pa2	胶质 2-喹啉藿烷(quinolinohopane)	8	8	8	8	4
pa3	胶质 3-苯并双苯噻吩(benzobisbenzothiophe)	30	30	30	20	15
pa4	胶质 4-三甲基苯氧烷(trimethylbenzeneoxane)	10	10	10	10	5
pa5	胶质 5-硫代异海绵烷(thioisorenieratane)	8	8	8	8	4
na1	芳香分 1-全氢菲萘(PHPN)	22	22	22	18	11

续表

分子标签	分子化学名称	界面体系模型				溶液模型
		原样	老化	再生	重度老化	
na2	芳香分 2-二辛基环己烷萘(DOCHN)	26	26	26	18	13
s1	饱和分 1-角鲨烷(squalene)	8	8	8	4	4
s2	饱和分 2-藿烷(hopane)	8	8	8	4	4
—	5%掺量再生剂	—	—	13	—	6
—	10%掺量再生剂	—	—	26	—	13
—	20%掺量再生剂	—	—	52	—	52

最后，通过建立层状结构将 SiO_2 集料层和沥青结构层组装成沥青-集料界面体系模型，如图 6-2 所示。由于后续拉伸模拟中 z 轴方向被设置为非周期性边界条件，因此在沥青-集料界面建模时，沥青外侧应添加厚度不小于 5 Å 的真空层，以避免有沥青分子跨越边界而引发模拟报错。

此外，为分析模型尺寸对沥青-集料界面失效行为的影响，还扩展出横截面尺寸更大的 SiO_2 超晶胞，用以构建更大规模的界面体系模型(横截面分别扩大至 49.10 Å×54.02 Å 和 68.74 Å×75.63 Å，用于构建沥青层的分子数量分别增加至原来的 2 倍和 4 倍)，从而开展相同加载条件下的平行研究。

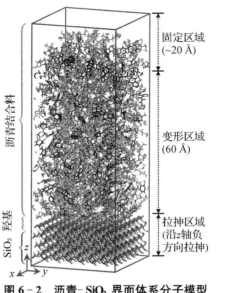

图 6-2 沥青-SiO_2 界面体系分子模型

用 Al_2O_3 和 Fe_2O_3 代表集料构建界面体系模型的流程与沥青-SiO_2 界面建模过程一致。Al_2O_3 和 Fe_2O_3 晶体均通过 Materials Studio 软件数据库导入,然后沿(1 1 0)方向切削并分别扩展成尺寸为 34.98 Å×41.03 Å×15.93 Å 和 36.98 Å×37.93 Å×16.87 Å 的正交超晶胞。最后按照 Al_2O_3 和 Fe_2O_3 集料层的截面尺寸分别构建相匹配的沥青结构层,并通过建立层状结构将集料层与沥青结构层组装成沥青-集料界面体系模型。

6.1.2 界面体系拉伸模拟方法

基于 LAMMPS 软件和 PCFF 力场开展沥青-集料界面拉伸失效行为的 MD 模拟,并采用 VMD 软件进行可视化处理。所构建的界面模型首先被进行结构优化(能量最小化),然后依次在等温等压系综(NPT)和微正则系综(NVE)下各平衡 1 ns。在整个模拟过程中,通过鼻子-胡佛(Nosé-Hoover)恒温器将温度控制在所关注的数值(25 ℃、5 ℃和-15 ℃),x、y 维度设置周期性边界而 z 维度设置非周期性边界,且 NPT 平衡阶段 x、y 维度均施加 1 个大气压。考虑到模拟精度与时间成本之间的平衡,将模拟的时间步长设置为 1.0 fs。太小的时间步长会消耗掉过多的计算资源,限制 MD 模拟的总持续时间;而太大的时间步长会导致体系能量随时间迅速增加,MD 模拟变得不稳定。基于同样的考虑,模拟截断值被设定为 15.5 Å。

随后,在 NVE 下对平衡好的界面模型进行匀速拉伸模拟,即将沥青层末端固定,同时以一定速率(0.000 01 Å/fs、0.000 1 Å/fs 和 0.001 Å/fs,分别对应 0.001 m/s、0.01 m/s 和 0.1 m/s)将集料层沿 z 轴负方向拉动,余下中部 60 Å 的空间作为界面体系发生脱黏/分离破坏的区域。在模拟过程中,集料层每移动 0.01 Å 的距离就记录一次体系在 z 维度的应力值。由于界面体系的上下部位均被固定,因此中部 60 Å 的变形区域的应力数据才是本书所关注的。获取变形区域应力数据的具体过程是,通过"compute stress/atom"命令计算该区域内各原子的应力张量(该应力张量按如下顺序存储为 6 单元向量:xx, yy, zz, xy, xz, yz),由于所关注的拉伸应力只与 z 维度的法向应力有关,所以通过"compute reduce"命令将应力张量降阶为 zz 方向的标量。同时,使用"sum"选项将各原子的 zz 维度应力标量值累加为一个全局应力总量。由于"compute stress/atom"命令计算出的应力张量带

6 老化及再生对沥青-集料界面失效行为的影响分析

有体积项,因此将所得全局应力总量除以体系体积,最终得到变形区域在 z 维度的拉伸应力。

6.2 沥青-集料界面失效行为的分子特征

6.2.1 拉伸模拟应力-位移数据的预处理

图 6-3 描述了拉伸模拟过程中沥青-集料界面体系应力-位移数据的预处理方法。其中,黑色散点为应力-位移原始数据,采用的是三次重复模拟结果的平均值。原始散点数据因热力学涨落而剧烈波动,为方便分析,基于 Savitzky-Golay 滤波器对其进行了 200 点二次多项式平滑处理,得到蓝色的应力-位移平滑曲线。以往研究认为,沥青-集料界面拉伸失效过程中的应力-位移曲线符合式(6-1)所示的内聚力模型(CZM)。

$$\sigma(x) = a\left(\frac{x}{b}\right)\exp\left(1-\frac{x}{b}\right) \tag{6-1}$$

式中:$\sigma(x)$ 是拉伸应力;x 是拉伸位移;a 是 CZM 曲线的应力峰值;b 是 CZM 曲线应力峰值对应的拉伸位移。因此,按照式(6-1)进一步将应力-位移数据拟合为红色的 CZM 曲线。然而,CZM 曲线(红色)应力峰值所对应的拉伸位移与平滑曲线(蓝色)有较大差别,无法如实反映原始模拟结果,因而后文将基于应力-位移数据的萨维茨基-戈莱(Savitzky-Golay)平滑曲线对界面失效行为进行定量分析。

对于图 6-3 所示的界面拉伸失效行为(模拟温度为 25 ℃,加载速率为 0.1m/s),分离失效发生在沥青层区域,这表明沥青结合料内部的内聚强度低于沥青-SiO_2 界面的黏附强度。拉伸应力峰值为 68.9 MPa,反映出界面体系在该模拟条件下的极限抗拉强度(即材料在被拉伸至断裂前所能承受的最大应力)。极限抗拉强度是材料抗裂性能的衡量指标之一,对于具有黏弹特性的沥青-集料界面体系,极限拉伸强度随着加载速率、温度、集料成分和沥青老化状态等条件的不同而变化。应力峰值对应的拉伸位移为 6.9 Å,但此时沥青结合料内部未能观察到明显的损伤。当应力降至其峰值的一半时,对应的拉伸位移达到 16.3 Å,这时沥青分子之间的分离变得十分明显。而当拉伸位移进一步增加至 30 Å 时，沥青结合料完全断开，体系拉伸应力也回归至零，因此后文只需对 30 Å 位移范围内的应力-位移数据进行分析即可。

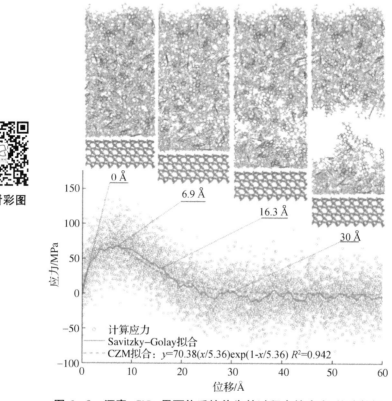

图 6-3 沥青-SiO_2 界面体系拉伸失效过程中的应力-位移数据

6.2.2 模型尺寸和拉伸速率对界面失效的影响

6.2.2.1 应力-位移曲线

首先在 25 ℃下对原样沥青-SiO_2 界面体系进行拉伸模拟，分别采用了三种横截面积（39.30 Å×37.84 Å、49.10 Å×54.02 Å、68.74 Å×75.63 Å）和三种加载速率（0.001 m/s、0.01 m/s、0.1 m/s），用以分析模型尺寸和拉伸速率对界面抗裂性能的影响，所得拉伸应力-位移曲线如图 6-4 所示。需要注意的是，由于计算成本的限制，在 MD 模拟中采用的加载速率比室内实验采用的准静态加载速率要大。

如图 6-4(a)~(c)所示，随着横截面积的增加，界面体系在各加载速率

6 老化及再生对沥青-集料界面失效行为的影响分析

下的拉伸应力峰值及应力峰值对应的位移都没有显著性差异。这与以往的模拟结果一致[45]，表明模型尺寸的有限增加对沥青-集料界面体系拉伸失效行为 MD 模拟的结果没有明显影响。因此，后文均采用单一截面尺寸的界面模型来开展各种条件下的拉伸模拟以减少计算成本。

此外，在沥青- SiO_2 界面体系的拉伸模拟过程中，无论截面尺寸大小，应力峰值及其对应的拉伸位移均随着加载速率的提升而增加，这表明沥青材料在更快的荷载速率下表现出更高的极限抗拉强度和抗拉应变。基于 Lü 等人通过拉拔试验获取的拉拔强度数据对 MD 模拟结果进行验证[114]，如图 6-4(d) 所示。拉拔试验是用于评价沥青与石料黏结性能的标准实验。从图 6-4(d) 可以看出拉拔强度随加载速率的提升而增强，这一演变趋势支持了 MD 模拟得到的界面体系极限抗拉强度与拉伸速率正相关的结论。由于尺寸、加载速率和时间尺度的差异，MD 模拟得到的极限拉伸强度与实验测量值有较大差别，因此二者不能直接进行数值上的比较。

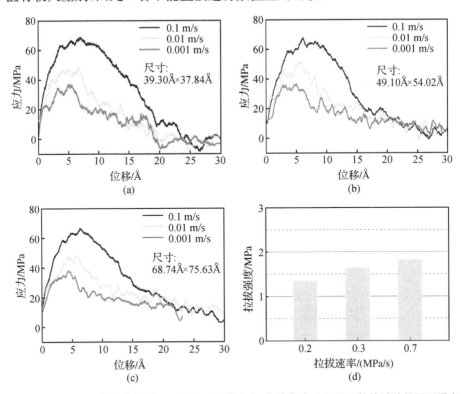

(a)~(c) 基于 MD 模拟的沥青- SiO_2 界面拉伸应力-位移曲线；(d) 基于拉拔试验的界面强度

图 6-4　不同模型尺寸及加载速率下沥青-集料界面体系分离失效特征

6.2.2.2 界面失效模式

值得注意的是,在各种加载速率与尺寸条件的组合下,沥青-SiO_2界面体系的分离失效模式都是内聚破坏(沥青结合料自身断裂分离)而非黏附破坏(沥青结合料从集料表面脱黏),这说明沥青结合料自身的内聚强度弱于界面黏附强度。图6-5显示了几种典型模拟条件下的沥青-SiO_2界面体系分离失效模式。

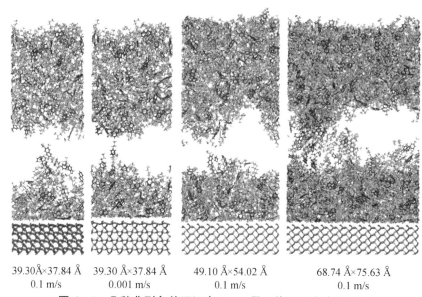

图6-5 几种典型条件下沥青-SiO_2界面体系分离失效模式

6.2.2.3 界面抗裂性能评价参数

为了定量分析模拟条件对沥青-集料界面体系抗裂性能的影响,采用极限抗拉强度(应力峰值)、临界位移(应力峰值对应的拉伸位移)、断裂能、流动位移和峰后模量等5个参数作为界面体系抗裂性能的评价指标。其中,断裂能(E_f)是指在拉伸过程中使界面体系产生单位面积的断裂面所需耗费的能量,根据式(6-2)计算,它反映了界面试样对单次荷载(即非重复荷载)下完全断裂失效的抵抗性能。

$$E_f = \int_0^{d_f} \sigma(x) \mathrm{d}x \qquad (6-2)$$

式中:$\sigma(x)$是拉伸应力;x是拉伸位移;d_f是界面体系完全断裂失效时的拉

6 老化及再生对沥青-集料界面失效行为的影响分析

伸位移,本章统一取为30 Å。

流动位移(d_{flow})定义为拉伸应力从峰值降至峰值一半期间(容许损伤期)界面体系所增加的位移值,根据式(6-3)计算,它代表了界面试样所容许的损伤变形。在容许损伤变形范围内,界面试样仍能承受拉伸载荷。此时界面体系虽然出现了微损伤,但可依赖沥青结合料的自愈合特性进行损伤修复。

$$d_{flow} = d_{post\text{-}half} - d_{\sigma\text{-}max} \quad (6-3)$$

式中:$d_{\sigma\text{-}max}$为应力峰值对应的拉伸位移(临界位移);$d_{post\text{-}half}$为峰后应力降至峰值一半时的拉伸位移。

峰后模量(G_{post})定义为容许损伤期内应力降幅与应变增幅的比值,根据式(6-4)计算,它反映了界面试样在容许损伤期的柔韧性。实质上,流动位移和峰后模量是衡量界面试样在微损伤状态下的流动性的指标,体现了界面体系对重复荷载下疲劳开裂的抵抗性能。

$$G_{post} = \frac{\sigma_{max} - \sigma_{post\text{-}half}}{d_{flow}/60} \quad (6-4)$$

式中:σ_{max}为应力峰值;$\sigma_{post\text{-}half}$为应力峰值一半;$d_{flow}$为流动位移,分母被除以60是为了将位移转换为应变(图6-2界面模型中变形区域的高度为60 Å)。

表6-2显示,随着加载速率从0.001 m/s提升至0.1 m/s,极限拉伸强度和临界位移明显增加,并导致断裂能从0.34 GPa·Å增加至0.96 GPa·Å,这表明在较高的加载速率下将耗费更多的能量才能使界面试样在单次载荷下完全断裂失效。同时,峰后模量无明显变化,而流动位移从5.2 Å增加到9.4 Å,这表明在较高的加载速率下,尽管界面试样的柔韧性保持不变,但其容许损伤变形的阈值增加,因而表现出更优的抗疲劳开裂能力。

表6-2 沥青-SiO_2界面体系在不同加载速率下的抗裂性能参数

加载速率/(m/s)	极限拉伸强度/MPa	临界位移/Å	断裂能/GPa·Å	流动位移/Å	峰后模量/GPa
0.001	37.0	5.1	0.34	5.2	0.21
0.01	47.8	5.7	0.48	5.9	0.24
0.1	68.9	6.9	0.96	9.4	0.22

注:对于双峰形状的应力-位移曲线,取两个峰值的平均值作为代表值,下同。

6.2.3 温度对界面失效的影响

作为黏弹性材料,沥青混合料的力学性能除受加载速率的影响外,也受到温度条件的影响。图6-6(a)显示了沥青-SiO_2界面体系在不同温度下的应力-位移曲线(加载速率均为0.1 m/s)。随着温度的降低,界面体系拉伸应力峰值增加,这与图6-6(b)所示的实测拉拔强度变化规律一致[115]。此外,应力峰值对应的位移保持不变,但峰值后拉伸应力随位移的下降速率加快。如图6-6(c)所示,在三个温度条件下沥青-SiO_2界面体系的分离失效模式仍然是内聚破坏,这说明在所研究的温度范围内,沥青结合料的内聚强度弱于界面黏附强度。

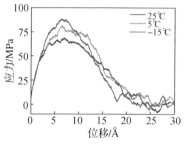

(a) 基于MD模拟的沥青-SiO_2界面拉伸应力-位移曲线

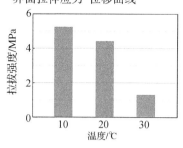

(b) 基于拉拔试验的界面强度

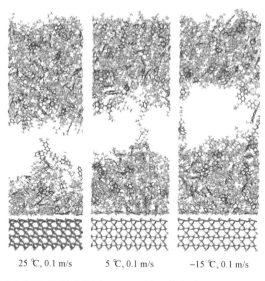

(c) MD模拟中沥青-SiO_2界面分离失效典型模式

扫码看彩图

图6-6 不同温度下沥青-集料界面体系分离失效特征

表6-3抗裂性能参数结果显示,随着温度从25 ℃降至−15 ℃,界面体系的断裂能没有明显变化,这表明在单次载荷下,使界面试样完全断裂失效所需消耗的能量受温度的影响并不明显。这是因为在较低的温度下,尽管拉伸应力峰值较高,但在峰值之后拉伸应力下降的速率也更快。相比之下,

流动位移随温度降低而减少,峰后模量则随温度降低而增加,这说明界面试样在低温条件下流动性下降,因而表现出较差的抗疲劳开裂性能。沥青材料力学性能的这种温度依赖性归因于温度对沥青内部分子间相互作用的影响。在分子间相互作用力范畴内,对分子吸引有利的相互作用包括色散力、诱导力和静电力,而其中静电力幅值与温度成反比,其原因是温度提升会导致极性基团间的偶极-偶极取向分布变得无序,从而限制静电力的形成[116]。

表 6-3 沥青-SiO_2 界面体系在不同温度下的抗裂性能参数

温度/℃	极限拉伸强度/MPa	临界位移/Å	断裂能/GPa·Å	流动位移/Å	峰后模量/GPa
25	68.9	6.9	0.96	9.4	0.22
5	80.8	6.6	1.11	8.3	0.29
−15	88.5	6.4	1.02	6.7	0.40

6.2.4 集料类型对界面失效的影响

图 6-7(a)和(b)分别显示了沥青-Al_2O_3 界面试样和沥青-Fe_2O_3 界面试样在 25 ℃温度及不同加载速率下的拉伸应力-位移曲线。两个界面试样的拉伸应力峰值及应力峰值对应的拉伸位移均随着加载速率的增加而增加,这与沥青-SiO_2 界面体系所呈现的规律一致。此外,如图 6-7(c)所示,在不同的加载速率下,沥青-Al_2O_3 界面试样和沥青-Fe_2O_3 界面试样的分离失效也都发生在沥青结合料内部,表明界面黏附强度仍大于沥青结合料的内聚强度。

表 6-4 抗裂性能参数结果显示,与沥青-SiO_2 界面试样横向比较,沥青-Al_2O_3 界面试样的极限拉伸强度和断裂能都有所增加,这表明其对单次荷载下完全断裂失效的抵抗性能更优,同时后者的流动位移和峰后模量也有所增加,表现出更差的流动性和抗疲劳开裂性能。此外,沥青-Al_2O_3 界面试样各抗裂性能参数随加载速率的变化趋势与沥青-SiO_2 体系一致。而且,沥青-Fe_2O_3 界面试样与沥青-SiO_2 体系相比,其在 0.001 m/s 和 0.01 m/s 的加载速率下对单次荷载引起的完全断裂失效的抵抗性能下降,对疲劳开裂的抵抗性能增加;但在 0.1 m/s 的加载速率下,其对两种类型断裂破坏的

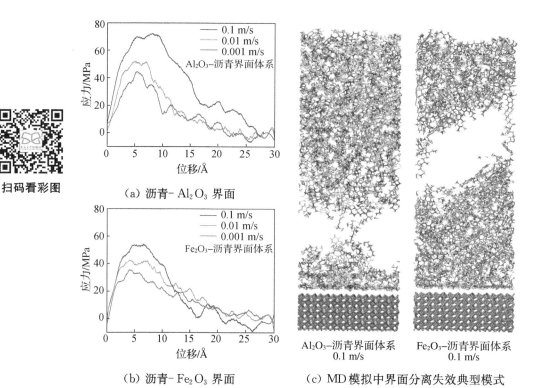

(a) 沥青-Al_2O_3 界面

(b) 沥青-Fe_2O_3 界面

(c) MD模拟中界面分离失效典型模式

图 6-7 各加载速率下集料类型不同的界面体系的应力-位移曲线

抵抗性能都有下降。这些结果表明，集料化学成分的变化对集料表面沥青分子的微观分布有复杂的影响，因而导致了差异化的界面抗裂性能。Fan等人对此进行研究发现，位于集料表面的沥青分子排布比散体沥青更密集，形成所谓结构沥青的概念，且结构沥青分子排布的聚集程度及其厚度范围与集料的化学成分密切相关[106,117]。

表 6-4 沥青-Al_2O_3 和沥青-Fe_2O_3 界面体系在不同拉伸速率下的抗裂性能参数

集料类别	加载速率/(m/s)	极限拉伸强度/MPa	临界位移/Å	断裂能/GPa·Å	流动位移/Å	峰后模量/GPa
Al_2O_3	0.001	44.1	5.3	0.39	4.1	0.32
	0.01	51.6	6.1	0.50	4.7	0.33
	0.1	72.0	7.7	1.03	7.5	0.29

6 老化及再生对沥青-集料界面失效行为的影响分析

续表

集料类别	加载速率/(m/s)	极限拉伸强度/MPa	临界位移/Å	断裂能/GPa·Å	流动位移/Å	峰后模量/GPa
Fe$_2$O$_3$	0.001	35.0	4.2	0.42	6.9	0.15
	0.01	42.1	5.4	0.54	8.0	0.16
	0.1	53.8	5.8	0.56	5.7	0.28

6.3 老化对沥青-集料界面失效行为的影响

6.3.1 老化沥青-集料体系的界面失效行为

图6-8(a)显示了老化前后沥青-SiO$_2$界面试样在25 ℃和0.1 m/s的加载速率下的拉伸应力-位移曲线。与老化前相比，老化后的界面试样表现出更高的极限拉伸强度和更差的峰后流动性，尤其是重度老化试样在15 Å的拉伸位移下即已完全断开，不过各界面试样的拉伸应力峰值所对应的拉伸位移基本不变。计算得到的极限拉伸强度随老化程度的演变规律与图6-8(b)所示实测拉拔强度的演变规律一致[118]。值得注意的是，界面试样的应力-位移曲线轮廓随沥青老化的变化趋势与其随温度降低的变化规律是一致的，这归因于两种条件下沥青内部的分子间静电力都有所增加，其中低温环境下静电力增强是因为分子间偶极-偶极取向分布变得更有序，而老化状态下静电力增强是因为沥青分子上极性基团数量增多。

图6-8(c)和(d)显示了两种老化状态(老化与重度老化)下界面体系在拉伸位移为30 Å时的分离失效模式。可以看出，老化试样的分离失效发生在沥青结合料内部(内聚破坏)，而重度老化试样的分离失效发生在沥青和集料的界面处(黏附失效)。这一结果表明，在老化界面试样中，沥青结合料自身的内聚强度低于沥青与SiO$_2$界面间的黏附力，而在重度老化界面试样中，沥青结合料的内聚强度反而高于界面黏附强度。可以进一步推测，沥青-集料界面黏附力受沥青老化程度的影响比沥青自身内聚力受到的影响小，其原因是界面黏附力由沥青和集料的表面能共同决定，但集料的表面能幅值并不受制于沥青的老化。

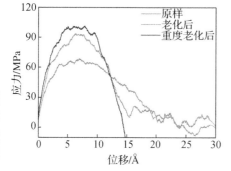

(a) 基于 MD 模拟的沥青-SiO₂ 界面拉伸应力-位移曲线

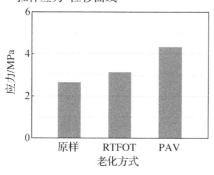

(b) 基于拉拔试验的界面强度

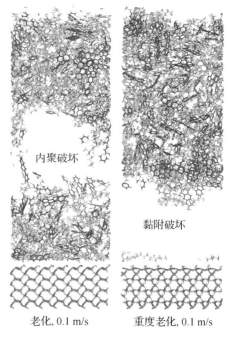

(c) MD 模拟中老化界面体系的分离失效模式(沥青层内聚失效)

(d) MD 模拟中重度老化界面体系的分离失效模式(界面黏附失效)

图 6-8 老化前后沥青-集料界面体系分离失效特征

表 6-5 显示,与老化前相比,两种老化状态界面试样的断裂能均有上升,这表明它们对单一载荷下完全断裂失效的抵抗性能有所提高。不过,与老化试样相比,严重老化试样的断裂能却出现下降,这归因于后者的界面脱黏破坏模式:一方面,在界面脱黏过程中,脆性的集料无法为界面体系的流动性作出贡献,因而体系拉伸应力在达到峰值之后又以非常快的速率下降至零,导致重度老化界面试样的断裂能幅值相比老化试样反而减小。另一方面,随着老化程度提升,界面试样流动位移减少,峰后模量大幅增加,导致其抗疲劳开裂性能显著下降。

表 6-5 老化前后沥青-SiO₂ 界面体系的抗裂性能参数

老化状态	极限拉伸强度/MPa	临界位移/Å	断裂能/GPa·Å	流动位移/Å	峰后模量/GPa
原样	68.9	6.9	0.96	9.4	0.22

续表

老化状态	极限拉伸强度/MPa	临界位移/Å	断裂能/GPa·Å	流动位移/Å	峰后模量/GPa
老化	92.8	6.4	1.12	6.2	0.45
重度老化	101.2	6.3	1.04	5.9	0.51

6.3.2 老化对界面失效行为的影响机理

6.3.2.1 分子极性与分子间结合能

为了深入探究老化对沥青-集料界面体系流动性和抗裂性能的影响机制,采用密度泛函理论(DFT)计算了老化前后沥青分子的极性和分子间结合能,结果如图 6-9 所示。其中,分子极性通过分子极性指数(molecular polarity index,MPI)来表征,考虑到计算成本,在求解 MPI 的过程中,结构优化时采用了 B3LYP 泛函和 6-31G^{**} 基组,计算波函数时采用了 M06-2X 泛函和 6-311G^{**} 基组。具体计算过程可参见 8.3.1 的更详细的计算流程。由于老化前后饱和分的分子结构未发生变化,因此不对其极性和分子间结合能进行计算。

与老化前相比,所有老化沥青分子的 MPI 均以不同的幅度增加。作为结果,老化沥青分子间结合能也均有上升。工程实践中对沥青质的定义是沥青或原油中不溶于正庚烷但可溶于甲苯的组分,图 6-9(b)中原样沥青质(a1、a2、a3)分子间结合能高于其他组分分子间结合能的结果支持了这一定义,因为这些具有更高结合强度的沥青质分子团聚体不容易溶于正庚烷。

在老化之后,一些胶质和芳香分(n1、p1、p2 和 p4)分子间结合能要高于原样沥青质的分子间结合能。因此,这些分子在老化状态下也可能因过度团聚而不溶于正庚烷。根据定义,这些分子可能从轻质组分转变为沥青质组分。为了验证这一推测,我们进一步模拟了原样沥青分子和老化沥青分子在正庚烷中的团聚行为。

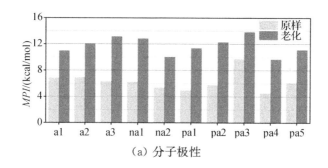

(a) 分子极性

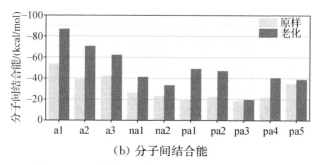

(b) 分子间结合能

图 6-9 老化前后沥青分子热力学性能参数演变

6.3.2.2 沥青分子团聚行为

原样沥青分子和老化沥青分子均按表 6-1 最后一列的配比与代表溶剂的 1 000 个正庚烷分子混合,构建成代表溶液体系的立方周期性盒子,盒子的初始密度均设置为 0.1 g/cm³。仍采用 LAMMPS 软件和 PCFF 力场开展沥青分子团聚行为的 MD 模拟,首先对溶液体系进行能量最小化,然后在 25 ℃下进行 1 ns 的 NVT 平衡,再在 25 ℃和 1 个大气压下进行 1 ns 的 NPT 平衡,以确保沥青分子团聚体可以稳定存在。考虑到计算准确性与计算效率的平衡,将模拟时间步长和截断值分别设置为 1.0 fs 和 15.5 Å。模拟结果通过 VMD 软件进行可视化展示,如图 6-10 所示。

图 6-10 中蓝色线框代表了模拟体系的周期性边界,图 6-10 表明当一个粒子从左侧(上部)边界离开盒子的同时,它也正从右侧(下部)边界进入盒子,从而确保盒子内的粒子数量守恒。作为溶剂的正庚烷分子以及老化前后不发生变化的饱和分分子被隐匿以清楚地呈现沥青质、胶质和芳香分分子的构象变化。图 6-10(a)显示,原样沥青分子在正庚烷溶剂中的分布总体上较为分散,尽管也有一些分子发生了聚集。相比之下,大多数老化沥

6 老化及再生对沥青-集料界面失效行为的影响分析

青分子团聚在一起,形成一个连续的分子聚集体而不溶于正庚烷溶剂[图6-10(b)],说明老化沥青中的胶质和芳香分部分转化为沥青质。

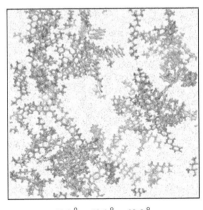

68.3Å ×68.3Å ×68.3Å
(a)原样沥青分子在正庚烷中溶解状态

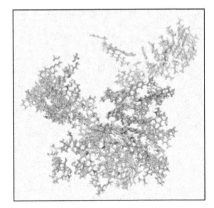

68.0Å ×68.0Å ×68.0Å
(b)老化沥青分子在正庚烷中溶解状态

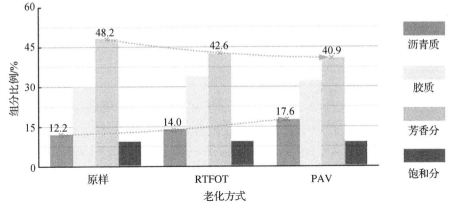

(c)实测老化前后沥青组分比例变化

图6-10 老化前后沥青分子团聚行为分析

为验证这一推测,开展了沥青四组分分离试验来分析老化前后沥青内部的组分转化。试验所采用原样沥青为韩国SK公司生产的PG 64—22石油沥青,沥青室内老化试验和沥青组分分离试验按照《公路工程沥青及沥青混合料试验规程》(JTG E20—2011)进行。图6-10c所示的试验结果验证了前述结论,即与原样沥青相比,老化沥青的沥青质含量增加,芳香分含量降低。

6.3.2.3 沥青分子流动性

为了评价老化导致的分子团聚对界面体系柔韧性的影响,进一步计算自扩散系数来表征沥青分子的流动性。具有较高自扩散系数的分子体系通常表现出更优的分子流动性。Bhasin 等人提出的沥青自愈合理论也认为,沥青结合料的自愈合过程由处于裂缝界面处沥青分子的自扩散行为所驱动[38]。

自扩散系数(D)根据式(6-5)计算得到。

$$D=\frac{1}{6N}\lim_{t\to\infty}\frac{d}{dt}\sum_{n=1}^{N}[x_n(t)-x_n(0)]^2 \quad (6-5)$$

式中:N 是体系内粒子数目;$x_n(t)$ 和 $x_n(0)$ 分别是粒子的当前位置和初始位置。自扩散系数难以直接获取,但可以根据其与体系粒子均方位移(MSD)的关系按式(6-6)间接得到。

$$D=\frac{\text{MSD 曲线斜率}}{6} \quad (6-6)$$

$$\text{MSD}=\frac{1}{N}\sum_{n=1}^{N}[x_n(t)-x_n(0)]^2 \quad (6-7)$$

式中:各项参数的含义与式(6-5)一致。

均方位移数据的求解过程是在 6.1.2 中已经平衡好的沥青-集料界面体系的基础上,进一步开展 4 ns 的 NVE 动力学模拟,在此期间通过"compute msd"命令计算均方位移。模拟时间步长和截断值仍分别设置为 1.0 fs 和 15.5 Å。由于界面体系被沿 z 维度进行拉伸,且仅在该维度采用了自由的非周期性边界条件,因此只记录和分析沥青分子沿 z 维度的均方位移及自扩散系数。

图 6-11(a)描述了根据均方位移数据获取自扩散系数的流程。由于在模拟的早期和末期均方位移随时间的曲线并非线性增长,因此采用了第 1 ns 到第 3 ns 的数据来进行线性拟合并计算自扩散系数。所得的老化前后沥青分子在 25 ℃下的自扩散系数如图 6-11(b)所示。对于原样沥青,自扩散系数计算值为 6.5×10^{-4} Å^2/ps,这与 Guerrero-Aconcha 等人根据类沥青化合物、长烷烃链和黏性润滑剂等材料的实测数据推测的沥青自扩散系数实际值($3\times10^{-4}\sim1.7\times10^{-3}$ Å^2/ps,该 z 维度自扩散系数是通过全局自扩散系数除以 3 得到的)一致[119]。与原样沥青相比,老化沥青和重度老化沥青的自扩散性能大幅降低,这表明老化期间产生的极性含氧基团显著抑制了沥

6 老化及再生对沥青-集料界面失效行为的影响分析

青的流动性和自愈能力,从而削弱了沥青-集料体系的抗疲劳开裂性能。

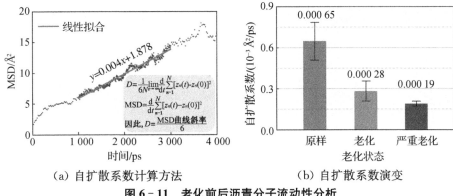

(a) 自扩散系数计算方法　　(b) 自扩散系数演变

图 6-11　老化前后沥青分子流动性分析

6.4　再生对沥青-集料界面失效行为的影响

6.4.1　再生沥青-集料体系的界面失效行为

为了探究再生剂对沥青-集料界面体系抗裂性能的恢复作用,通过向老化沥青分子中掺加不同比例(5%、10%和20%)的再生剂分子,构建成具有不同再生激活程度的再生沥青-SiO_2界面体系模型,并开展拉伸失效行为模拟。得到的拉伸应力-位移曲线被用来与原样界面试样和老化界面试样的模拟结果进行横向比较,如图6-12所示。随着再生剂掺量的增加,再生界面试样的应力-位移曲线从接近老化试样逐渐演变为接近原样试样,即拉伸应力峰值逐渐减小,而峰值之后拉伸应力下降速率也逐渐减缓。

表6-6抗裂性能参数结果显示,随着再生剂掺量的增加,再生界面试样断裂能的变化并没有呈现出显著的规律性,这表明其在单次载荷下完全断裂失效所需的能量与再生剂掺量无明确的对应关系,这一结果可能是因为再生剂的不均匀分布导致了再生界面模型中沥青结合料的局部软化,因而断裂能计算值出现了较大的变异性。在今后的研究中,应通过增加分子模型的截面尺寸来减少再生剂分布不均带来的不利影响。随着再生剂掺量的增加,再生界面试样的流动位移逐渐增加,峰后模量逐渐下降,这表明更高

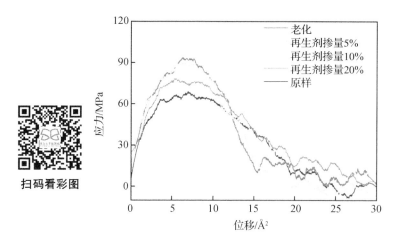

图 6-12 老化前后及不同程度再生状态下沥青-SiO_2 界面体系的拉伸应力-位移曲线

的再生剂掺量对恢复老化界面试样的流动性和抗疲劳开裂性能是有益的。不过,即使再生剂掺量达到 20%,也未能使再生界面模型的抗裂性能参数恢复至老化前状态。

表 6-6 不同程度再生状态下沥青-SiO_2 界面体系的抗裂性能参数

界面体系状态	极限拉伸强度/MPa	临界位移/Å	断裂能/GPa·Å	流动位移/Å	峰后模量/GPa
老化	92.8	6.4	1.12	6.2	0.45
老化+5%再生剂	89.8	6.4	0.98	6.7	0.40
老化+10%再生剂	86.2	6.7	1.27	7.6	0.34
老化+20%再生剂	77.1	6.8	1.19	7.9	0.29
原样	68.9	6.9	0.96	9.4	0.22

6.4.2 再生对界面失效的影响机理

为了深入理解再生剂对老化界面体系柔韧性和流动性的影响机理,采用 6.3.2 的模拟方法进一步分析再生沥青试样的自扩散性能和分子团聚行为。图 6-13(a)显示了原样沥青、老化沥青和再生沥青试样的自扩散系数,可以看出再生沥青试样的自扩散性能随再生剂掺量的增加而提升,尽管它们不能恢复至未老化的水平。图 6-13(b)显示了掺加 20%再生剂后老化沥青分子在正庚烷溶剂中的团聚情况。与图 6-10(b)中未掺加再生剂时相比,掺加再生剂之后的老化沥青分子在溶剂中的分布变得相对分散,不过也并不像原样沥青那样分布得十分均匀,其原因是老化沥青分子上的极性基团在再生激活过程中只是被稀释而未能被消除,因而老化沥青分子的团聚趋势仍然存在。

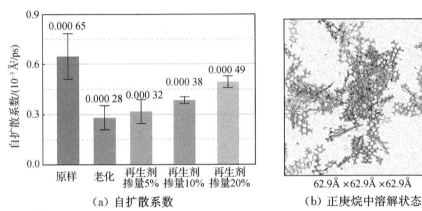
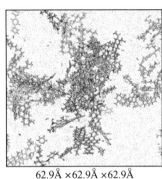

扫码看彩图

(a) 自扩散系数　　(b) 正庚烷中溶解状态

图 6-13　再生剂作用下沥青分子流动性及团聚性分析

6.5　基于溶解度参数的沥青老化与再生机理

6.5.1　汉森溶解度参数

汉森溶解度参数(Hansen solubility parameters,HSP)是基于相似相溶原理了解溶液体系溶解性和分散性的强大理论工具[120]。每种溶质或溶剂的 HSP 由三个分项参数来描述,分别是 δ_d(与色散力有关)、δ_p(与极性有关)和 δ_h(与氢键有关)。两种物质之间的相对溶解度可以根据二者 HSP 在三维汉森空间中对应点的间距来评价。在早期研究中,Hansen 基于实测数据对不同分子和基团结构的 HSP 进行了拟合分析,在此基础上提出的霍夫狄译-范克雷维伦(Hoftyzer-van Krevelen)方法则通过累加一个分子上各基团结构的 HSP 来预测该分子的整体 HSP[121]。本书采用 Molecular Modeling Pro Plus 软件基于霍夫狄译-范克雷维伦方法计算了原样沥青分子、老化沥青分子和再生剂的 HSP,从而评价它们之间的相容性,并基于相似相溶原理分析老化行为及再生剂对沥青分子团聚解聚及流动性的影响。

6.5.2 各物质汉森溶解度参数比较分析

HSP 计算结果如表 6-7 所示,为了便于分析,结果数据被绘制在三维汉森空间中,如图 6-14 所示。

表 6-7 沥青分子、正庚烷和再生剂的 HSP

分子 ID	原样($MPa^{1/2}$)				老化($MPa^{1/2}$)			
	δ_d	δ_p	δ_h	δ	δ_d	δ_p	δ_h	δ
沥青质-a1	21.1	0.7	3.7	21.4	24.2	11.1	13.2	29.7
沥青质-a2	19.7	8.0	6.4	22.2	22.3	8.9	11.3	26.5
沥青质-a3	20.8	0.6	2.3	20.9	26.3	6.0	12.9	29.9
胶质-p1	17.5	1.5	2.6	17.8	17.5	4.6	10.9	21.1
胶质-p2	18.2	1.4	2.7	18.5	18.2	4.3	10.6	21.5
胶质-p3	27.1	1.8	4.0	27.5	32.1	11.3	10.5	35.6
胶质-p4	17.6	1.2	3.5	18.0	17.7	4.4	9.1	20.4
胶质-p5	18.5	0.5	1.4	18.6	19.6	3.7	8.1	21.5
芳香分-n1	19.1	0.5	2.0	19.2	22.6	6.0	13.0	26.6
芳香分-n2	18.2	0.4	1.5	18.3	20.4	4.8	6.5	21.9
饱和分-s1	16.5	0	0	16.5	—	—	—	—
饱和分-s2	16.4	0	1.2	16.4	—	—	—	—
正庚烷	15.3	0	0	15.3	—	—	—	—
再生剂	16.3	3.5	5.8	17.7	—	—	—	—

图 6-14(a)中,半径较大的球体代表了原样沥青分子及再生剂分子在汉森空间中的位置,半径较小的圆点是各球体在不同截面上的投影。总体而言,饱和分分子因具有最低的 δ_d、δ_p 和 δ_h 值而分布在汉森空间的最内侧,

6 老化及再生对沥青-集料界面失效行为的影响分析

其次是芳香分与胶质分子,而沥青质分子则因具有最高的 δ_d 和 δ_h 值而分布在最外侧。沥青组分分子在汉森空间的逐级分布表明,沥青质更容易分散于与其最靠近的胶质而非其他沥青组分之中,这得到了 Mullins 等人实验结论的支持[105],他们通过微观试验测试发现沥青质通常以纳米聚合体和团簇的形式散布在胶质中。同理,胶质也易溶于与其靠近的芳香分和饱和分之中,最终在沥青结合料内部形成稳定的胶体结构。

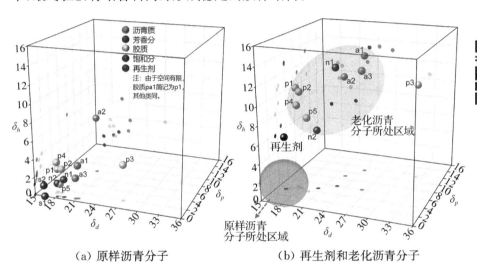

(a) 原样沥青分子 (b) 再生剂和老化沥青分子

图 6-14 各类分子在汉森空间中的分布

图 6-14(b)显示,老化后每个沥青分子都向汉森空间的外侧移动,这是因为老化期间产生的极性含氧基团使 HSP 增加,其中 δ_d 和 δ_h 分项增幅比较显著。其结果是老化沥青分子与原样沥青分子在汉森空间中的间距增大,因而二者间相容性变差。不过再生剂具有处于中位的 δ_d 和 δ_h 值,因而在汉森空间中处于原样沥青分子与老化沥青分子之间。因此,再生剂成为促进老化沥青中极性含氧基团与原样沥青或老化沥青中其他非极性结构相互融合的中间介质,从而恢复了老化沥青的组分兼容性和分子流动性。更具体地说,再生剂的强极性羧基因具有较高的 δ_d 和 δ_h 值而与老化沥青分子的羰基、羟基等基团相互吸引,同时其链烃部分也因与未老化的饱和分分子或老化沥青分子中的烷烃结构相似而相互混溶,因此再生剂起到偶联剂的作用。以往的实验结果支持了这一解释,即基于羧酸的生物质材料能很好地恢复老化沥青的路用性能[2,122-123]。

6.6 小结

考虑到老化/再生对沥青材料抗裂性能影响最为显著,为理解再生沥青混合料的开裂失效机理,本章基于分子动力学模拟对沥青-集料界面体系在不同加载条件和老化/再生状态下的拉伸失效行为进行了研究。

在不同条件变量(加载速率、模型尺寸、温度和集料成分)下对沥青-集料界面体系的拉伸模拟结果显示,界面分离失效特征及抗裂性能受加载条件的影响,且在本书涉及的条件变量下,处于原样状态的界面体系的分离失效往往发生在沥青区域,说明沥青内部黏聚强度弱于沥青-集料界面黏附强度。与原样界面体系相比,老化界面体系的极限拉伸强度增加,抵抗单次荷载下断裂失效的性能更优,但抗疲劳开裂的性能降低。这归因于老化使沥青分子的极性和团聚趋势增强,但同时降低了界面体系的柔韧性。再生剂因同时含有强极性羧基和非极性直链烷基,成为促进老化沥青分子融合于原样沥青分子的中间介质,从而减弱了老化沥青的分子团聚趋势,并提升了分子流动性和组分相容性,使老化界面体系的抗疲劳开裂性能得以部分恢复。

基于反应力场分子动力学的沥青老化行为模拟

在第 4 章,我们通过微观试验结果建立了老化沥青的分子结构。然而,尽管已经知道老化反应将羰基、亚砜等含氧基团引入沥青中,但老化反应的动态过程仍不明确。例如,实验测试表明羰基主要在沥青分子的苄基碳上形成,然而一些更详细但有价值的过程信息,包括在产生羰基之前形成了哪些中间产物和自由基,是不得而知的。这一局限使研究者难以采取有效的措施来延缓或阻断沥青的老化行为。如果能探明沥青老化反应过程细节,并据此筛选靶向抗老化剂来抑制反应中间产物及自由基的形成与转化,则可主动预防沥青的老化行为。不过,沥青老化期间生成的中间产物及自由基丰度较低,且存在时间极短,很难通过试验手段直接观测,因此更可行的方法是借助计算机模拟来开展研究。本章采用反应力场分子动力学(ReaxFF MD)方法来模拟沥青与氧气间的反应过程,以期揭示沥青的老化行为机理。

7.1 沥青全组分体系的反应力场老化模拟

本节对包含沥青质、胶质、芳香分和饱和分的沥青全组分体系进行 ReaxFF MD 老化模拟,目的是预测沥青老化期间的化学产物,并分析温度和氧浓度对沥青老化速率的影响。

7.1.1 建模过程与模拟细节

本节根据图 3-3 所示 Greenfield 团队提出的沥青代表性分子结构和表 3-1 所示的分子配比,构建了包含沥青质、胶质、芳香分和饱和分等沥青全部组分以及若干氧气分子的体系模型来开展 ReaxFF 老化模拟,以期对沥青整体老化特征形成认识。本书 2.5 中指出,MD 模拟常用软件包括 Materials Studio 和 LAMMPS 两种,但因为 ReaxFF 只能在后者中应用,本章的 ReaxFF 老化模拟均基于 LAMMPS 软件开展。

首先使用 Materials Studio 软件的可视化界面建立分子模型,然后转化成 LAMMPS 能够读取的数据格式,最后基于 LAMMPS 开展 ReaxFF MD 模拟。具体流程是通过 Materials Studio 软件的"Amorphous Cell Calculation"模块建立混有沥青全组分与氧气分子的立方周期性体系模型(俗称盒子,box),然后将所建立的体系模型导出为.car格式的文件,并通过 LAMMPS 软件的 msi2lmp 模块将其转为 LAMMPS 可用的.data 文件。在完成建模之后,基于 LAMMPS 软件开展 ReaxFF MD 模拟,记录 2 ns 内反应体系中含氧官能团数量的变化,从而确定沥青老化反应的产物及老化程度。用于开展 ReaxFF MD 模拟的沥青全组分反应体系模型如图 7-1 所示。

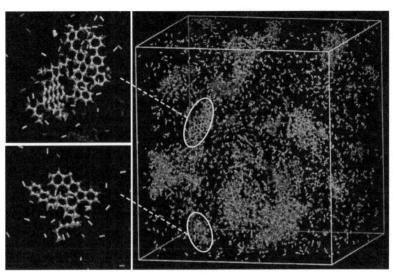

图 7-1 沥青全组分 ReaxFF MD 模拟反应体系

在 ReaxFF MD 模拟中,先对体系模型进行能量最小化,接着在 NVT 和 160 ℃ 的温度下平衡 100 ps,这期间体系内无明显的化学反应发生。然后在 NVT 和所关注的温度下进行 2 ns 的老化模拟。模拟过程中体系温度由阻尼常数为 0.1 ps 的贝伦森(Berendsen)恒温器控制,时间步长设置为 0.1 fs。更小的时间步长可以更频繁地监测化学键键级变化,从而获取更详尽的化学键形成及断裂信息,但这也会花费更高的计算成本,0.1 fs 的时间步长则在二者之间提供了平衡。模拟期间通过 LAMMPS 的 fix reax/c/bonds 命令记录有关化学键断裂和形成的信息数据,用于分析含氧官能团数量随模拟时间的变化。根据 ReaxFF 开发者的建议,用以判断化学键是否成键的键级截断值被设置为 0.3。模拟结果通过 VMD(Visual Molecular Dynamics)软件进行可视化处理。

通过调节模拟温度(1 200 K、1 400 K、1 600 K 和 1 800 K，K 为开尔文温标)和氧气当量水平(1、0.5 和 0.25)来分析沥青老化反应的动力学特性。氧气当量水平被定义为反应体系内氧气数量与将沥青完全氧化成 CO_2、H_2O、SO_2 和 NO_2 所需的氧气数量的比值。应当注意的是，基于加速沥青老化的目的，模拟温度远高于真实沥青老化温度。在所设置的模拟温度下，沥青从凝聚相转变为气相，其密度应当小于 1.0 g/cm³ 左右的真实密度值（室温和标准大气压下）。因此，在本节的 ReaxFF MD 模拟中，各反应体系的密度均设置为 0.1 g/cm³，既提供空间使沥青和氧气分子能自由移动并充分接触，也确保体系维持在较高的压强（氧气浓度）水平，从而促进反应发生。

7.1.2 高模拟温度的设置依据

沥青混合料在拌和及摊铺过程中的短期老化温度约为 160 ℃，在路面服役阶段的长期老化温度一般低于 60 ℃，但为加快反应速率，ReaxFF MD 模拟采用的温度远高于前述实际老化温度。然而，由于老化模拟时长极短（仅为 2 ns），无需担心温度提升使模拟得到的沥青老化路径与实际状态下沥青老化路径不一致。这是因为，根据描述分子能量统计特征的玻尔兹曼分布定律[124]，在常温下，有且仅有极小比例的沥青分子处于高度活跃状态，它们的平动能（translational energy）高于发生老化反应所需的活化能（activation energy），因而这些沥青分子在常温下即可被老化（更详细的理论介绍请参见 8.2.1），但由于这部分分子占比极低，所以需要数年的积累才能在沥青中观察到明显的老化现象；而在 ReaxFF MD 模拟中，通过合理提高模拟温度，可直接赋予沥青分子较高的平动能，使其能代表前述极小比例的"活跃者"并快速发生老化反应，从而得以在有限的模拟时间内观察到明确的沥青老化行为。化学反应与反应能垒和平动能的关系示意图如图 7-2 所示。

诚然，根据遍历假设，如果将模拟温度设置为沥青真实服役温度（例如 60 ℃)，那么给定足够长的模拟时间，模拟体系也能发生老化反应。不过其计算成本无法被承受，因为即使采用高性能计算平台（例如国家超算中心），本节模拟体系每模拟 1 ns 的反应时长需花费数天的物理时长，而在 60 ℃ 下需模拟数月甚至数年才能观测到沥青老化反应，其对应的物理时长是天文

7 基于反应力场分子动力学的沥青老化行为模拟

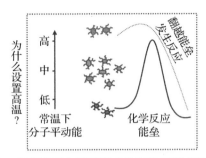

图 7-2 化学反应与反应能垒和平动能的关系示意图

数字。因此,在仿真模拟中必须提高模拟温度以换取时间收益,第 8 章基于量子化学的沥青老化行为模拟也是如此。不过模拟温度也不能盲目设高,最好是所设温度使沥青分子的平动能接近于其老化反应活化能,否则具有过高平动能的沥青分子会发生太过剧烈的反应,使 ReaxFF MD 模拟结果更趋于燃烧现象而非本书所关注的温和老化现象。为此,本节通过试错性预研究,将模拟温度设置在 1 200～1 800 K 的合理范围内。

需要说明的是,本书使用到开尔文(K)和摄氏度(℃)两种温度单位。由于仿真软件的默认设置,在描述模拟温度时通常采用开尔文温标(能避免因单位换算导致的模拟参数设置错误),而描述实验方案和工程实践问题时多采用摄氏度温标。不过,在模拟温度接近常温时,由于使用开尔文温标不如摄氏度温标直观(如 297.15 K/25 ℃下的密度、332.15 K/60 ℃下的黏度等),因此本书在展示常温范围内的模拟结果时也将视情况采用摄氏度温标。

7.1.3 沥青老化产物及影响因素分析

7.1.3.1 沥青老化产物分析

根据 7.1.1 沥青全组分体系老化模拟的结果,可以分析沥青老化反应的动力学特性,即探究沥青老化产物数量和老化程度随温度及氧浓度的变化规律。ReaxFF MD 模拟得到的沥青老化产物主要是羰基、羟基和亚砜基等含氧官能团,相应的化学键是 C—O、H—O 和 S—O。这里"—"是指两个原子之间存在根据键级值判定的化学键连接,可以是单键也可以是双键。老化产物的数量反映了沥青的老化程度,用于进一步分析温度和氧浓度对沥青老化产生的影响。

不同温度和氧气当量水平下模拟得到的沥青老化产物随时间的变化趋势如图7-2所示。无论在何种温度和氧浓度下，C—O键的生成量都最大，其次是H—O键，而S—O键的生成量最小。温度对沥青老化速率的影响非常显著，当温度从1 200 K增加到1 800 K时，所有老化产物的数量都增加一个数量级以上。其中，H—O键受温度影响最明显，温度每增加200 K，其产量就增加一倍以上。S—O键受温度的影响相对较小，温度的增加有时并不促进其生成，特别是在氧浓度较低的情况下，如图7-3(h)和图7-3(i)所示。

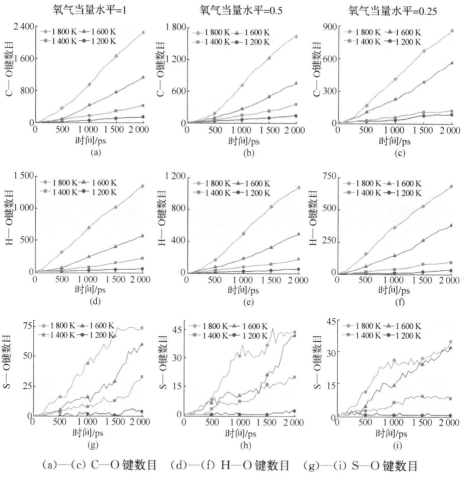

(a)—(c) C—O键数目　(d)—(f) H—O键数目　(g)—(i) S—O键数目

图7-3　不同温度和氧气当量水平下沥青老化产物随时间的变化

氧浓度对沥青老化的影响同样明显，老化产物在富氧条件下的生成速率比在贫氧条件下快得多。其中，C—O键的产量受氧浓度的影响最大，因为氧气当量水平决定了模拟中碳元素的产物分布。当有足够的氧气时,会产生更多的 CO_2 和相对更少的 CO,所以形成更多的 C—O 键(生成大量 CO_2 和 CO 的时候 C—O 键已不再对应羧基的数量,这说明此时沥青的老化反应相当剧烈,可能出现了燃烧反应,此现象将在后文进行详细讨论)。此外,氧浓度对沥青老化的影响在高温下比在低温下更明显,出现这种现象的原因是,在低温下沥青的老化反应比较温和,对氧气的需求较少,因而削弱了氧浓度的重要性。当温度升高时,沥青的老化反应变得剧烈,对氧气的需求更高,因此氧浓度的重要性得到突显。

7.1.3.2 沥青老化量化指标

对 1 800 K 条件下的模拟结果进行可视化分析发现,沥青老化后碳元素主要以 CO_2 和 CO 的形式存在,这表明沥青在这个温度下达到了燃烧状态。这一观测结果与本书要研究的沥青温和而缓慢的老化行为不一致。因此,有必要提出量化指标对沥青的氧化降解程度进行评估,以便将老化行为与燃烧行为区分开,然后再针对沥青老化行为进行进一步的讨论。对于烃类化合物分子,通常以碳原子数目来描述其分子尺寸。因此,此处采用老化体系中产物分子的碳数平均值来评价沥青的老化解离程度。碳数平均值越小,表明沥青分子的解离程度越大。与燃烧状态相比,处于老化状态的沥青分子的解离程度更小,所以其碳数平均值应该更大。界定沥青属于燃烧还是老化状态的另一个参数是产物分子的含氧量,老化沥青的含氧量通常不会高于 10%[125]。

产物分子的碳数平均值可通过两种方法计算(这两个指标的提出参考了凝胶色谱分析中数均分子量与重均分子量的概念),即:

$$C_n = \frac{\sum n_i C_i}{\sum n_i} = \sum x_i C_i \qquad (7-1)$$

和

$$C_w = \frac{\sum W_i C_i}{\sum W_i} = \sum w_i C_i \qquad (7-2)$$

式中:C_n 和 C_w 分别是产物分子碳数的数均平均值和重均平均值;n_i 指体系中碳数为 C_i 的分子的数量,x_i 是其相应的数量分数;W_i 指体系中碳数为 C_i 的分子的重量,w_i 是其相应的重量分数(重量以碳原子计数来表征)。例如

沥青老化及再生行为的计算模拟：分子动力学与量子化学

对于两个含有20个碳原子的分子以及一个含有50个碳原子的分子而言，在计算数均平均值时，三个分子的数量均计为1，因此碳数的数均平均值为$(1\times20+1\times20+1\times50)/(1+1+1)=30$；在计算重均平均值时，三个分子的重量分别计为20、20和50，因此碳数的重均平均值为$(20\times20+20\times20+50\times50)/(20+20+50)=36.7$。

C_n等于体系中碳原子总数与分子总数的比值，它强调了数量最多的分子对碳数平均值的贡献（前述数均平均值结果更接近于20），而C_w则强调含有更多碳原子的分子对碳数平均值的贡献（前述重均平均值结果更接近于50）。

图7-4显示了温度为1 200 K、氧气当量水平为1的条件下模拟开始（0 ps）和模拟结束（2 000 ps）时体系内产物分子碳数的数量分布及重量分布（重量以具有该碳数的各分子的碳原子总数目来表征）。各图右侧纵轴所标示的累计分布是指碳数小于横坐标值的分子数量或重量占产物分子总数量或总重量的比例，累计分布曲线压得越低，说明沥青分子的解离程度越低，反之亦然。根据图7-4数据可以计算出C_n和C_w值。

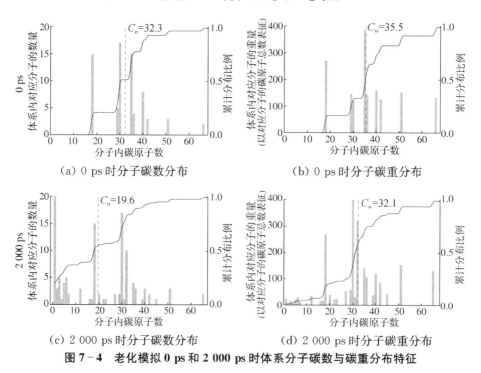

(a) 0 ps时分子碳数分布　　(b) 0 ps时分子碳重分布

(c) 2 000 ps时分子碳数分布　　(d) 2 000 ps时分子碳重分布

图7-4　老化模拟0 ps和2 000 ps时体系分子碳数与碳重分布特征

在0 ps时，含有不同碳数的产物分子的数量分布和重量分布呈现出相同的趋势,中部存在峰值而两端都有所降低,此时 C_n 和 C_w 值分别为 32.3 和 35.5,差异很小。而在 2 000 ps 时,C_n 和 C_w 值分别为 19.6 和 32.1,二者差异明显增加。在 2 000 ps 时,C_n 值较小,这是因为体系产生了很多小分子,如 CO_2 和 CO。而 C_w 仍维持在较大的值,这是由于仍然有很大比例的碳原子以大分子的形式存在。由于判断沥青分子的解离程度时更关心的是有多大比例的碳原子仍以大分子的形式存在,所以在后文分析中选择 C_w 作为衡量沥青分子解离程度的指标。

7.1.3.3 沥青老化影响因素分析

图 7-5 显示了不同温度和氧气当量水平下沥青老化程度随时间的变化,其中,老化程度以产物分子的解离程度和含氧量来评价。如图 7-5 中(a)~(c)所示,随着老化时间延长,体系中的分子总数(不包括氧气分子)逐渐增加,而 C_w 值逐渐减小,这表明沥青分子的解离程度持续加深,即图中背景颜色越深,老化产物的解离程度越高。

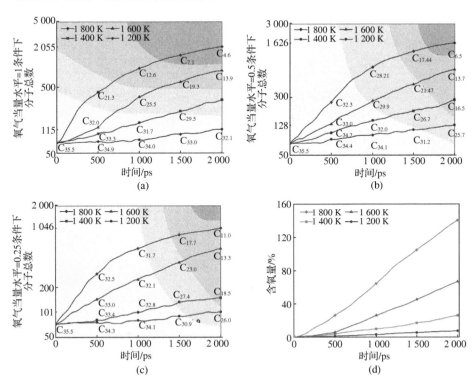

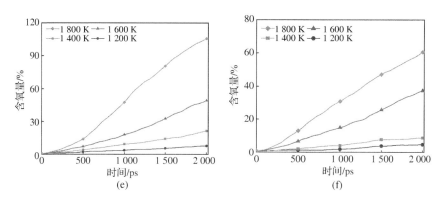

(a)～(c) 体系内分子总数与分子解离程度（$C_{35.5}$ 表示 $C_w=35.5$，其他同理）；

(d)～(f) 体系分子含氧量

图 7-5　不同温度和氧气当量水平下沥青老化程度随时间的演化

总体上温度对沥青老化程度的影响非常显著，因为温度上升一方面会增加体系中分子的运动速度，导致更频繁的分子碰撞，另一方面通过提高分子的平动能使其能克服老化反应的能垒，从而加快老化反应的速率。氧气当量水平的提高则通过增加氧气与沥青分子之间的碰撞次数来促进老化反应。在 1 200 K 的反应温度下，不管氧气当量水平如何，C_w 都能保持在较大值，体系中分子总数的增幅也很小，且反应产物的含氧量均低于 10%，这表明通过 1 200 K 温度的 ReaxFF MD 模拟来预测沥青的老化行为是可行的。

一个值得注意的现象是，同样在 1 200 K 的温度下，氧气当量水平为 1 时[图 7-5(a)]C_w 值比氧气当量水平为 0.5 和 0.25 时[图 7-5(a)和(b)]还要大，说明在较低温度下，沥青分子并没有随着氧浓度的上升而解离得更严重。造成这种现象的原因可能是在沥青老化过程中，生成含氧基团的加成反应与导致分子降解的均裂反应之间存在着竞争关系，当氧浓度较高时，体系内发生了更多的含氧基团加成反应以及更少的均裂反应，所以导致了产物含氧量增加但解离程度反而降低的结果。

根据前文的讨论，1 200 K 的模拟温度可确保沥青与氧气之间的化学反应被控制在相对温和的老化行为范畴内，而不至于出现剧烈的燃烧现象。因此，可基于 1 200 K 和不同氧浓度条件下的模拟结果对沥青老化特征进行进一步讨论，如图 7-6 所示。图中 C—O、H—O 和 S—O 键的数量变化反映了沥青老化过程中羰基、羟基和亚砜的生成情况。

7 基于反应力场分子动力学的沥青老化行为模拟

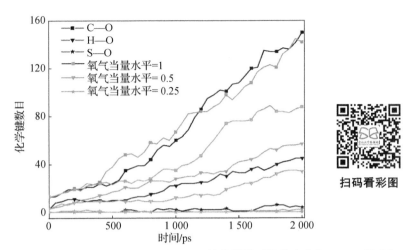

图 7-6 不同氧气当量水平下 C—O、H—O 和 S—O 键数量随时间的变化(1 200 K 温度)

在反应初始阶段,沥青的老化反应非常缓慢,各类化学键的增加都很少。400 ps 后 C—O 键开始快速增加,再久一些之后 H—O 键的增速也开始提升,这表明初始状态的沥青分子耐老化性相对较高,而其原始结构一旦因老化而破坏,后续老化会明显加快,且沥青老化期间生成羰基的反应更容易发生。几乎没有 S—O 键形成,这可能归因于含硫分子的化学结构比较稳定。在本书沥青模型中,所有硫原子都以噻吩硫而非烷基取代硫的形式存在,但噻吩硫相对稳定难以反应。已有文献表明,在实验研究中,沥青内部产生亚砜基的前体通常是具有更高老化反应性的烷基取代硫[1]。

在 1 200 K 温度下,氧浓度对含氧基团产生速率的影响并不明显,且氧气当量水平为 1 时的含氧基团产率并不总是高于氧气当量水平为 0.5 时。造成这种现象的一个潜在原因是 1 200 K 的模拟温度相对较低,因而沥青氧化反应较弱,对氧气的需求不高;另一个潜在原因是低温导致氧气的运动受限,因此只与其周围的氧气分子碰撞并发生反应,而难以与更远处的氧气反应。

7.1.4 反应力场分子动力学模拟结果的验证

为验证模拟生成的含氧基团是否在沥青真实老化过程中产生,对老化前后的沥青样本进行了全反射-傅里叶红外光谱(ATR-FTIR)测试,结果如

图7-7所示。原样沥青采用的是韩国SK公司生产的PG 64—22石油沥青,根据《公路工程沥青及沥青混合料试验规程》(JTG E20—2011)进行薄膜烘箱试验(thin film oven test,TFOT)和压力老化容器(PAV)试验制备短期老化沥青及长期老化沥青。ATR-FTIR测试所采用的试验平台为Thermo Nicolet iS10红外光谱仪,并在4 000~400 cm^{-1}波长范围内开展测试。

谱图中1 740~1 700 cm^{-1}的吸收带是羰基(C=O)的特征峰,1 070~1 030 cm^{-1}处的吸收带是亚砜基(S=O)的特征峰。与原样沥青相比,PAV老化沥青的羰基峰增幅明显而亚基砜峰小幅增加,这一变化规律与ReaxFF老化模拟的结果相符,说明ReaxFF MD方法可用于预测沥青的老化行为。但与模拟结果不一致的是,ATR-FTIR测试中并未发现明显的羟基峰(羟基特征峰位于3 400~3 230 cm^{-1})。其原因可能是ReaxFF MD模拟过程中一些不属于羟基的氢、氧原子对,比如只是相距很近但并未成键的氢、氧原子对,被错误地识别成了H—O键。这一错误是由键级截断值(用于判断化学键断开或成键的基准值)所决定的,与模拟结果的准确性无关。不过该结果也表明,在针对沥青全组分体系的ReaxFF MD模拟中,由于原子数量过多,软件自行识别化学键的准确性不高。因此,对规模更小的沥青单分子体系开展老化模拟并采用VMD软件进行分子结构可视化处理,将对获取沥青老化过程信息提供更多帮助。

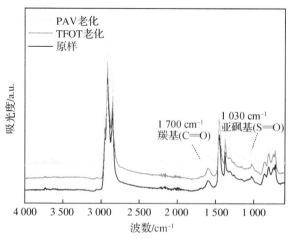

图7-7　老化前后沥青样本的ATR-FTIR谱图

7 基于反应力场分子动力学的沥青老化行为模拟

7.2 沥青单分子体系的反应力场老化模拟

7.2.1 建模过程与模拟细节

本节对沥青单分子体系进行 ReaxFF 老化模拟,用于追踪沥青分子化学结构的演变过程,以期对各沥青组分分子的具体老化路径进行深入分析。沥青各组分分子因在化学结构、极性和尺寸等方面有较大差异而具有不同的老化反应性,即它们即使在相同老化条件下的老化反应速率也会不同。因此,须将各沥青分子单独与氧气混合,在各自适宜的温度下进行 ReaxFF MD 模拟,以充分揭示其老化反应细节。沥青单分子体系的建模流程与 7.1.1 中沥青全组分体系一致,不同的是这里每个体系盒子中仅有一个沥青分子与氧气混合。

在开展正式模拟之前,须先确定适当的氧气当量水平和体系密度。在试验性预模拟中,将氧气当量水平分别设置为 1、2 和 5,体系密度分别设置为 0.05 g/cm^3 和 0.1 g/cm^3。结果表明,密度为 0.1 g/cm^3 且氧气当量水平为 5 时各体系处于最佳反应条件,而在其他氧气当量水平和密度的组合下,沥青与氧气间的化学反应较弱,沥青分子可能在被氧化之前就已经发生了严重的热解反应。

确定了合适的氧气当量水平与密度后,首先在 1 200 K 的基准温度下对各沥青分子进行老化模拟。对于各沥青分子,如果模拟进行 5 ns 后该分子仍未与氧气发生反应,则认为 1 200 K 的反应温度太低,从而将温度提高 200 K 并再次进行模拟;而如果反应过快或沥青分子过早热解,则认为模拟温度过高,需将温度降低 100 K 后再次进行模拟。以此类推,确定出每个沥青分子的最佳反应温度,并分析该温度下沥青分子的老化反应过程。老化模拟中其他参数设置均与 7.1.1 一致,模拟结果仍然通过 VMD 软件进行可视化处理。

7.2.2 沥青分子老化反应过程分析

7.2.2.1 沥青质老化反应过程

图 7-8(a)显示了基于 VMD 软件展示的含有 1 个沥青质-吡咯分子和

沥青老化及再生行为的计算模拟:分子动力学与量子化学

436个氧气分子(氧气当量水平为5)的老化模拟体系,其中棕色原子是碳原子,洋红色原子是氢原子,蓝色原子是氮原子,绿色原子是氧原子。为了突显该沥青质分子的骨架结构,碳原子以及附着在碳原子上的氮、氧原子被显示为球状,而氢原子和游离氧原子被显示为棒状。按照7.2.1的参数设置,该体系的密度被设为 $0.1\ g/cm^3$,最佳老化模拟温度被确定为1 200 K。图7-8(b)、(c)和(d)显示了不同老化阶段沥青质-吡咯分子的结构演化,分别对应于未反应状态、氧化状态和热解状态。未反应的沥青质-吡咯分子是一个平面状多环芳烃,并具有不同长度的侧链。在模拟过程中,该分子上先形成含氧基团,然后发生热解反应,致使多环芳香烃骨架结构被破坏。

扫码看彩图

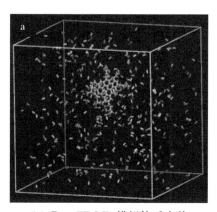

(a) ReaxFF MD 模拟体系全貌

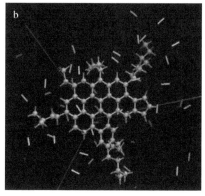

(b) 未反应状态下沥青质分子构型

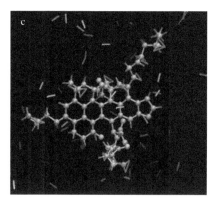

(c) 氧化状态下沥青质分子构型

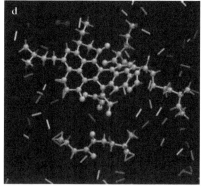

(d) 热解状态下沥青质分子构型

图7-8 沥青质分子老化反应过程

为了更直观地分析沥青质-吡咯以及其他沥青质分子化学结构的演变,

7 基于反应力场分子动力学的沥青老化行为模拟

将它们在老化期间的结构式绘制在图 7-9 中。沥青质老化可能开始于含氧基团形成反应，也可能开始于热解反应，这取决于反应温度和体系氧浓度。由于此处采用了相对较低的温度和较高的氧浓度，因而引导沥青老化从含氧基团的形成开始。

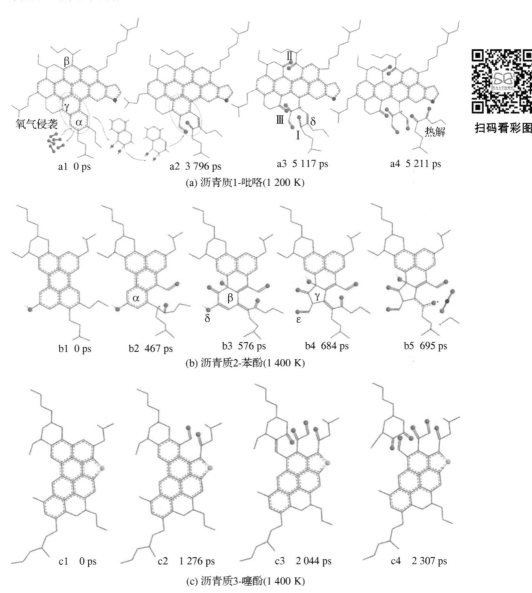

图 7-9 沥青质分子老化期间化学结构演变

（蓝色为碳原子，红色为氧原子，绿色为硫原子）

沥青老化及再生行为的计算模拟：分子动力学与量子化学

从图7-9(a)可以看出，沥青质-吡咯形成含氧基团的过程还伴随着芳香环的裂解(图7-9 a3的反应Ⅰ、Ⅱ和Ⅲ)。更详细的过程是，氧气分子最初攻击沥青质中的芳香碳，形成两个半醌基，然后相邻的C—C键分解，形成两个羰基(图7-9 a1与a2)。沥青质的氧化主要发生在多环芳香烃上而不是侧链上，表明芳香环的化学反应性可能要高于侧链，这可以根据Clar提出的芳香环六重定位理论来理解[126]。Clar理论指出，多环芳香烃中的部分碳-碳键可视为真正的双键，剩下的C—C键被视为单键或其他键，而双键具有高反应性，因此多环芳香烃容易被氧化。

沥青质-苯酚[图7-9(b)]和沥青质-噻吩[图7-9(c)]的老化反应过程与沥青质-吡咯相似，都以含氧基团生成和芳香环裂解为主要特征，不过它们所需的老化反应温度更高，达到1 400 K。除生成含氧基团外，沥青质的老化还可能伴随着分子结构的异构化。如图7-9(b)所示，氧气分子攻击芳香环α并打破其共轭键(图7-9 b2)，产生羟基、酮基以及不饱和六元环β(图7-9 b3)，然后六元环β通过异构化反应转化为五元环γ(图7-9 b4)，而酚羟基δ(图7-9 b3)上的氢原子也转移到相邻的碳上，形成醛基ε(图7-9 b4)。

老化期间沥青质分子芳香环结构发生裂解的现象此前并没被预料到，为验证这一模拟结果的可靠性，将模拟得到的老化前后沥青质分子芳香度数值与实测数据进行了比较，如图7-10所示。芳香度是指沥青质分子中参与芳香环构成的碳原子数目与所有碳原子数目之比，其中实测芳香度数值根据^{13}C核磁共振波谱试验得到[127]，模拟值则根据分子结构信息直接计算得出。

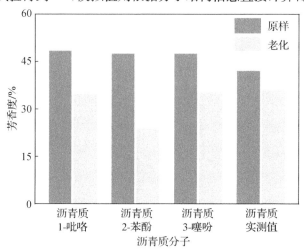

图7-10 老化前后沥青质分子芳香度变化

7 基于反应力场分子动力学的沥青老化行为模拟

如图7-10所示,老化前三种沥青质分子模型的芳香度分别为48.5%、47.6%和47.1%,相互间比较接近,但都小幅高于实测芳香度42.1%。其差异归因于沥青质分子模型并不能完全代表真实状态下的沥青质,这是沥青分子模拟研究中经常面临的困境,因此,考虑到沥青组分的复杂性和研究尺度的局限性,通过分子模拟方法探究沥青特征参数的演变规律可能比获取参数值本身更有价值。

老化状态下三种沥青质分子模型的芳香度分别降至34.8%、23.8%和35.3%,体现出芳香环裂解带来的影响。而实测老化沥青的芳香度也降为36.0%(PAV长期老化),这与模拟得到的老化前后芳香度演变规律一致,在一定程度上证明了ReaxFF老化模拟的可靠性。值得注意的是,经受老化模拟后沥青质-苯酚模型的芳香度降幅明显大于其他分子模型及实测值,其原因是沥青质-苯酚分子的多环芳香烃核心相对较小,在经历相同次数的老化步骤之后,其芳香环被降解的比例更高。

7.2.2.2 胶质老化反应过程

图7-11显示了各胶质分子在老化模拟期间的结构演化过程。与沥青质分子相比,胶质分子的老化敏感性呈现更高变异性,即各胶质分子的适宜模拟温度从1 200 K变化至1 800 K,如图7-11中标注所示。老化敏感性与沥青分子的化学结构有关,第8章将对此展开更深入的讨论,本节则侧重讨论沥青分子化学结构的演化。尽管胶质分子的结构尺寸比沥青质分子小,但由于部分胶质分子含有较多环烷,其在老化过程中可能发生的反应类型更为丰富,因此确定胶质分子的化学结构演化相比沥青质更加困难。这里先以胶质1-吡啶䓛烷[图7-11(a)]为例介绍老化期间胶质分子化学结构的鉴定过程。

如图7-11 a2所示,老化时长为4 763 ps时,附着在胶质1-吡啶䓛烷α碳原子上的两个氢原子被攫走,此时需判断六元环β是否仍为苯环(攫氢可能会破坏苯环的共轭结构),并判断连接α碳原子与β环的γ键是单键还是双键。由于六元环β仍为平面状,且环内所有C—C键的键级均接近于1.5,而γ键的键级接近于1,据此推断六元环β仍是苯环结构,γ键是单键,α碳原子是高度不稳定的卡宾结构,而δ氧原子是一个苯氧自由基。在随后的反应中,α碳原子通过吸引氧原子形成共价键,从而生成更稳定的羰基(图7-11 a3)。

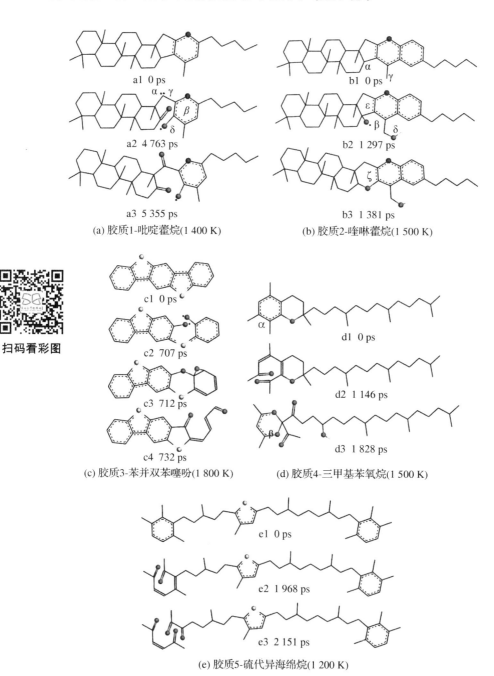

图7-11 胶质分子老化期间化学结构演变

在苯氧自由基δ中,由于氧原子存在一对孤对电子,能与苯环形成p-π共轭(即π键与相邻原子的p轨道共轭)结构,因此苯氧自由基也处于较为稳定的状态。

按照相同的方法对其他胶质分子的结构演化进行了分析。对于图 7-11(b)所示胶质-喹啉藿烷分子,在老化至 1 297 ps 时,其 α 碳原子上所附着的氢原子被攫走,形成的自由基吸附上一个氧原子后转化为新的含氧自由基 β,同时甲基 γ 的碳、氢原子之间插入氧原子形成一个羟基 δ。不过很快,前述含氧自由基 β 参与到五元碳环 ε 的分子异构化,形成六元环醚 ζ。

图 7-11(c)显示胶质-苯并双苯噻吩分子的老化始于 707 ps 时右侧噻吩环的加氧裂解反应,该过程形成了两个苯氧自由基。其中一个苯氧自由基与附近碳原子成键,形成六元环醚结构,而另一个苯氧自由基也与邻位碳原子成键,形成氧化苯结构。随后该分子经过多次异构化反应,转化为一个含有多个羰基以及烯键的高度不饱和结构。

图 7-11(d)显示胶质-三甲基苯氧烷的老化始于 1 146 ps 时芳香环 α 的加氧裂解反应,此后该分子进一步氧化,并发生一系列的异构化反应,最终形成一个含有羟基、羰基以及含氧六元环的高度氧化结构。

胶质-硫代异海绵烷的老化则开始于 1 968 ps 时一个苯环的加氧裂解,如图 7-11(e)所示,该过程伴随着 2 个羰基和两个烯键的形成。随后,其中一个烯键被氧气攻击并断开,使该胶质分子发生降解反应。

7.2.2.3 芳香分老化反应过程

图 7-12 显示了芳香分老化期间的分子结构演化,2 个芳香分分子的模拟温度均为 1 500 K,略高于沥青质。其中,芳香分-全氢菲萘分子的老化分两步发生在萘环 α 上,最终形成 4 个酮基,如图 7-12(a)所示。芳香分-二辛基环己烷萘的老化也开始于氧气攻击萘环,并生成一个酮基,如图 7-12(b)所示,随后其侧链亚甲基上两个氢原子被氧原子取代,形成另一个酮基。此后环烷 γ 上的两个氢原子被攫走,形成两个相邻的烯键,该结构并不稳定,因此很快又发生氧化,生成两个酮基和一个二氧化碳分子。

7.2.2.4 饱和分老化反应过程

饱和分是沥青中反应性最弱、极性最低的组分,因此在模拟中难以被氧化,而只是在 1 600 K 相对较高的温度下发生均裂反应。如图 7-13 所示,饱和分-角鲨烷分子是带有多个支链的长链烷烃,它在 4 598 ps 时以均裂的形式发生热解,而饱和分-藿烷属于环烷类饱和烃,在发生两次均裂后于 706 ps

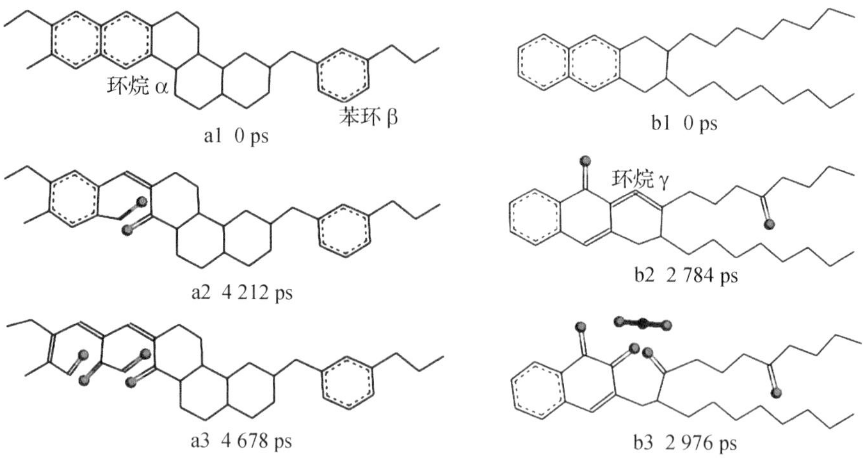

环烷 α
苯环 β
a1 0 ps

b1 0 ps

环烷 γ

a2 4 212 ps

b2 2 784 ps

a3 4 678 ps

b3 2 976 ps

(a) 芳香分1-全氢菲萘(1 500 K)

(b) 芳香分2-二辛基环己烷萘(1 500 K)

图 7-12　芳香分分子老化期间化学结构演变

发生热解。由于饱和分在老化过程中并不与氧气反应生成含氧基团，因此在以往的研究中通过构建老化沥青分子模型来模拟物理性能时，研究者不对饱和分分子结构进行含氧基团修饰的做法是合理的[49]。

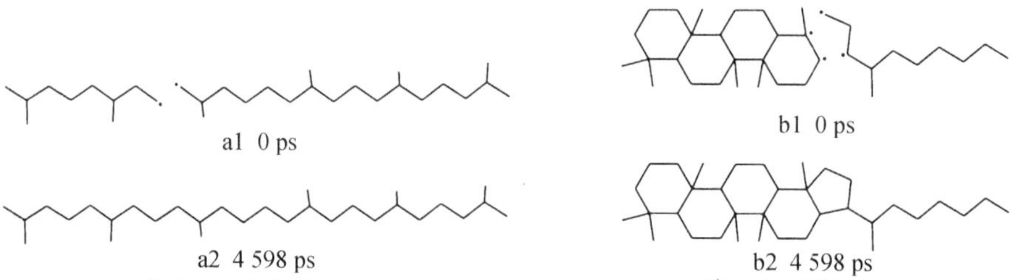

a1 0 ps

b1 0 ps

a2 4 598 ps

b2 4 598 ps

(a) 饱和分1-角鲨烷(1 600 K)

(b) 饱和分1-藿烷(1 600 K)

图 7-13　饱和分分子老化期间化学结构演变

7.3　反应力场分子动力学模拟方法的局限性

与无法预测化学反应的经典力场 MD 方法相比，ReaxFF MD 方法基于键级理论对反应性问题进行经典处理，从而使模拟大分子体系的化学反应过程成为可能。例如 7.1 针对沥青全组分的 ReaxFF 老化模拟体系，其所含原子数目达到 10 000 个以上，这远超量子化学方法所能处理的模型尺寸。

7 基于反应力场分子动力学的沥青老化行为模拟

因此，ReaxFF MD方法为分析沥青老化行为和理解沥青老化机理提供了重要的数值工具。

尽管如此，在沥青老化行为模拟中，ReaxFF MD方法在准确度和适用性上存在一些不足：① ReaxFF对电荷分布和电子转移的描述不够精确，例如它不能杜绝远距离原子间的电荷转移，即使这些原子已经不再成键，这也会影响到老化模拟中沥青分子吸引氧气碰撞或发生键解离反应的准确性；② ReaxFF MD方法的可靠性高度依赖于根据量子力学计算结果所拟合的ReaxFF参数集，而由于拟合力场参数的工作量巨大，目前还没有专门针对沥青材料开发的参数集；③ ReaxFF与经典力场一样，都属于采用了玻恩-奥本海默假设的经验力场，其描述的材料体系处于基态，而沥青紫外老化涉及激发态行为，因此ReaxFF MD模拟无法预测沥青的紫外老化。

本书对沥青老化行为的热力学驱动机制、环境（包括紫外线辐射）影响机理，以及老化沥青纳观性质的演化规律进行研究，揭示沥青分子的老化反应路径。然而受限于ReaxFF MD方法精确度的不足，本章并未达成准确获取沥青老化路径的目的，且部分模拟结果与实验结论相悖，例如沥青质分子与氧气间的老化反应均发生在芳香环而不是更活跃的苄基上。因此在第8章，本书将继续围绕沥青老化行为开展精度更高、适用性更广的量子化学研究。

7.4 小结

本章采用能预测化学反应的反应力场分子动力学（ReaxFF MD）方法对不同温度和氧浓度条件下的沥青老化行为进行了模拟，在分析沥青老化反应动力学（reaction kinetics）特性的同时，通过跟踪沥青分子结构演化，获取了沥青氧化和降解等老化反应过程信息。

结果显示，老化期间沥青分子含氧量升高，原因是产生了大量羰基以及相对较少的羟基和亚砜基，同时表征沥青分子解离程度的平均碳数随模拟时长而降低，说明老化期间沥青分子发生了降解。高温、高氧条件均加快了沥青老化速率，且温度的影响更为显著。不过沥青各组分的老化敏感性不同，因此老化反应所需温度存在差异，其中沥青质老化所需温度最低，胶质和芳香分随后,而饱和分老化所需温度最高。沥青分子的老化过程各异,但通常都伴随着氧气侵袭芳香环,降低芳香化程度并形成含氧基团的步骤。ReaxFF MD 模拟结果展示了沥青老化行为的整体规律,但该方法因理论基础受限而准确度不足,未能达成精准获取沥青老化反应路径的目的,因而有待进一步基于量子化学方法对沥青老化机理进行更详尽的研究。

基于量子化学的沥青老化反应机理分析

为了克服反应力场分子动力学因精度不足而难以揭示沥青老化本质机理的困境,本章用量子化学这一更基础有力的工具来探究沥青老化反应路径及其底层机理。本章涉及的量子化学方法主要包括从头算分子动力学(AIMD)模拟和密度泛函理论(DFT)计算。其中,AIMD 模拟的特点是可以准确预测沥青老化反应路径,动态呈现沥青老化期间分子结构时空演化信息,从而对沥青老化过程形成直观认识,不过该方法也有计算成本极高的缺欠。作为补足,静态 DFT 方法则能以相对较低的计算成本求解沥青老化相关的各种热力学参数,用以分析沥青老化行为的热力学驱动机理和环境因素影响机制以及老化期间沥青纳观性质演变规律。

8.1 基于从头算分子动力学模拟的沥青全局老化路径

8.1.1 建模过程与从头算分子动力学模拟方法

AIMD 模拟根据量子力学基本原理来描述电子行为,进而判定化学键的形成与断裂,从而精准预测化学反应。AIMD 模拟的计算成本远高于基于经验力场函数的 ReaxFF MD 方法,因此 AIMD 模拟通常仅用于研究小分子体系的化学反应,而难以像第 7 章 ReaxFF MD 方法那样对具有上万原子的沥青全组分体系的老化行为进行分析。事实上,根据本书研究发现,即使对仅含数十个原子的小体系开展 AIMD 模拟,其运算速率也远低于针对上万原子大体系的 ReaxFF MD 模拟,这是因为 AIMD 模拟过程中要实时进行量子力学计算。然而,尽管 AIMD 非常耗时,但其量子尺度的计算精度使得准确获取沥青全局老化反应路径成为现实,因此开展 AIMD 模拟对探究沥青老化行为机理以及指导沥青抗老化技术研究具有独特优势。

用于开展 AIMD 模拟的模型体系与第 7 章 ReaxFF 老化模拟所采用的模型体系具有相同形式,即由沥青分子与一定数量氧气分子混合构成的具有周期性边界条件的盒子。对沥青老化行为的研究理应覆盖沥青质、胶质、芳香分和饱和分等全部沥青组分,但考虑到量子化学方法的巨大计算成本,且本章力求从多维度深入分析沥青的老化行为特征,包括预测沥青全局老化路径,揭示沥青老化反应热力学机理,探究沥青老化前后纳观性质变化,

8 基于量子化学的沥青老化反应机理分析

以及阐明温度、紫外线辐射等环境因素对沥青老化的影响机制等。为了确保所研究内容的广度与深度，本章仅选取沥青中尺寸最大且最能体现沥青特性的沥青质组分作为对象来开展分析。

根据 Mullins 等人的研究，源于石油的沥青质分子通常具有一个岛状的多环芳香烃核心，同时一些不同长度的侧链附着在该芳香环核心上，该结论得到了近年来基于 AFM 单分子成像技术的沥青质化学结构观测结果的支持[105]。不过，若使用 Mullins 提出的沥青质全尺寸分子模型完成本章的仿真模拟任务，其计算耗时仍是难以接受的（计算耗时主要归因于各种条件下的动态 AIMD 模拟过程，以及静态 DFT 计算中寻找反应过渡态的环节）。

因此，为了提高研究效率，本章参考 Mullins 提出的沥青质分子结构以及沥青质单分子成像技术的观测结果，构建了一个相对简化但能体现沥青质分子结构特征的小尺寸模型来代表沥青质开展仿真模拟，如图 8-1 所示。沥青质简化分子模型的中部核心区域由 4 个苯环和 1 个环烷构成，并有 2 个烷基侧链附着在中部核心上。简化分子模型具备了沥青质全尺寸分子模型的主体结构特征，可用于全面考察沥青分子芳香环、环烷和烷基侧链的老化行为，且其较小的分子尺寸可以大幅降低计算成本。尽管存在一些不足，但利用简化分子模型有助于深入透彻、更高效率地解析沥青老化行为机理，也为全尺寸沥青分子模型的计算模拟参数设置提供了准确指引。

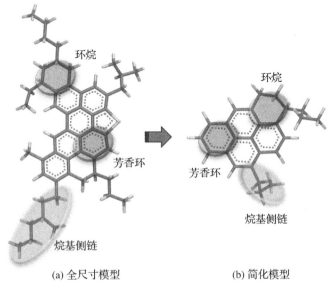

(a) 全尺寸模型　　　　　　(b) 简化模型

图 8-1　沥青质全尺寸分子模型与简化分子模型

在确定沥青质分子模型后，进一步构建包含沥青质和氧气分子的体系模型以开展 AIMD 模拟，具体流程与 7.1.1 建立沥青老化反应模型的流程一致，即先通过 Materials Studio 软件的"Amorphous Cell Calculation"模块建立混有一个沥青质分子和多个氧气分子的立方周期性盒子。然后，将所建立的盒子模型导出为.car 格式的文件，并通过 VMD 软件将其转为 CP2K 可用的.xyz 格式文件。试验性模拟发现 AIMD 模拟速率与盒子尺寸呈正相关，为提高模拟效率，盒子尺寸被设置为略大于沥青质分子尺寸的 15 Å×15 Å×10 Å。用于开展 AIMD 模拟的沥青质反应体系模型如图 8-2 所示。

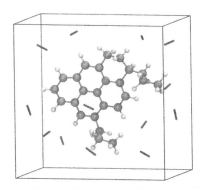

图 8-2　含有沥青质和氧气分子的 AIMD 模拟体系

在完成建模之后，采用 CP2K 软件开展 AIMD 模拟，记录 100 ps 内反应体系中沥青质分子的结构变化，从而分析沥青质的老化路径。具体通过量子化学软件 CP2K 的 Quickstep 模块，基于高斯平面波（Gaussians and plane wave，GPW）混合基组方法进行 AIMD 模拟。使用珀杜-伯克-恩泽霍夫（Perdew-Burke-Ernzerhof，PBE）交换关联泛函对价电子进行显式处理，并采用 Grimme D3 方法对色散作用进行校正[22]。核心电子则由 Godecker-Teter-Hutter（GTH）赝势及 DZVP-MOLOPT-SR-GTH 基组进行描述，平面波截断能设为 400 Ry。越大的截断能表明用来描述波函数的平面波基组越多，计算精度越高，但同时计算成本也越高。AIMD 模拟在 NVT 下进行，时间步长设为 1.0 fs。每个体系的模拟时长设定在 100 ps，模拟结束后通过 VMD 软件对沥青质分子的结构演化进行可视化展示。

通过调节模拟温度（1 000 K、1 500 K、2 000 K、2 500 K 和 3 000 K）和体系中氧气分子数量（0、8 和 16）来研究温度和氧气浓度对沥青质老化的影响。所设置的模拟温度高于沥青真实老化温度，但根据 7.1.2 关于模拟温度

8 基于量子化学的沥青老化反应机理分析

与沥青老化行为之间关系的说明,不必担心模拟温度的提升会导致沥青质老化路径与其在实际服役温度下老化路径不一致。相反,合理提高模拟温度能提高沥青质分子的平动能,使其接近老化反应的能垒,从而加快老化反应速率。不过,盲目地将模拟温度提高确实可能会引发一些实际情况中不会出现的老化反应,因此,有必要设置不同的温度开展 AIMD 模拟,然后根据模拟结果确定最合理的模拟温度。

8.1.2 老化期间沥青分子结构演化

由于逐步提升的模拟温度赋予了沥青质分子不同的运动速率和平动能,预期能引起不同类型和不同速率的老化反应,因此,为考察温度带来的影响并确定合理的模拟温度,先在特定氧浓度(模拟体系中氧气分子数量为16)下对处于不同温度条件的沥青质分子老化路径进行了解析。

8.1.2.1 1 500 K 温度下的老化路径

图 8-3 显示了沥青质分子在 1 500 K 温度下的老化路径。其中绿色和白色的球体分别代表碳原子和氢原子,红色的棍状体代表氧原子。需要提及的是,本书在 1 000 K 的温度下也开展了 AIMD 模拟,但沥青质与氧气分子在 100 ps 的模拟时长内没有发生任何化学反应,因此不对其模拟结果进行展示。在 1 500 K 的温度下,沥青质分子的老化反应开始于 2.40 ps,此时一个 O_2 分子从沥青质右上方环烷的叔苄基碳原子上攫走了氢原子,生成了一个 $HO_2\cdot$ 自由基。在 24.86 ps 时,环烷中与叔苄基碳原子相邻的仲碳原子上也有一个氢原子被 O_2 攫走,并在环烷中形成一个 C=C 烯键。很快,环烷中另一个仲碳原子上又有一个氢原子在 25.37 ps 时被 $HO_2\cdot$ 自由基攫走。

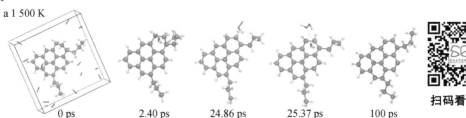

图 8-3 1 500 K 温度下的沥青质分子结构演变

接连发生三次攫氢反应之后,原本构象扭曲的六元环烷变成了平面状的共轭环体系,说明在六个碳原子间形成了离域大 Ⅱ 键,环结构被离域 π 电子云覆盖,即饱和环烷转变成了芳香环(苯环)。此后,沥青质分子保持结构稳定,直至 100 ps 模拟结束时也未发生进一步的反应。1 500 K 温度下能且只能观察到环烷发生反应,这表明沥青质上芳香环结构比环烷更稳定。

8.1.2.2　2 000 K 温度下的老化路径

当模拟温度提升至 2 000 K 后,沥青质分子的老化反应程度得到加深,如图 8-4 所示。在 0.81 ps,沥青质分子的老化开始于一个 O_2 分子攫取了左侧芳香环上的氢原子,同时失去氢原子的芳香碳吸附了另一个 O_2 分子,形成所谓沥青质过氧化自由基(即发生反应 $RH+2O_2 \rightarrow ROO \cdot + HO_2 \cdot$,其中 RH 代表沥青质分子化学式)。所形成的沥青质过氧化自由基 $ROO \cdot$ 结构极不稳定,导致接下来的 3 ps 内连续发生芳香环裂解、羰基形成和分子异构化等反应,最后形成一个稳定的带有酮基和醛基的五元环结构(该结构在图 8-4 中 9.45 ps 时的分子构型中可以观察到)。这一阶段的反应使沥青质分子上形成了极性含氧基团,这是沥青最重要的老化路径之一,相似的反应过程在后面更高温度的模拟中也有发生。

扫码看彩图

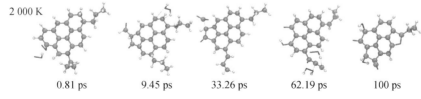

图 8-4　2 000 K 温度下的沥青质分子结构演变

在 9.45 ps 时,沥青质分子右上方的环烷中两个仲碳原子上各有一个氢原子被 O_2 分子攫走,由于此前环烷中的叔苄基碳原子已经失去了氢原子,因而此时扭曲状的六元环烷也转化成了平面状的芳香环。该过程与 1 500 K 模拟中发生的芳构化反应具有相同的路径。由于芳香环裂解和芳构化反应在老化期间都有发生,沥青质分子上芳香碳的比例随着老化而动态变化,这与 Siddiqui 等人的实验测量结果一致[121]。

在 33.26 ps 时沥青质上有一个 CO_2 分子生成,这是连接在五元环上的醛基氢原子被一个氧原子取代后形成不稳定分子结构所导致的结果。随

8 基于量子化学的沥青老化反应机理分析

后,五元环上另两个碳原子也以小分子脱落的形式从沥青质分子上脱离,导致这个形成于老化反应初始阶段的五元环消失殆尽。

在 62.19 ps 时,沥青质右下方侧链上的氢原子被依次攫走,直到只剩一个。这可能是因为在侧链碳原子上发生一次攫氢反应后,相邻碳原子上 C—H 键的键能因能量重新分配而降低,导致新的攫氢反应容易再次发生。此后,该高度不饱和的侧链受到 O_2 分子的持续攻击,逐步以含碳小分子的形式从沥青质的多环芳香烃核心结构上脱落。

在 100 ps 模拟结束时,老化沥青质分子上仍保持着五个环的核心结构,但与老化前相比有三方面明显变化:① 芳香环数量减少,芳香度降低,导致沥青质分子间 π-π 堆积作用(通常认为属于分子间相互作用中的色散力成分)减弱;② 形成酮、醇、呋喃等极性含氧基团,导致沥青质分子间偶极-偶极相互作用(属于分子间相互作用中的静电力成分)增强;③ 侧链断裂缩减,使沥青质分子间的空间位阻作用减弱,进而导致沥青质分子间距减小,分子间相互作用增加。

分子间相互作用的变化将改变沥青质分子间结合强度,并进一步影响沥青结合料的力学特性。由于芳香度降低对沥青质分子间相互作用具有负贡献,而极性含氧基团形成和侧链断裂缩减对其具有正贡献,因此老化导致的分子结构演变对沥青质分子间结合强度究竟起到提升作用还是削弱作用无法直接判断,需基于静态 DFT 方法计算分子间结合能才能最终确定,这将在 8.3.2 进行研究。

8.1.2.3 2 500 K 温度下的老化路径

图 8-5 显示了 2 500 K 温度下的沥青质分子结构随老化时间的演变。可以看出,模拟温度的进一步提升导致了沥青质更快的老化速率和更丰富的老化反应类型。在 0.25 ps 时沥青质即发生了第一步老化反应,其时沥青质右上方侧链上的一个氢原子被 O_2 分子攫走。随后,在经历一系列攫氢反应后,沥青质右上方环烷于 5.47 ps 时实现了芳构化,转变成平面状共轭环体系。这一阶段发现多次由 $HO_2·$ 自由基驱动的攫氢反应,其对应产物是 H_2O_2,该反应路径在 Petersen 等人的实验研究中也曾被分析过[1]。体系内 $HO_2·$ 自由基数量少于 O_2 却能频繁参与到攫氢反应中,由此可以推断 $HO_2·$ 自由基具有比 O_2 更强的攫氢能力,这一推论将在 8.2.3.1 的攫氢反

应能垒计算中进行验证。

扫码看彩图

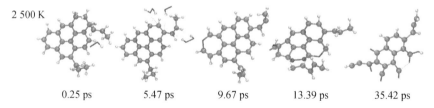

图 8-5 2 500 K 温度下的沥青质分子结构演变

在 9.67 ps 时,沥青质左侧芳香环上一个碳原子从游离的 $HO_2·$ 自由基上吸附来一个氧原子,然后该氧原子通过异构化反应插入芳香环中,破坏了芳香环原有的共轭大 II 键,重新构成一个七元环。随后七元环裂开重组,生成带有两个羰基的五元环结构。这一反应过程类似于 2 000 K 模拟中从 0.81 ps 开始的一系列反应步骤(最终也是六元芳香环转变为带有两个羰基的五元环结构),不过比后者更为直接的是,它径直发生氧原子吸附反应而不依赖于先有攫氢步骤发生。

在 13.39 ps 时沥青质分子上发生了导致含氧基团形成的另一类反应,即 O_2 分子沿着垂直于沥青质多环芳烃平面的方向攻击沥青质分子,两个氧原子分别直接与芳香环上处于对位的碳原子成键,形成一个新的六元环,而原来的芳香环则被裂解。这种不依赖于前期攫氢步骤的氧化反应再一次证明温度对反应类型的巨大影响。至 35.42 ps 时,沥青质分子上只剩下两个带有侧链的六元碳环,此后侧链也在 O_2 的持续攻击下逐渐脱落,沥青质完全降解为小分子结构。

8.1.2.4 3 000 K 温度下的老化路径

图 8-6 显示了 3 000 K 温度下的沥青质老化路径。在模拟开始后仅 0.02 ps,沥青质右上方侧链上即发生了攫氢反应,随后失去氢原子的碳原子参与到六元环烷的异构化,形成了一个七元环结构。在 1.90 ps 时,沥青质分子上的两个侧链都发生了均裂反应。在此前相对较低温度的模拟中并没有观察到类似的侧链均裂现象,这说明均裂反应对温度的要求非常高,这种反应类型在沥青的实际老化中可能难以发生。在 5.23 ps 时,上述七元环结构吸引来一个氧原子参与其异构化,转变为不稳定的八元环,然后八元环上处于对位的两个碳原子成键,进一步转变为两个五元环结构。

在 22.53 ps 时,沥青质分子右上方的五元环上形成了一个羧基(—COOH),在 Petersen 等人的实验研究中,这种高极性含氧基团已被证明存在于老化沥青中[1]。在 34.97 ps 时,随着又一个六元碳环发生裂解,沥青质分子主体只剩下带有长侧链的双环结构。这两条侧链高度不饱和,之后随着 O_2 和 $HO_2·$ 自由基的攻击而不断缩减,使沥青质快速降解为小分子结构。

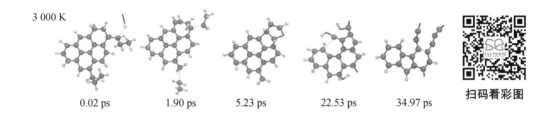

图 8-6　3 000 K 温度下的沥青质分子结构演变

8.1.3　沥青老化行为的统计学描述

随着老化反应的发生,沥青质分子上不断有化学键断裂,同时有新的化学键形成,因而 AIMD 模拟体系中碳、氢、氧原子之间的距离分布也在发生变化。为了对沥青质老化行为形成总体认识,本节基于碳、氢、氧原子间的径向分布函数对老化前后沥青质分子化学键信息进行了统计学描述。

在统计力学中,径向分布函数被用于描述粒子体系(原子、分子、胶体等)中所关注粒子的密度如何随其与参考粒子的间距变化而变化,其定义是与参考粒子距离为 r 的球壳层出现所关注粒子的数目与所关注粒子在体系空间的平均数密度的比值,可根据式(8-1)计算得到[128]。

$$g(r)=\frac{\langle\rho(r)\rangle}{\rho} \quad (8-1)$$

式中:$g(r)$ 为径向分布函数;$\langle\rho(r)\rangle$ 表示与参考粒子相距为 r 的球壳层上出现所关注粒子的数目,如图 8-7 所示;$\rho=N/V$ 为所关注粒子在体系空间内的平均数密度,其中 N 为所关注粒子的总数目,V 为体系空间的体积。

对于紧密排列的体系,径向分布函数曲线会先达到峰值,然后在远距离处降至 1,这表明距参考粒子较远处出现所关注的粒子的概率符合随机分

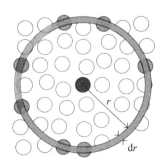

图 8-7　径向分布函数概念中球壳层粒子示意

布。通常径向分布函数曲线的第一个峰最尖锐,其对应的 r 值为所关注粒子与参考粒子的第一个配位距离,在采用径向分布函数描述化学键信息时,第一个配位距离即为两原子形成的化学键的键长。

图 8-8(a)~(c)显示了不同老化时刻体系内碳、氢、氧原子间的径向分布函数曲线,其中各曲线的第一个峰值所对应的化学键键长在沥青质分子中被标示出来。如图 8-8(a)所示,碳、氢原子间径向分布函数(RDF_CH,后文其他原子间径向分布函数以相同形式表示)曲线的第一个峰值随老化加深而下降,这表明体系中与碳原子直接成键的氢原子数目逐渐减少,即氢原子不断从碳原子上脱离。根据图 8-8(b)所示的 RDF_OH 曲线,可以看出碳原子上的氢原子主要是被 O_2 攫走并生成 O—H 键,最终形成了 HO_2·自由基或 H_2O_2,还有部分以羟基的形式存在于沥青质分子上。图 8-8(c)所示的 RDF_CO 则表明,部分失去氢原子的碳原子与氧原子形成化学键,具体包括羰基、羟基和呋喃等极性含氧基团。

扫码看彩图

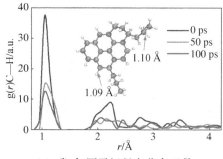

(a) 碳、氢原子间径向分布函数　　(b) 氧、氢原子间径向分布函数

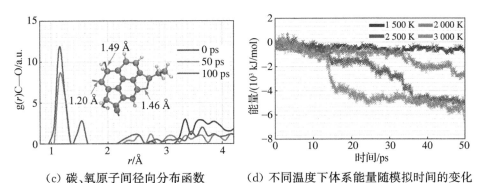

(c) 碳、氧原子间径向分布函数　　(d) 不同温度下体系能量随模拟时间的变化

图 8-8　沥青质老化状态的统计学描述

老化期间模拟体系的总能量也在不断变化,如图 8-8(d)所示。总能量是体系分子的动能和势能之和,并在反应初始时刻标定为零。由于温度不变时分子动能基本保持恒定,因此总能量的变化归因于势能的改变。在 1 500 K 时,体系势能随模拟时长略有下降,由于该温度下仅有少数几步反应发生,势能下降主要归因于分子几何构象的调整。在 2 000 K 和 2 500 K 时,体系势能的下降幅度明显增加,这意味着有更多的老化反应发生。在 3 000 K 模拟的早期阶段,势能下降的趋势明显快于 2 500 K 时,这表明更高的温度加速了老化反应的发生。但在 3 000 K 模拟的后期,其势能曲线与 2 500 K 模拟的势能曲线接近重合,势能下降的幅值仅比 2 500 K 时略多,这说明 2 500 K 的温度已足够使体系内的大部分潜在反应得以发生,只是反应速率慢于 3 000 K 时。

8.1.4　从头算分子动力学模拟结果验证分析

本书为首次采用 AIMD 模拟方法来预测沥青分子的老化反应路径,并且拟根据获取的老化路径进一步探究沥青老化热力学机制,因此有必要对 AIMD 模拟结果的可靠度进行验证。根据 8.1.2 的研究,沥青老化涉及的子反应主要包括氧气攫氢反应、环烷芳构化反应、含氧基团形成反应以及侧链均裂反应,本节将根据实验研究成果对上述理论预测结果进行验证。

8.1.4.1　氧气攫氢反应

在各种温度的 AIMD 模拟中,沥青质老化的第一个步骤均是 O_2 分子从沥青质上攫取氢原子并生成 $HO_2\cdot$ 自由基(即发生反应 $RH+O_2\rightarrow R\cdot+HO_2\cdot$),而 $HO_2\cdot$ 自由基在后续反应中也能进一步发起攫氢反应(即发生反应 $RH+HO_2\cdot\rightarrow R\cdot+H_2O_2$)。Petersen 的实验研究认为沥青分子生成羰基、亚砜基等含氧基团的第一个步骤正是 O_2 分子攫氢生成 H_2O_2[1]。自由基的存在并不容易被直接观测到,但 Pahlavan 等人通过掺加自由基捕获剂抑制老化行为的现象证明自由基确实参与了老化反应[129]。事实上,大多数涉及氧化的化学过程都是从攫氢步骤开始的,如化石燃料的燃烧、工业碳氢化合物的氧化,以及生物酶对有机底物的氧化等[130-131]。

8.1.4.2 环烷芳构化反应

在 1 500～2 500 K 温度下的 AIMD 模拟中均观察到环烷芳构化反应,其中图 8-3 更是揭示了环烷向芳香环转化的原子机制,即在 O_2 分子和 $HO_2\cdot$ 自由基的持续攻击下,环烷经过多次攫氢反应后实现芳构化。沥青老化期间的芳构化反应在此前的实验研究中已经得到证实[1],但由于实验手段在时间和空间尺度上的限制,研究者未能确定其反应机制,他们通过二氢化蒽作为模型沥青开展老化试验,推断可能是全氢化芳香化合物作为前体在沥青老化期间转化成了芳香环,如图 8-9 所示,这与本章基于 AIMD 模拟获取的芳构化反应路径基本一致。

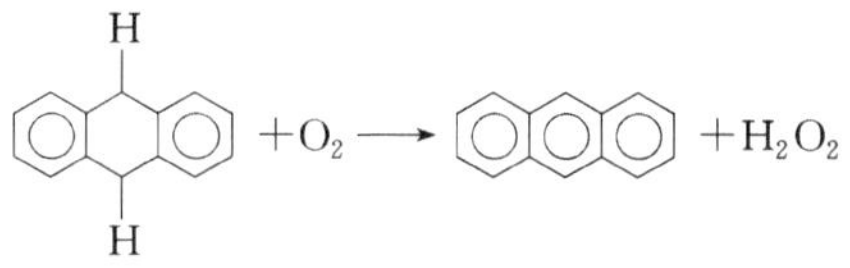

图 8-9 实验研究获取的沥青分子芳构化反应

8.1.4.3 含氧基团形成反应

在 2 000 K 及以上温度的 AIMD 模拟中才观测到含氧基团形成反应,其典型路径是沥青质分子 RH 首先被 O_2 分子攫氢转化为 $R\cdot$,随后 $R\cdot$ 吸附另一个 O_2 分子生成过氧化自由基 $ROO\cdot$,此后 $ROO\cdot$ 通过分子异构化等步骤转变为带有含氧基团的稳定结构。这一步骤与 Petersen 基于实验研究提出的沥青含氧基团生成路径相似,如图 8-10 所示[1]。不过 Petersen 所述反应路径的第一步攫氢发生在苄基碳上,这是因为苄基位 C—H 键具有最低的键解离能,因而最容易发生攫氢反应。但实际上第一步攫氢反应可能发生在沥青分子上任意部位,只是发生在各处的概率不同(发生概率由攫氢反应的能垒决定),而发生在苄基碳上的概率最大。在对煤低温氧化过程的实验研究中,也发现ROO·是形成含氧基团的重要中间体,其转化产物包括羰基、羟基、醚基、羧基等固体结构以及CO_2、H_2O等小分子化合物。

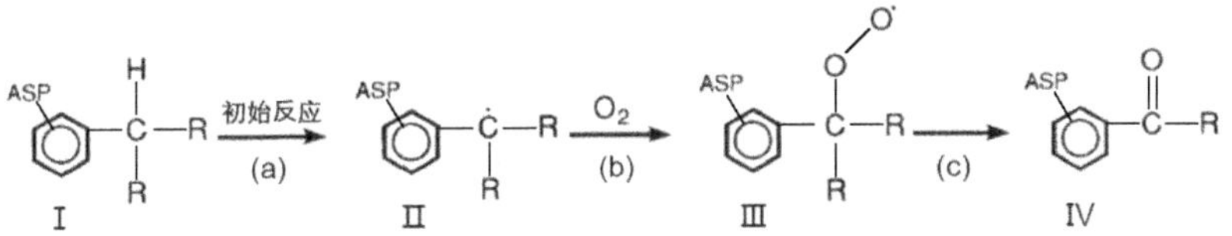

图 8-10 实验研究获取的沥青分子含氧基团形成反应

8.1.4.4 侧链均裂反应

均裂反应是指化学键(有机物化合物中主要是 C—C 键)断裂时,键中的两个电子平均分配到原先成键的两个原子上,从而产生两个自由基的过程。该过程不依赖于 O_2 分子的参与,因而产物中没有含氧基团,但分子量得以降低,从而改变了原化合物的理化性质。均裂反应是页岩油开采、重油降黏、生物质降解等化工产业中的重要反应步骤[132-135]。由于均裂反应通常具有很高的能垒,往往只在严苛的条件下才能发生,因而没有直接证据表明沥青实际老化过程中发生了侧链均裂反应,且生产实践中均裂反应常在催化剂作用下进行。正是基于这一原因,在 AIMD 模拟中沥青质分子的侧链均裂反应主要在 3 000 K 温度下才被观测到。

8.1.5 从头算分子动力学模拟与反应力场分子动力学模拟的比较

化学反应可以看作分子体系在势能面上滑动的过程。在该过程中,化学键的形成和断裂伴随着体系势能的变化。化学反应路径分析则是通过理论计算找到势能面上的驻点,即处于最低点的反应物和产物以及处于鞍点的过渡态,从而揭示反应行进途径。因此,对分子体系势能面的准确计算是获取真实沥青老化路径的关键。尽管 AIMD 模拟适用的分子体系规模更小,但由于该方法基于量子力学基本理论求解薛定谔方程,对电子行为和体系能量状态进行实时严格求解能获取高精度的势能面,从而高置信地解析沥青分子的老化反应路径。

ReaxFF MD 模拟则基于玻恩-奥本海默近似,采用经验性 ReaxFF 函数来描述分子体系的势能面。尽管 ReaxFF 的模型参数根据量子力学计算结果拟合得到,但由于其量子力学计算数据远不能覆盖势能面上的全部点位,因此,即使在正确预测反应产物的情况下,ReaxFF MD 模拟仍无法保证所预测反应路径的可靠性。而且由于沥青分子本身结构复杂,其潜在的老化产物更是千变万化,因而根据经验力场预测得到的沥青老化产物可能本身也不准确。因此,通过 ReaxFF MD 模拟获取沥青老化反应路径的准确性不如 AIMD 模拟。

以图 8-11 所示沥青质芳香环受 O_2 分子侵袭生成含氧基团的反应过程为例,ReaxFF MD 模拟结果[图 8-11(a)]显示两个氧原子断键并分别与芳香环上碳原子成键生成半醌基,然后 C—C 键断裂形成两个羰基。ReaxFF MD 模拟中生成羰基的结果符合实验研究结论,也与 AIMD 模拟的结果一致,说明 ReaxFF MD 模拟对于理解沥青老化行为有一定帮助。但根据实验研究,有机分子的氧化反应通常从攫氢步骤开始,因而 ReaxFF MD 模拟观测到的 O_2 分子直接通过加成反应破坏芳香环结构的反应路径并不准确(这一反应是该沥青质分子上发生的首个反应,且后续反应也呈现相似路径,因而不能将其理解为模拟温度过高导致的例外现象)。而 AIMD 模拟结果[图 8-11(b)]显示反应第一步是 O_2 分子从芳香环上攫取氢原子,然后芳香环吸附另一个 O_2 分子,并逐步发生异构化反应直至生成稳定的含氧基团。AIMD 模拟中沥青质老化反应的初始步骤与实验研究结论一致,且后续动态细节得到清晰展示,因而可结合静态 DFT 方法进一步解析分子体系历经这些反应步骤的势能面,从而全面深入理解沥青质的老化反应热力学机制。

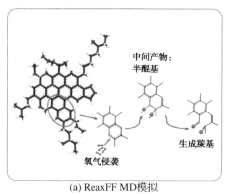

(a) ReaxFF MD模拟

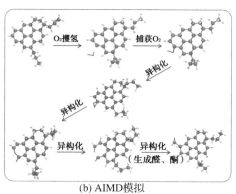

(b) AIMD模拟

图 8-11　基于两种模拟方法获取的沥青质老化反应路径(芳香环氧化反应)

8 基于量子化学的沥青老化反应机理分析

8.2 沥青老化反应的势能面及能垒

从 8.1 的 AIMD 模拟结果可以看出,模拟期间沥青质分子不同部位发生了多种不同类型的老化子反应,且各部位的子反应短期内只对其周围的分子结构带来影响,即各子反应完成后其所在的部位在很长一段时间内能保持稳定而不发生后续反应。以图 8-4 中 2 000 K 温度下的 AIMD 模拟结果为例,始于 0.8 ps 时的含氧基团形成反应在 3.8 ps 时即已结束,此后直到 30.4 ps 时该部位才发生进一步的反应。同样,沥青质右上方的环烷在 9.5 ps 时即实现芳构化,而生成的芳香环直到 100 ps 模拟结束时也未再发生进一步的反应。在实际工程中,沥青的老化过程也是如此,是大量不同部位或不同分子上相对独立的老化子反应累积的结果。为此,在探究沥青老化机理时,可先识别出沥青老化涉及的各类子反应,再对其势能面及反应能垒进行独立分析,从而阐明沥青老化行为的热力学驱动机制。

8.2.1 势能面、过渡态与能垒

从能量角度而言,化学反应内在受键能量控制,外在受赖以克服热力学障碍的反应条件控制,基于势能面可对此进行更详细的解析。势能面和与之相关的过渡态及能垒是理论化学和计算化学领域的重要概念性工具,用于分析化学现象的热力学特性,如揭示物态转变与能量转换的关系,评估化学反应难度,衡量化学反应速率等[136-137]。

势能面表示的是某一微观体系(如由多原子构成的分子体系)的势能与相关参数(通常是原子的位置)的函数关系。势能面函数的坐标(自变量)可以是一个参数,也可以是多个参数,如果只有一个坐标参数,则势能面也可被称为势能曲线。微观体系的势能越低,则相应的微观状态越稳定。

对于图 8-12(a)所示的双原子体系的势能曲线,势能取决于原子之间的距离。两原子相距无限远时势能为零,意味着两个原子间没有相互作用。在几个原子直径的距离处,原子间吸引力占主导地位,势能曲线降低。而原子间距进一步减至非常小时,原子间排斥力占主导地位,导致势能曲线上

升。原子间吸引力和排斥力在势能曲线的最小点处达到平衡,此时原子间距被称为平衡键长。

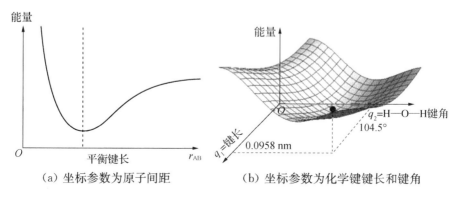

(a) 坐标参数为原子间距　　　(b) 坐标参数为化学键键长和键角

图 8-12　势能面示意图

图 8-12(b)反映了水分子的势能面,采用的坐标参数为水分子中 O—H 键长和 H—O—H 键角,即水分子的势能同时取决于键长和键角这两个变量。当 O—H 键长为 0.095 8 nm,H—O—H 键角为 104.5°时,水分子处于平衡状态,其势能达到最小值。在多原子组成的分子体系中,势能面的坐标参数往往更加复杂,它们可以是原子的笛卡尔坐标,也可以是原子间距、键角或二面角,甚至是人为定义的函数值如原子间配位数等。

无论选取的是哪一类型坐标参数,都可以根据势能函数相对于坐标参数的一阶导数值来对势能面上的点进行分类。一阶导数为零的点具有特殊的意义,包括局部能量极小值点和鞍点(非局部极值点的驻点)。其中,局部能量极小值点对应于体系构型被优化至最稳定的状态,通常为化学反应的反应物或产物,而鞍点则对应于化学反应路径上的过渡态,如图 8-13(a)所示。

过渡态理论认为反应物转化为产物的过程需要经过一个能量不稳定的活化状态,这个状态即为过渡态,而这个过程需要吸收的能量被称为活化能,也称为能垒,定义为化学反应路径上过渡态与反应物状态之间的势能差,如图 8-13(b)所示。对过渡态和能垒的研究是探索化学反应机理的重要手段,通过解析过渡态和能垒,可以确定化学反应的路径,计算化学反应的速率。

8 基于量子化学的沥青老化反应机理分析

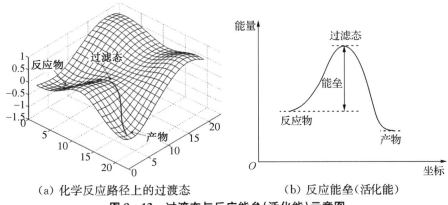

(a) 化学反应路径上的过渡态　　　　(b) 反应能垒(活化能)

图 8-13　过渡态与反应能垒(活化能)示意图

自从斯万特·奥古斯特·阿伦尼乌斯(Svante August Arrhenius)提出过渡态概念以及后来亨利·艾林(Henry Eyring)和梅雷迪恩·格温·埃文斯(Meredith Gwynne Evans)等人将其发展为完整的过渡态理论以来,化学反应速率主要取决于反应能垒的观念已深入人心[138]。根据式(8-2)所示阿伦尼乌斯公式可以看出,化学反应速率常数与温度呈正相关,与反应能垒(活化能)呈负相关。

$$k = A e^{-Ea/RT} \quad (8-2)$$

式中: k 是反应速率常数; A 是指前因子; Ea 是反应能垒(活化能); R 是气体常数; T 是绝对温标下的温度。

过渡态理论对于理解沥青老化这类有机反应的热力学机理有重要帮助,它认为反应物分子并不只是通过简单碰撞就能形成产物,而是发生碰撞时反应物分子的平动能必须等于或超过反应能垒才能使化学反应完成。平动能是分子因平移运动(与转动运动相对)所产生的动能,与热力学温度成正比。如前一节 AIMD 模拟结果所示,在 1 500 K 的温度下沥青质仅能发生环烷芳构化反应,而侧链的均裂反应则只在 3 000 K 的高温下才能观察到,这表明发生各类老化子反应的热力学障碍不同,而反应能垒正是对这种热力学障碍的衡量。

图 8-14 描绘了沥青质发生老化反应时所处势能面的示意图(该图为概念图,无特定的坐标参数)。位于势能面中央的原样沥青质想要发生环烷芳构化(路径 1)、含氧基生成(路径 2)或侧链均裂(路径 3)等老化反应,就必须翻越各老化路径上对应的能垒。能垒越高,反应越难进行。为了使化学反

应得以进行,体系的温度应该足够高,以确保沥青质分子的平动能达到或高于能垒。因此,具有不同能垒的沥青质老化反应类型,需要在不同的老化模拟温度下才能被观察到。

在将热力学理论应用于化学领域时,吉布斯自由能(Gibbs free energy)是最常用的物理量之一。吉布斯自由能是为了判断化学反应进行方向而引入的热力学函数,定义为某一热力学过程中体系减少的内能中可以转化为对外做功的部分,可用于评估一个反应是否能自发进行。当研究的热力学能量被具体到吉布斯自由能时,势能面指的就是自由能面,同理,能垒指的就是自由能垒。在本书中,如无特殊说明,所关注和分析的势能面与能垒均为自由能面与自由能垒。

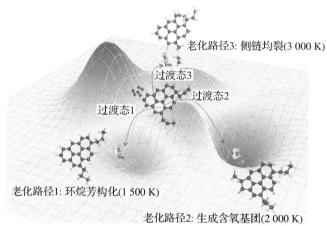

图 8-14 沥青质老化反应势能面及反应路径示意图

8.2.2 基于密度泛函理论的自由能面计算

基于量子化学软件 Gaussian 09 开展 DFT 计算,可获取沥青质老化反应所对应的自由能面,并进一步求解各反应步骤的自由能垒。根据上一节可知,获取自由能面的实质是根据 DFT 方法计算沥青质位于老化路径上全部能量极小状态和过渡态时的自由能。其中,能量极小状态通过对反应物和反应产物的分子结构进行几何优化即可确定,过渡态则需基于反应物和反应产物的分子结构进行搜索和验证才能得到。几何优化与过渡态搜索的

8 基于量子化学的沥青老化反应机理分析

算法类似,不过前者要求将分子体系优化至势能面局部极小值点,而后者要求将分子体系优化至势能面的一阶鞍点。

8.2.2.1 过渡态搜索方法

由于通常情况下化学反应的反应物和产物是明确的,因此确定过渡态是探究化学反应机理的最重要环节,因为一旦找到了过渡态,就可以计算出反应能垒,从而获取反应速率常数。过渡态往往是瞬态存在的,受限于实验手段的观测尺度,很难通过实验方法来确定化学反应过渡态,因而多采用数值方法进行研究。对于本书关注的沥青老化反应,尽管前一节已经通过AIMD模拟获取了沥青质分子的老化反应路径,但反应过渡态因存在时间极短而未能被准确识别,因此,需进一步通过更高精度的静态DFT计算来搜索沥青老化反应的过渡态。

Gaussian 09软件中有三种过渡态搜索方法:TS、QST2和QST3(即搜索过渡态时分别以它们作为关键字)。其中,效率最高且应用最广泛的方法是TS,其计算流程包括以下四个步骤:

① 根据经验对过渡态结构给出一个合理的初始猜想;
② 采用opt=TS方法搜寻过渡态;
③ 通过频率分析确认得到的结构是不是过渡态结构(即一阶鞍点);
④ 通过内禀反应坐标(intrinsic reaction coordinate,IRC)分析确认得到的过渡态在势能面上是否连接着反应物与产物。

8.2.2.2 能量极小状态/过渡态自由能计算流程

首先通过结构优化确定沥青质分子沿反应路径的局部能量最小状态(对应每一步反应的反应物或者反应产物状态),然后通过TS方法查找反应路径上的过渡态,并通过频率计算和IRC分析对过渡态进行验证。具体采用低级别的B3LYP泛函和6-31G^{**}基组进行结构优化、频率计算、IRC分析以及零点能和自由能校正,而更精确但计算成本更高的M06-2X泛函和6-311G^{**}基组被用来计算能量极小状态和过渡态的单点能。通过对单点能进行25 ℃和1个大气压下的零点能及自由能校正,就可以得到能量极小状态和过渡态的吉布斯自由能。同理,通过对单点能进行25 ℃和1个大气压下的零点能及焓校正,就可以得到分子构型的标准焓(用于计算后文所需分析的键解离能)。DFT计算过程中对所有泛函都进行Grimme D3非键相互作用校正。

8.2.3 老化反应的自由能面与自由能垒

由前所述,沥青质老化主要涉及攫氢反应、环烷芳构化反应、含氧基团形成反应以及侧链均裂反应。因此,对这四类子反应的自由能面及自由能垒分别进行研究,以探究沥青老化反应机理。

8.2.3.1 氧气攫氢反应

由于氧气攫氢反应只涉及 O_2 分子从沥青质分子上攫取氢原子生成 $HO_2\cdot$ 自由基这一个步骤,且在 DFT 计算中没有发现明显的攫氢反应过渡态(这与此前类似研究的结果一致[139]),因此绘出攫氢前后体系分子的化学结构及其对应的吉布斯自由能(后文简称"自由能")来反映自由能面,并以攫氢前后体系自由能变化(定义为攫氢发生后的体系自由能与攫氢发生前体系自由能之差)来代表自由能垒。

图 8-15 显示了在沥青质分子上不同部位发生氧气攫氢反应的自由能面。图 8-15 a 代表攫氢反应前的体系状态,即沥青质分子与 O_2 分子独立存在,此时体系的自由能被标定为 0 kcal/mol。芳香环(图 8-15 b)上的攫氢反应具有最高的自由能垒,达到 61.5 kcal/mol,这是因为在离域 π 电子云的作用下,芳香环上的 sp^2 C—H 键具有很高的键能。侧链上苄基氢原子(图 8-15 c)也受到离域 π 电子云的影响,其对应的攫氢反应则具有较低的自由能垒(35.6 kcal/mol)。尤其当苄基碳为叔碳原子时(图 8-15 f),其对应的攫氢反应的自由能垒最低,为 31.2 kcal/mol,这与叔氢原子的键解离能低于伯、仲氢原子的化学理论一致。Dorrence 等人的研究证实了叔苄基氢原子在沥青老化过程中具有最高的反应性[140]。其他部位上发生攫氢反应的自由能垒处于中间值(45~50 kcal/mol)。由于苄基攫氢反应的自由能垒最低,沥青质分子的老化反应通常从这些位置发起,而具有最高攫氢能垒的芳香环区域比环烷和侧链具有更高的稳定性。

为了评估氧气攫氢反应的重要性,本书在 2 000 K 温度但无氧气的条件下模拟了沥青质分子的热老化行为。在 100 ps 的模拟时间内,除了在 45.53 ps 时一条侧链发生均裂反应并引起随后的氢原子转移外,沥青质分子再无其

8 基于量子化学的沥青老化反应机理分析

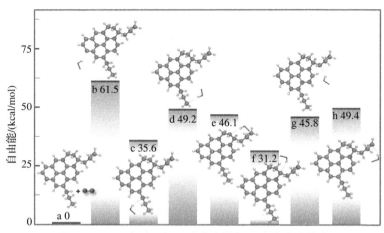

图 8-15 沥青质不同区域发生攫氢反应的自由能垒

他反应发生(将在 8.4 对此进行详细讨论),这表明沥青质分子的环烷芳构化、含氧基团形成等老化子反应高度依赖于前期发生的氧气攫氢反应。

在 4.1.2.3 中曾推断 $HO_2 \cdot$ 自由基的攫氢能力比 O_2 分子更强,为此,对沥青质分子上不同部位分别发生由 O_2 和 $HO_2 \cdot$ 驱动的攫氢反应的自由能垒进行了对比,如表 8-1 所示。与 O_2 分子相比,$HO_2 \cdot$ 自由基攫取 H 原子生成 H_2O_2 的自由能垒大幅下降,证明 $HO_2 \cdot$ 自由基的攫氢能力确实强于 O_2。其中在环烷叔苄基上发生 $HO_2 \cdot$ 攫氢反应的自由能垒为负值,这表明如果 $HO_2 \cdot$ 自由基恰好能与该叔苄基氢原子相碰撞,则攫氢反应可以无障碍地发生。

表 8-1 沥青质发生 O_2 攫氢反应和 $HO_2 \cdot$ 自由基攫氢反应的自由能垒比较

攫氢反应部位	攫氢反应自由能垒/(kcal/mol)	
	O_2 攫氢生成 $HO_2 \cdot$	$HO_2 \cdot$ 攫氢生成 H_2O_2
芳香环/图 8-15 b	61.5	26.0
侧链苄基/图 8-15 c	35.6	0.1
侧链端部/图 8-15 d	49.2	13.7
环烷/图 8-15 e	46.1	10.6
环烷叔苄基/图 8-15 f	31.2	-4.3
侧链中部/图 8-15 g	45.8	10.3
侧链端部/图 8-15 h	49.4	13.9

8.2.3.2 环烷芳构化反应

图 8-16 显示了在 1 500 K 温度的 AIMD 模拟中观察到的环烷芳构化反应的自由能面。图中,黑色线段代表分子体系处于能量极小状态(稳定状态,即每个反应步骤的反应物或产物状态),而红色线段代表分子体系处于过渡态。黑色数值标示了分子体系处于各状态时的自由能,蓝色数值则标示了形成各稳定状态的时间。未发生反应时分子体系的自由能被标定为 0 kcal/mol。

在芳构化反应的第一步中,一个 O_2 分子克服 31.2 kcal/mol 的自由能垒,从环烷上攫取具有最低键解离能的叔苄基氢原子。在第二步中,另一个 O_2 分子跨过 29.0 kcal/mol 的能垒从环烷上攫走另一个氢原子,形成一个 C=C 烯键。在最后一步中,HO_2·自由基跨过 12.6 kcal/mol 的自由能垒,再从环烷中攫走一个氢原子,生成 H_2O_2,导致环烷转化为芳香环。由于在第一步的攫氢反应中没有发现明显的过渡态,因此在这一步中以体系自由能变化来代表自由能垒。

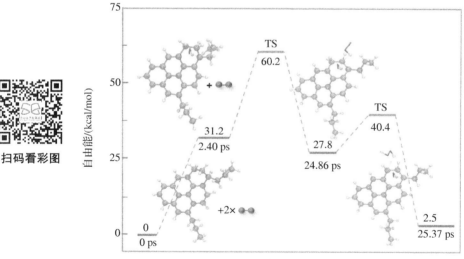

图 8-16 环烷芳构化反应的自由能面

总体上环烷芳构化反应的自由能垒并不高,这解释了为什么在 1 500 K 的 AIMD 模拟中能且只能观察到芳构化反应。尽管芳构化反应结束后体系的自由能增加了 2.5 kcal/mol,但由于新生成的沥青质分子上不再存在具有极低攫氢能垒的叔苄基,因此该沥青质分子若要继续发生由攫氢步骤触发的其他老化反应,则需克服比原样分子更高的攫氢能垒。作为结果,新生成的沥青质分子具有更高的耐老化稳定性,因此在剩余的模拟时间内能一直稳定地存在。

8.2.3.3 含氧基团形成反应

图 8-17 显示了在 2 000 K 温度的 AIMD 模拟中观察到的含氧基团形成反应的自由能面,未发生反应时分子体系的自由能被标定为 0 kcal/mol。含氧基团形成反应可分为两个阶段,前一阶段是 O_2 取代沥青质分子上氢原子并生成 $HO_2\cdot$ 自由基,后一阶段是带有含氧基团的沥青质分子的异构化。为了保持图面简明,后一阶段中未绘出不再参与老化反应的 $HO_2\cdot$ 自由基。

反应的第一步是 O_2 越过高自由能垒,取代沥青质左侧芳香环上的氢原子,该过程有两个 O_2 分子同时参与进来,它可能并非基元反应,因而难以准确确定过渡态。推测该反应步的自由能垒上限不高于在同一位置发生氧气攫氢反应的自由能垒(61.5 kcal/mol),且由于该反应步在 1 500 K 的模拟中并没有发生,所以推测其自由能垒下限高于能在 1 500 K 下发生的芳构化反应的自由能垒(31.2 kcal/mol)。

随后的一系列分子异构化反应的自由能垒都比第一步小,因此这些后续反应在 4 ps 内快速发生。反应结束时体系的自由能比反应前低 33.3 kcal/mol。自由能的显著降低是沥青质分子发生老化反应的热力学驱动力。与含氧基团形成反应相比,环烷芳构化反应具有更低的自由能垒。因此,根据式(8-2)所示的阿伦尼乌斯公式,在沥青实际老化过程中,环烷芳构化反应将以更快的速率发生。

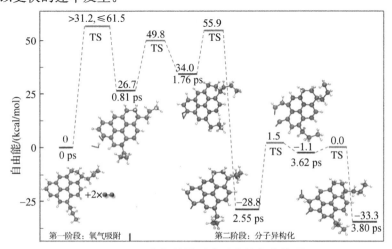

扫码看彩图

图 8-17　含氧基团形成反应的自由能面

8.2.3.4 侧链均裂反应

在 AIMD 模拟中,除了由攫氢引发的环烷芳构化反应及含氧基团形成反应外,还观察到了侧链的均裂反应。均裂反应是指化学键断裂时,键中的两个电子平均分配到原先成键的两个原子上,从而产生两个自由基的过程。由于以均裂方式破坏化学键所需的能量相对较高,均裂主要在高热或紫外线辐射的情况下发生。图 8-18 显示了沥青质侧链上不同部位发生均裂反应的键解离能(bond dissociation energy,BDE)和键解离自由能(bond dissociation free energy,BDFE)。键解离能被用于衡量共价键的强度,其定义是绝对零度时共价键均裂生成自由基的过程中焓的变化,反映了共价键断裂过程所需要的能量。键解离自由能则是均裂反应过程中的吉布斯自由能变化,用于评估一定热力学状态(温度、压强)下该均裂反应能否自发进行,可以直接与其他老化子反应的自由能垒进行比较。

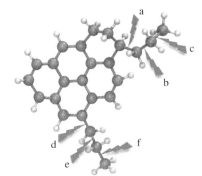

化学键	键解离能/(kcal/mol)	键解离自由能/(kcal/mol)
a	73.6	58.5
b	87.7	73.0
c	89.0	75.8
d	102.1	87.1
e	76.8	62.4
f	89.1	75.9

图 8-18 侧链均裂反应相关的键解离能和键解离自由能

键解离能和键解离自由能由多种因素决定,包括原子电负性、电子云密度、电子轨道杂化和超共轭等。在图 8-18 中,两条侧链末端的共价键 c 和共价键 f 因远离多环芳香烃核心而几乎不受离域 π 电子云的影响,因此它们的键解离自由能很接近,为 75.8 kcal/mol 左右。而其他共价键的键解离自由能则因受多种因素的影响而波动很大,从 58.5 kcal/mol 变化至 87.1 kcal/mol。在 AIMD 模拟中,侧链均裂反应正好发生在键解离自由能较低的共价键 a 和共价键 e 上。

总体而言,侧链共价键的键解离自由能高于攫氢反应的自由能垒,而后者往往是触发环烷芳构化反应及含氧基团形成反应的先决条件。因此,沥

8 基于量子化学的沥青老化反应机理分析

青质分子发生侧链均裂反应的难度要大于其他反应类型,这解释了为什么在有氧情况下沥青质分子的老化通常从攫氢反应开始,而只在无氧条件或在较高温度下才能观察到侧链均裂反应。

8.2.4 不同温度下体系分子跨越能垒的能力

根据前述分析,可以推测出 AIMD 模拟中体系内分子在不同温度下可以跨越的自由能垒。在 1 500 K 时,体系内分子的跨越能力达到该温度下芳构化反应的决速步(具有最高能垒的反应步)的自由能垒(31.2 kcal/mol),3 000 K 时的跨越能力则达到在该温度下观察到的侧链上共价键 e 的键解离自由能(62.4 kcal/mol)。根据均分定理(equipartition theorem),体系内分子的平均平动能与体系的热力学温度成正比,因此它们能跨越的能垒也应与温度成正比。由于前述两温度之比与所推测的两温度下体系分子能跨越的自由能垒之比正好相等,即 3 000/1 500 = 62.4/31.2,这说明该推测是可信的。

图 8-19 显示了通过内插法得到的模拟体系内分子在不同温度下可以跨越的自由能垒。1 000 K 的模拟温度对应于 20.8 kcal/mol 的自由能垒,这接近于室温下容易自发进行的反应的自由能垒(21 kcal/mol)[66]。本书模拟发现沥青质分子在 1 000 K 的温度下并不与氧气反应,证明室温下沥青质确实难以发生老化反应。AIMD 模拟中各类反应所需的温度比实际情况下其对应的反应温度高得多,这是因为模拟中仅有一个沥青质分子,而且 100 ps 的模拟时长远不如实际工程中的时间跨度,因此分子间有效碰撞次数极其有限,所以需要提升温度来加快反应速率。

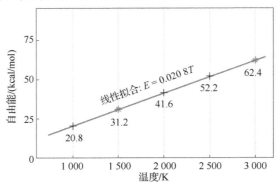

图 8-19 不同温度下体系分子可克服的自由能垒

尽管随着模拟温度的提升，体系分子跨越能垒的能力逐步提高，沥青质老化反应类型变得愈加丰富，但由于高温下老化反应速率过快，AIMD模拟所能展示的沥青质老化细节反而减少，这对解析沥青老化路径是不利的。正如8.1.1设置AIMD模拟温度时所述，过高的模拟温度可能导致沥青质与氧气间的反应属于燃烧而不是老化，因此，选择适宜的模拟温度对揭示沥青老化机理至关重要。

由于1 000 K的模拟温度不足以产生老化反应，1 500 K的模拟温度并没有使沥青质分子上形成含氧基团，这表明在本书AIMD模拟的时间跨度内，这两个温度值不足以驱动全部的沥青老化行为。2 500 K和3 000 K的温度下沥青质与氧气间的反应过于激烈，大量子反应不再以攫氢步骤为前提，这与一些实验研究结论相悖，且模拟尚未结束时沥青质分子即已高度裂解，这表明该温度下的模拟可能对应于燃烧现象。因此，在本章所使用的参数条件下，对沥青真实老化行为进行AIMD模拟所建议的温度为2 000 K。

8.3 老化对沥青分子内禀性能的影响

老化反应使沥青分子的化学结构发生显著变化，包括极性含氧基团的形成、芳香环的裂解与转构、烷基侧链的断裂等，这将导致沥青分子的内禀属性如分子间相互作用、分子极性、分子表面静电势分布等发生变化。作为结果，沥青分子之间的团聚趋势和沥青组分之间的相容性会发生改变，进而影响到沥青结合料的微观结构特征以及宏观力学性能。为此，有必要基于量子化学方法，在原子尺度揭示老化对沥青分子内禀属性的影响机制，从而为老化沥青病害防治研究提供科学指导。

8.3.1 分子间结合能、分子极性及静电势计算方法

8.3.1.1 分子间结合能

分子间结合能是指两个或多个分子单体结合成聚集体时释放的能量，或相应的聚集体分解成原来的分子单体需要吸收的能量。在不同研究场景下，因为所关注的能量属性不同（如电子能、吉布斯自由能、自由焓等），分子

间结合能的含义可能有所差别,因此为避免歧义,需由研究者进行明确定义。这里分子间结合能的定义是分子二聚体的电子能与分子单体的电子能之和的差值,有时为方便表述将其简称为结合能。分子间结合能通常为负值,这表明两个分子组成二聚体时的势能比处于单体状态时更低,即二聚体体系相比单体状态更稳定,分子间结合能的幅值越大,则两分子的结合强度更高。

8.3.1.2 分子极性

分子极性是对分子正、负电荷分布的不均匀性的描述。如果一个分子的电荷分布得不均匀,则称其为极性分子;如果分布得均匀,则称其为非极性分子。不过分子极性是一个非常笼统的概念,需要有更具体的参数来对其进行量化,本章采用偶极矩和分子极性指数(molecular polarity index,MPI)来量化沥青质分子的极性[141]。偶极矩定义为正、负电荷中心间距与电荷所带电量的乘积,它本质上是对分子体系的正、负电荷中心的分离情况的量度。MPI通过对分子范德华表面的静电势绝对值进行积分得到,用于量化由静电势分布不均匀引起的分子整体极性,根据式(8-3)进行计算。

$$\text{MPI} = (1/A) \iint_S |V(r)| \, dS \tag{8-3}$$

式中:A 是分子范德华表面的面积,范德华表面定义为电子云密度为 0.001 a.u. 的等值面;$V(r)$ 是位置 r 处的静电势数值。在分子范德华表面 S 上进行积分即可得到 MPI 指数。

8.3.1.3 静电势

静电势(electrostatic potential,ESP)是将单位正电荷从无穷远处移动到特定点所需的能量。分子静电势反映的是一个分子周围特定位置处一个单位正电荷与该分子体系之间的相互作用能,揭示了所研究的分子与外部环境的潜在静电相互作用[135]。

8.3.1.4 DFT 计算过程

基于量子化学软件 Gaussian 09 开展 DFT 计算,获取老化前后沥青分子的分子间结合能、分子极性以及分子表面静电势分布。首先采用低级别的 B3LYP 泛函和 6-31G^{**} 基组对沥青质分子单体和分子二聚体进行几何优化、频率计算以及零点能和自由能校正,然后采用高级别的 M06-2X 泛函和 6-311G^{**} 基组计算单点能。分子间结合能通过对经由几何优化的分子二聚体进行基组叠加误差(basis set superposition error,BSSE)校正计算得到,其采用的泛函与基组同计算单点能时一致。在计算分子极性和静电势时,宜采用带有弥散函数的基组以提高远程相互作用的准确度,因此采用 B3LYP 泛函和 def2-SVPD 基组进行几何优化,然后使用 M06-2X 泛函和 def2-TZVPD 基组计算偶极矩和波函数,并最终基于 Multiwfn 3.7 和 VMD 软件对波函数文件进行静电势及 MPI 指数的计算分析及图像展示[142]。所有 DFT 计算都对泛函进行 Grimme D3 校正。

8.3.2 老化对沥青分子结合能的影响

图 8-20(a)显示了老化前后沥青质分子二聚体的聚合构型及分子间结合能。老化沥青质分子的结构取自 2 000 K 温度下 AIMD 模拟结束时的分子构型(参见图 8-4)。在 π-π 相互作用下,原样-原样沥青质二聚体中两个分子平行分布,分子间距约为 0.33 nm,这与石墨烯的层间距接近[143]。两个沥青质分子的多环芳香烃核心区域并不完全正对,大约存在半个苯环的偏移。原样-原样沥青质二聚体的分子间结合能为 -21.6 kcal/mol,因为不存在极性基团,分子间结合能主要由色散力主导。

由于原样沥青质分子具有较高的极化率(309.2 a.u.,计算采用的泛函及基组与偶极矩一致),它在老化沥青质分子的极性基团的作用下易形成诱导偶极,因此原样-老化沥青质二聚体的分子间结合能增强至 -23.4 kcal/mol。老化-老化沥青质二聚体的分子间结合能则进一步增强至 -30.3 kcal/mol,这是因为老化沥青质分子之间存在大量相互吸引的极性基团,此时二聚体的分子间相互作用由色散力和偶极-偶极相互作用(静电力)共同主导,二聚体层间距减少到 0.28 nm。

为了验证计算所得老化前后沥青质分子间结合能的准确性,将其与具有相近结构的多环芳香烃芘、蒽的升华热实验数据进行了比较[144],如图 8-20(b)和(c)所示。升华热是指标准状况下使 1 mol 的物质升华所需要的热量,可以理解为凝聚态物质克服分子间相互作用转变成气相态所需消耗的能量,因此升华热在数值上与分子间结合能具有可比性。原样沥青质分子间结合能的计算值与芘和蒽的升华热实测值相近,且计算得到的分子间结合能随沥青质老化的增长也与实验数据表现出一致的趋势,证明了分子间结合能计算方法及其结果的可靠性。

结合能=−21.6 kcal/mol　　结合能=−23.4 kcal/mol　　结合能=−30.3 kcal/mol

(a) 老化前后沥青质分子间结合能

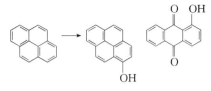

$\Delta_{sub}H°$=24.0 kcal/mol　　$\Delta_{sub}H°$=30.8 kcal/mol　　$\Delta_{sub}H°$=29.6 kcal/mol

(b) 芘及其含氧衍生物的升华热实测值

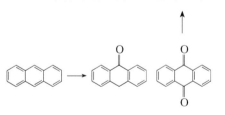

$\Delta_{sub}H°$=23.4 kcal/mol　　$\Delta_{sub}H°$=24.7 kcal/mol　　$\Delta_{sub}H°$=25.7 kcal/mol

(c) 蒽及其含氧衍生物的升华热实测值

图 8-20　老化对沥青分子结合能的影响及其与实测值比值

扫码看彩图

需要注意的是,除产生极性含氧基团外,老化期间侧链断裂也是引起沥青质分子间结合能增加的重要因素。沥青质分子的侧链起到空间位阻作用,能避免不同沥青质分子的多环芳香烃核心过度接近,从而使沥青质分子之间的吸引和排斥保持在一个平衡状态。而一旦侧链断裂,这种空间位阻作用被削弱,沥青质分子之间的相互作用就会增加。

8.3.3　老化对沥青分子极性的影响

图 8-21 显示了在 2 000 K 温度的 AIMD 模拟中,沥青质分子的 MPI

和偶极矩随老化时长的变化。可以看出沥青质分子的极性先增加,在 34.2 ps 时达到峰值,然后随着老化时长的增加而减小。模拟后期分子极性的回撤可能是因为沥青质老化达到一定程度后,随着老化进一步加深,其分子侧链和一些小尺寸结构从分子核心结构上脱落,导致分子的尺寸、芳香度和极性基团数量下降。这表明具有不同老化程度的回收沥青路面(RAP)材料的热力学性质可能有很大差异,在进行 RAP 混合料设计时,最适合它们的再生激活方法可能是使用不同的靶向再生剂,而不是仅仅改变同一种再生剂的掺量。

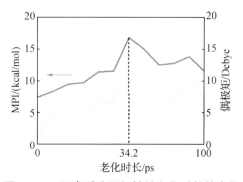

图 8-21 沥青质分子极性随老化时长的变化

8.3.4 老化对沥青分子静电势的影响

与单一参数的 MPI 或偶极矩相比,静电势是描述沥青质分子的静电吸引潜能的更直观、更全面的工具。图 8-22(a)显示了老化前后沥青质分子的静电势,图中从蓝色到红色的区域代表静电势从 -60 kcal/mol 到 +60 kcal/mol 的等值面。一般认为,静电势绝对值高于 10 kcal/mol 模量的区域属于极性区域。在分子聚合过程中,静电势正值区域与负值区域相互吸引,因此极性区域占比越高、静电势幅值越大,则分子间相互吸引的趋势越强劲。

在 0 ps 时,原样沥青质分子的多环芳香烃区域的静电势为负值,这是因为芳香环的离域大 Π 键促使电子云在芳香碳周围聚集。而侧链和环烷是供电子基团,因此它们周围的静电势是正值。原样沥青质分子的静电势分布相对均匀,最小值为 -20.1 kcal/mol,最大值为 +16.7 kcal/mol。图 8-22

(b)表明原样沥青质分子表面上静电势为负值的区域占 41.2%,这代表了多环芳香烃核心在整个分子中的面积占比,极性区域(|ESP|>10 kcal/mol)占比则仅为 28.9%。

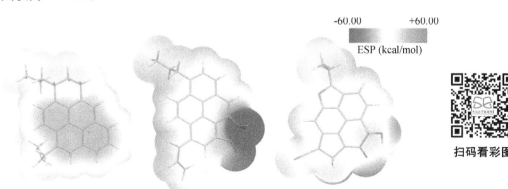

最小值：−20.1 kcal/mol 最大值：+16.7 kcal/mol 0 ps	最小值：−69.9 kcal/mol 最大值：+37.3 kcal/mol 34.2 ps	最小值：−43.3 kcal/mol 最大值：+40.1 kcal/mol 100 ps

(a)静电势等值面

ESP 分布面积/Å²	0 ps	34.2 ps	100 ps
正值(ESP>0 kcal/mol)	219.8(58.8%)	249.3(68.0%)	196.0(61.0%)
负值(ESP<0 kcal/mol)	153.9(41.2%)	117.4(32.0%)	125.3(39.0%)
极性(|ESP|>10 kcal/mol)	107.8(28.9%)	230.7(62.9%)	159.6(49.7%)
非极性(|ESP|≤10 kcal/mol)	256.9(71.1%)	136.0(37.1%)	161.8(50.3%)

(b)等值面上不同属性静电势的分布面积

图 8-22 老化前后沥青质分子静电势分布特征

老化时长为 34.2 ps 时,沥青质分子的静电势分布变得很不均匀。静电势最小值下探至−69.9 kcal/mol,出现在一个含氧基团周围,这是因为氧原子的孤对电子对静电势负值的贡献很大。静电势最大值上升至+37.3 kcal/mol,出现在起供电子作用的侧链的周围。此外,此时沥青质分子的极性区域面积占比从老化前的 28.9%大幅增长至 62.9%。正是静电势幅值和极性区域面积占比的双重增长导致了老化沥青质分子极性的提升。

继续老化至 100 ps 后,沥青质分子的静电势最小值回撤至−43.3 kcal/mol,出现在羟基氧原子周围,而静电势最大值进一步上升至+40.1 kcal/mol,出现在羟基氢原子周围。由于过度的老化降解,沥青质分子尺寸及分子表面积减小,且极性区域的面积占比也降至 49.7%。因此,与老化 34.2 ps 时相比,老化 100 ps 后沥青质分子的极性有一定程度的降低。

8.3.5 老化沥青的组分转化

在极性含氧基团形成和侧链缩减的双重作用下,老化沥青质分子不仅与其他沥青质分子聚合得更紧密,同时与老化胶质甚至老化芳香分分子(它们在老化过程中也会形成极性基团)间的聚合趋势也变得强劲。在实际工程中,沥青中不溶于正庚烷的组分被定义为沥青质,其他组分则溶于正庚烷,这说明在老化之前其他沥青组分与沥青质之间的分子间结合强度较弱,无法在正庚烷中形成稳定的聚集体。而老化之后,由于其他沥青组分与沥青质之间的结合强度提高,可能形成不溶于正庚烷的沥青质-胶质聚集体或沥青质-芳香分聚集体。根据定义,这些聚集体变得属于沥青质范畴,即沥青内部发生了组分转化,其他组分转化为沥青质。

图 8-23 所示的老化前后沥青组分分离试验结果支持了前述推测,即随着沥青老化程度的加深,沥青质占比逐渐提高,芳香分占比逐步下降。由于胶质可以转化为沥青质,也可以由芳香分转化而来,因此其占比变动较小。

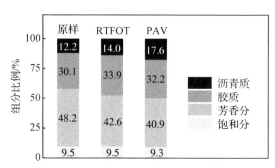

图 8-23 老化前后沥青四组分质量占比

8.4 环境因素对沥青老化行为的影响

在沥青路面服役期间,沥青老化可能受到多种环境因素的影响,包括温度、氧浓度(气压)、湿度、紫外线辐射等。阐明环境因素对沥青老化行为的影响机制将有助于指导沥青材料抗老化技术的开发,为此,本节围绕环境因素对沥青老化行为的影响机理进行研究。

8.4.1 温度的影响

8.1.2 已经分析了不同温度下沥青质分子结构随老化时间的演变过程。为定量评估温度对沥青质老化速率的影响,再次采用径向分布函数对不同温度下经历 30 ps 老化的沥青质分子的老化特征进行描述,结果如图 8-24 所示。图 8-24(a)显示 RDF_CH 曲线的第一个峰值随模拟温度的增加而降低,这表明在更高温度下有更多的 C—H 键发生了断裂。从图 8-24(b) 的 RDF_HO 曲线可以看出,从碳原子上脱离的氢原子主要是被 O_2 攫走并形成了 H—O 键,如 HO_2·自由基、H_2O_2 和羟基。图 8-24(c)的 RDF_CO 曲线则表明,一些失去氢原子的碳原子通过吸附氧原子形成 C—O 键,如羰基、羟基等含氧基团。

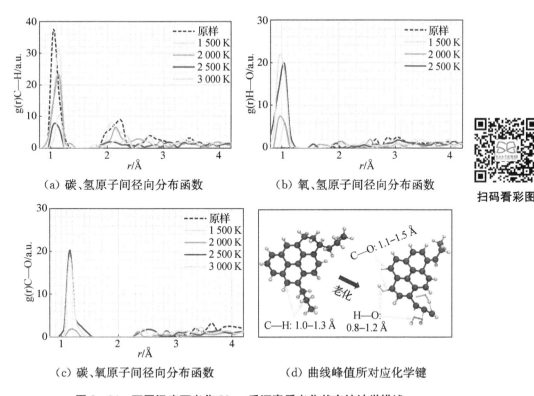

图 8-24 不同温度下老化 30 ps 后沥青质老化状态统计学描述

在 1 500～2 500 K 温度的老化状态下,三种 RDF 曲线的轮廓差距都很明显,这表明温度提升对沥青质老化行为有显著影响。但 2 500 K 与 3 000 K 时的曲线轮廓基本一致,这说明当模拟温度达到 2 500 K 时,体系分子已具有足够高的平动能,并能跨越大多数潜在老化子反应的自由能垒,因而得到的老化模拟结果与 3 000 K 时相近。不过在 2 500 K 或更高的温度下,沥青质分子在短时间内被严重氧化和裂解,其与氧气反应的剧烈程度更接近于燃烧而不是温和的老化现象,而 1 500 K 温度下沥青质分子上没有引入氧原子,这再次证明使用 2 000 K 的温度来模拟沥青质老化可以同时兼顾计算效率和准确性。

8.4.2 氧浓度的影响

前述研究表明,2 000 K 的温度适用于模拟沥青质的老化行为,因此,进一步在该温度下对具有不同氧浓度水平的体系进行了 AIMD 模拟(体系中 O_2 分子数量分别为 0、8、16),以分析氧浓度对沥青质老化速率的影响,结果如图 8-25 所示。在没有氧气的情况下,由于沥青质分子在 100 ps 的模拟中只经历了两步反应,因此在图 8-25(a)中将这仅有的两步反应进行了展示,图 8-25(b)和图 8-25(c)则展示了沥青质分子在对应氧浓度下发生第一步老化反应时以及第 25 ps 和第 50 ps 时的化学结构。

在没有氧气的模拟中,除在 45.5 ps 时右上方侧链发生均裂反应并引起 72.2 ps 时的氢原子转移外,沥青质分子再无其他反应发生。相反,在存在氧气的情况下,沥青质的老化反应在模拟刚开始时即已发生,且随后老化程度持续加深,这表明在有氧条件下,无论氧浓度高低,都能大幅加快沥青质的老化。这是因为含有孤对电子的 O_2 分子容易从沥青质分子上攫走氢原子,而失去氢原子的沥青质分子结构不稳定,倾向于通过后续的攫氢、异构化或吸附氧原子等步骤来降低体系能量。因此,氧气的存在与否决定了沥青质老化反应的类型。在没有氧气的情况下,沥青质分子上只发生了侧链均裂分解,而在有氧气参与的情况下,沥青质分子能发生攫氢反应及由其触发的环烷芳构化、分子异构化以及含氧基团形成等反应。

为了定量评估氧浓度对沥青质老化速率的影响,图 8-26 采用配位数(coordination number,CN)曲线对不同氧气水平下经历 25 ps 和 50 ps 老化的沥青质分子的老化特征进行描述。在化学或材料学等学科中,配位数是

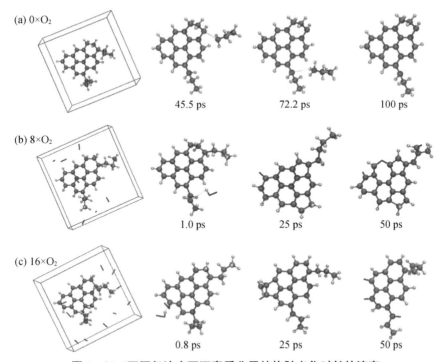

图 8-25 不同氧浓度下沥青质分子结构随老化时长的演变

指分子或晶体内与中心原子键合的原子、分子或离子的数量[145]。具体到本书中,以碳、氢原子间的配位数(CN_CH,后文其他原子间配位数采用相同表述形式)曲线为例,它是指体系内碳原子周边一定距离内的氢原子数量,可通过对 RDF_CH 曲线沿原子间距进行积分得到。

由于配位数曲线随横坐标(原子间距)而不断变化,在对其进行分析时应先确定一个基准距离(RDF 曲线积分范围的上限)。仍以 CN_CH 曲线为例,将其基准距离设为略大于 C—H 键的键长,如图 8-26(d)所示,则对应基准距离(1.3 Å)的 CN_CH 值就是碳、氢原子间的配位数,即体系内 C—H 键的数量。事实上,径向分布函数是评价沥青质老化的一个非常直观的参数,但由于此处不同模拟体系内氧浓度不同(体系内氧原子数量不同),描述化学键相对数量的径向分布函数曲线无法在不同模拟之间进行横向比较,因此需采用描述化学键绝对数量的配位数曲线来作为沥青质老化程度的评价指标。

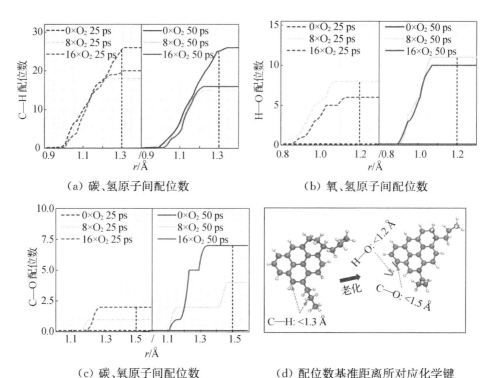

图 8-26 不同氧浓度下老化 25 ps 和 50 ps 后沥青质老化状态统计学描述

图 8-26 显示,在有氧条件下,50 ps 时的 CN_CH 值(对应于基准距离的配位数值,下同)低于 25 ps 时的 CN_CH 值,说明随着老化的进行,沥青质分子上的 C—H 键减少。而 50 ps 时 CN_HO 和 CN_CO 的值均高于 25 ps 时,这表明随着老化加深,氢原子逐渐被 O_2 分子攫走,而失去氢原子的碳原子通过吸附氧原子并形成 C—O 键以提高稳定性。对三种氧浓度下的配位数曲线进行横向比较发现,随着体系中氧浓度水平提升,沥青质的老化速率加快。根据式(8-4)所示的化学反应速率方程[146],高氧浓度下沥青质老化反应速率加快的原因是沥青质分子与氧气分子的碰撞频率提升,导致能够促成老化反应发生的分子间有效碰撞次数相应增加。

如式(8-4)所示,对于一个化学反应 $mA+nB \rightarrow C$,其反应速率 v 可根据反应物浓度计算得到。

$$v = k[A]^x[B]^y \quad (8-4)$$

式中:[A]和[B]分别是反应物 A 和 B 的浓度;x 和 y 分别是与反应物[A]和[B]对应的反应级数,它们取决于反应历程,在基元反应中,反应级数等于化

学计量数 m 和 n，但在非基元反应中，反应级数与化学计量数不一定相等；k 是反应速率常数，与温度、反应活化能等因素有关，根据阿伦尼乌斯公式(8-2)确定。

将式(8-2)代入式(8-4)得到：
$$v = A\mathrm{e}^{-Ea/RT}[A]^x[B]^y \qquad (8-5)$$

式中：各参数含义与式(8-2)和式(8-4)相同。

由式(8-5)可以看出，模拟体系中氧气分子数量的增加能促进沥青质老化是因为它提升了反应物的浓度 $[A]$（或者 $[B]$），而温度的提高能促进沥青质老化是因为它导致热力学温度 T 增加。根据相关文献，环境湿度和紫外线辐射也可能通过改变式(8-5)中的反应活化能 Ea 来影响沥青的老化速率，因此，在下一节将计算水溶剂和激发态条件下沥青质各老化子反应的自由能面及自由能垒，从而定量描述湿度环境和紫外线辐射对沥青老化行为的影响。

8.4.3　湿度与紫外线的影响

采用8.2.2的DFT方法对水溶剂和激发态条件下沥青质各老化子反应的自由能面进行了计算，其中水溶剂效应通过隐式的基于密度的溶剂化模型(solvation model based on density, SMD)进行体现，激发态效应通过含时密度泛函理论(time-dependent density functional theory, TDDFT)进行计算。隐式的基于密度的溶剂化模型不具体描述沥青质附近水分子的结构和分布状态，而是把水环境当成可极化的连续介质来考虑。激发态是指电子在光子等作用下被激发至较高能级的状态，此时分子体系处于比基态具有更高能量的量子态，反映出紫外线辐射的影响。

8.4.3.1　氧气攫氢反应

图8-27显示了气相、水溶剂和激发态条件下沥青质不同部位发生攫氢反应的自由能垒。在代表自然状态的气相条件下（黑色柱图），O_2 分子从芳香环、侧链苄基和环烷苄基上攫氢的自由能垒分别为 61.5 kcal/mol、35.6 kcal/mol 和 31.2 kcal/mol。与气相条件相比，沥青质各部位在水溶剂条件下（蓝色柱图）发生攫氢反应的自由能垒均略为降低，而在紫外线辐射

激发态下(红色柱图)发生撷氢反应的自由能垒则大幅下降,甚至变成负值。根据式(8-5),自由能垒的降低意味着老化反应速率的提升,因此湿度环境和紫外线辐射均能促进沥青质分子上的撷氢反应。湿度环境对撷氢反应的加速作用归因于水溶剂的静电效应,即水溶剂中的氢键促进了沥青质碳原子上的正电荷积累,使碳原子上的氢原子更容易被 O_2 分子撷走。紫外线辐射的加速作用则归因于激发态下沥青质分子上被电离的电子的强大转移能力,这些电子很容易进入其他原子的电子轨道以诱发撷氢反应。

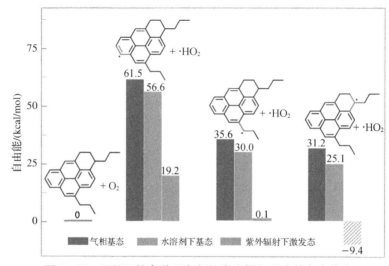

图 8-27 不同环境条件下各部位发生撷氢反应的自由能垒

8.4.3.2 环烷芳构化反应

图 8-28 展示了气相、水溶剂和激发态条件下沥青质分子发生环烷芳构化反应的自由能面。在气相条件下(黑线),一个 O_2 分子首先克服 31.2 kcal/mol 的自由能垒,从环烷上撷取具有最低键解离能的叔苄基氢原子,此后一个 O_2 分子和一个 HO_2· 自由基分别跨过 29.0 kcal/mol 和 12.6 kcal/mol 的自由能垒,依次从环烷上撷走两个氢原子,导致环烷转化为芳香环。在水溶剂条件(蓝线)下,前两步反应的自由能垒从原来的高值分别降低到 25.1 kcal/mol 和 17.1 kcal/mol,这表明水的存在也加速了环烷芳构化反应。

8 基于量子化学的沥青老化反应机理分析

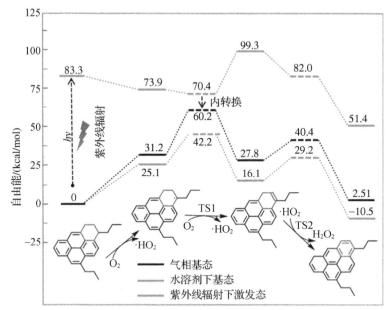

图 8-28 不同环境条件下环烷芳构化反应的自由能面

在紫外线辐射激发态下(红线),沥青质分子吸收光子并跃迁至激发态(激发能高达 83.3 kcal/mol),使反应第一步的自由能垒变为负值,这说明该步骤可以无障碍地直接发生。第二步反应的自由能垒为 28.9 kcal/mol,变成反应路径上最大的障碍。由于沥青质这类有机分子的化学结构具有较高柔性,当分子在激发态下的能量接近于基态时,分子容易通过内转换(internal conversion)等非辐射方式退激发并返回到基态[147]。在这个过程中,激发能可能通过分子振动转化为热能并转移到周围环境中,或者在与其他分子的碰撞中被其他分子直接吸收。因此,当处于激发态的沥青质分子面临第二步的高自由能垒时,可能通过内转换重返基态,然后在基态下完成后续步骤而无需克服高自由能垒[148]。

可见紫外线辐射对沥青质老化的加速机制与环境湿度不同,环境湿度通过降低过渡态的自由能来加速沥青质的老化,而紫外线辐射则通过激发沥青质分子并为其提供高达 83.3 kcal/mol 的激发能,使沥青质分子以一种新的机制发生化学反应,从而大幅提高沥青质的老化速率。

8.4.3.3 含氧基团形成反应

图 8-29 展示了气相、水溶剂和激发态条件下沥青质分子发生含氧基团

形成反应的自由能面。在反应的第一步,一个 O_2 分子从沥青质芳香环上攫走一个氢原子并生成 $HO_2 \cdot$ 自由基,同时另一个 O_2 分子取代被攫取的氢原子,形成沥青质过氧化自由基。由于该步反应可能不是基元反应,其过渡态难以被确定,因此这里以发生氧气攫氢反应后的分子体系状态作为过渡态来进行分析,以便比较气相、水溶剂和紫外线辐射条件下发生该步反应的自由能垒。反应后两步涉及沥青质分子的异构化,其结果是达到局部自由能最小的稳定状态。

扫码看彩图

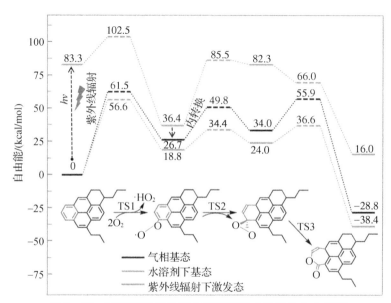

图 8-29 不同环境条件下含氧基团形成反应的自由能面

在代表自然状态的气相条件(黑线)下,反应第一步具有最大的自由能垒(61.5 kcal/mol),因而被称为反应的决速步,后面两个步骤的能垒较低,分别是 23.1 kcal/mol 和 21.9 kcal/mol。在水溶剂条件(蓝线)下,各反应步骤的自由能垒分别降低到 56.6 kcal/mol、15.6 kcal/mol 和 12.6 kcal/mol,这表明水的存在能促进含氧基团的产生。这是因为在水环境中,沥青质分子的静电势发生变化,使其电子转移能力增强,因而提高了反应性。不过由于沥青不易溶于水,在实际工程中水对沥青老化的影响可能与水直接参与到老化反应有关。在未来研究中,应通过在 AIMD 模拟体系中加入显示水分子来进一步分析这一问题。

在激发态下(红线),反应第一步的自由能垒大幅下降至 19.2 kcal/mol,

但第二步的自由能垒上升到 49.0 kcal/mol，使其成为反应中最大的障碍。如前所述，当处于激发态的沥青质分子面临第二步的高自由能垒时，可能通过内转换回到基态，然后在基态下完成后续反应。可见，环境湿度和紫外线辐射仍能以各自不同的机制来加速沥青的含氧基团形成反应。

8.4.3.4 侧链均裂反应

图 8-30 显示了不同环境条件下沥青质分子侧链共价键的键解离自由能。在气相条件下，与赖以触发芳构化反应和含氧基团形成反应的攫氢反应的自由能垒相比，侧链共价键的键解离自由能更高，因此，沥青质分子发生侧链均裂反应的难度要大于其他几类老化子反应。在水溶剂条件下（蓝色柱图），侧链各共价键的键解离自由能略有上升，这表明水的存在对抑制侧链的均裂反应略有益处。

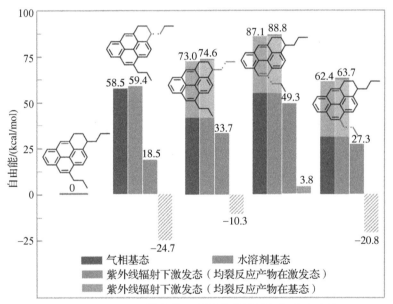

扫码看彩图

图 8-30 不同环境条件下侧链共价键的键解离自由能

激发态下的键解离可能通过两种方式发生，第一种方式是解离产生的沥青质分子自由基可能仍然处于激发态（红色柱图），在这种情况下，各共价键的键解离自由能与气相条件下相比显著降低；第二种方式涉及激发态下的分子内振动再分配（intramolecular vibration redistribution），此时沥青质分子的激发能（83.3 kcal/mol）被转化为更强劲的分子振动模式，由于激发能超出了一些共价键的键能,沥青质分子可能在没有障碍的情况下(即自由能垒较低或为负值)直接发生光催化均裂反应,这种情况下均裂产生的沥青质分子自由基以基态形式存在(绿色柱图)。侧链共价键的两种键解离模式均表明,紫外线辐射对沥青质侧链的均裂反应有非常显著的催化作用。

8.5 沥青紫外线老化机理

由前一节可以看出紫外线辐射使沥青质分子跃迁至激发态,大幅削减了沥青质老化反应的自由能垒,从而能够显著加快沥青质老化行为。紫外老化是工程实践中沥青路面所面临的重要难题之一,为此本节将结合理论计算与ATR-FTIR测试,对沥青紫外老化机理进行更全面的阐述。

8.5.1 紫外线辐射下沥青老化全过程的自由能面

尽管上一节已针对沥青老化期间的攫氢反应、环烷芳构化反应、含氧基团形成反应和侧链均裂反应的自由能面或键解离自由能进行了独立分析,但实际状态下沥青老化过程的自由能面并非这四类子反应各自自由能面的简单叠加,因为前期发生的每一步反应都使沥青分子结构发生改变,从而影响到后续老化反应的自由能垒。为了更全面地探究紫外辐射对沥青老化行为的影响,有必要进一步计算基态和紫外线激发态下沥青质完整老化过程的自由能面。

图8-31显示了2 000 K温度的AIMD模拟中前50 ps内观察到的沥青质分子结构演变全过程。根据该老化路径,计算并绘制了基态及激发态下分子体系的完整自由能面,如图8-32所示。图中蓝色实线代表基态,红色虚线代表激发态,横坐标上C_n代表第n步反应得到的分子构型,TS代表前一步分子构型转化为后一步分子构型的过程中的过渡态结构。由于33 ps之后沥青分子的结构变化非常迅速,各步老化反应的过渡态难以准确获取,因此图8-32只显示了前33 ps老化反应的自由能面。

从图8-32可以看出,在基态下沥青质发生第一步老化反应($C_0 \rightarrow C_1$)所需克服的自由能垒为61.5 kcal/mol。而在激发态下,由于沥青质具有高达

8 基于量子化学的沥青老化反应机理分析

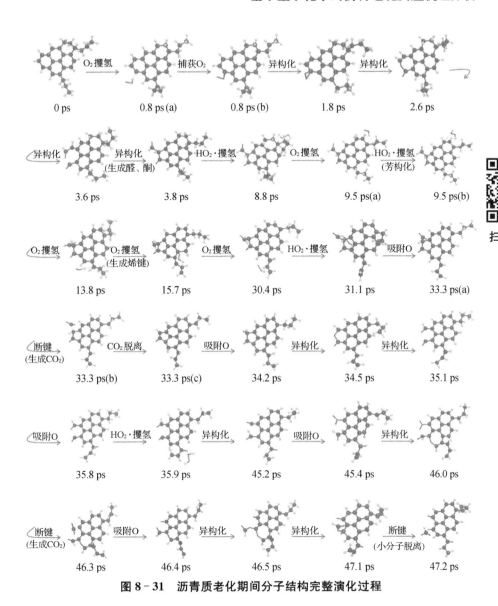

图 8-31 沥青质老化期间分子结构完整演化过程

83.3 kcal/mol 的激发能,其发生第一步老化反应的能垒降至 19.2 kcal/mol。根据阿伦尼乌斯公式(8-2)计算发现,在代表夏季高温的 60 ℃(333.16 K)下,自由能垒从 61.5 kcal/mol 降至 19.2 kcal/mol 时,反应速率常数会增加 5.76×10^{27} 倍,这表明激发态对沥青老化的催化效应是非常显著的。不过应该注意的是,在紫外线辐射下并非所有沥青分子都能跃迁至激发态,因此紫外光照射下沥青老化速率的增长幅度是远小于这一数值的。

同样,在后续反应中具有较高能垒的步骤 $C_7 \to C_8$、$C_9 \to C_{10}$ 以及 $C_{11} \to C_{12}$ 的自由能垒分别从基态下的 67.4、74.8 和 47.3 kcal/mol 降至激发态下的 21.1、10.3 和 28.3 kcal/mol。也有激发态下自由能垒高于基态的情形,如步骤 $C_2 \to C_3$,不过其能垒增幅小于前述的降幅。

扫码看彩图

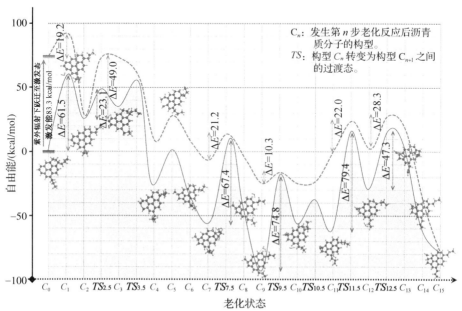

图 8-32 基态和激发态下沥青质老化反应的自由能面与自由能垒比较

8.5.2 沥青紫外老化行为的实验表征

8.5.2.1 沥青老化试验与 ATR-FTIR 表征过程

本小节基于 FTIR 试验评估热老化与紫外老化沥青试样的老化程度。试验所采用的原样沥青为韩国 SK 公司生产的 PG 64—22 石油沥青。首先根据《公路工程沥青及沥青混合料试验规程》(JTG E20—2011)进行薄膜烘箱试验(TFOT)制备短期老化沥青,然后进行压力老化容器(PAV)试验制备长期老化沥青,此外通过人工紫外老化环境箱制备紫外老化沥青试样。用于紫外老化的沥青是经受过短期老化的沥青试样,由于后续 ATR-FTIR 测试仅对沥青试样表面进行测试,因此对紫外老化试样厚度不做要求,但要确保试样表面光滑平整。最后,采用 Thermo Nicolet iS10 光谱仪在 4 000~

8 基于量子化学的沥青老化反应机理分析

400 cm^{-1} 波长范围内对原样沥青、热老化沥青和紫外老化沥青试样开展 ATR-FTIR 测试。

人工紫外老化环境箱内置 8 个 UVA-340 荧光紫外灯光源，UVA-340 光源的光谱范围为 290～400 nm，接近真实的户外阳光效果，如图 8-33 所示，因此可最大程度反映自然状态下的紫外老化。紫外老化过程中环境箱温度设置为 60 ℃，以模拟夏季沥青道面的温度，光源辐照度设为 0.89 W/m^2。在经过试错性测试后，将紫外老化时长设置为 2 h、5 h、10 h 和 20 h。由于户外自然光强度跟季节、地域、海拔等有密切关系，很难严格建立紫外老化环境箱试验时长与户外自然光老化时长的等效关系，因而只能根据不同地区太阳年辐射量和环境箱光源辐照度进行反推。

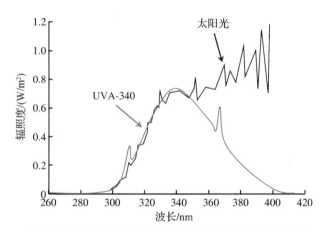

图 8-33　UVA-340 光源对太阳光紫外线区域的模拟

以江苏省南京市为例，其太阳年辐射量约为 1 278 kWh/m^2(4 500 MJ/m^2)，换算得到年平均每小时太阳辐射量为 146 Wh/m^2。根据 UVA-340 荧光紫外灯的技术标准，在辐照度设置为 0.68 W/m^2(340 nm 波长处)时，对应的每小时总辐射量为 1 120 Wh/m^2，进一步换算得到辐照度设置为 0.89 W/m^2 时其每小时总辐射量为 1 466 Wh/m^2。因此，单个荧光紫外灯的辐射强度相当于南京市自然光辐射强度的 10 倍，紫外老化环境箱的辐射强度相当于南京市自然光辐射强度的 80 倍。所以可大致认为紫外老化环境箱试验 1 h 等效于同等温度下南京市户外自然光老化 3.3 d。不过紫外老化环境箱温度设置为 60 ℃，大幅高于南京市各区年平均气温(17.0～18.0 ℃)。因此考虑温度影响后，紫外老化环境箱试验 1 h 的老化效果强于南京市户外老化

3.3 d的效果,具体转换关系需进一步通过相关试验来确定。

8.5.2.2 沥青热老化与紫外老化特征分析

图 8-34 显示了原样沥青、热老化沥青及紫外老化沥青的 ATR-FTIR 谱图。所有谱图均采用 OMNIC 软件进行了基线校正,并以 2 925 cm^{-1} 处亚甲基(—CH$_2$—)反对称伸缩峰的峰高为基准进行了归一化处理。1 700 cm^{-1} 处的羰基峰被用来反映各沥青样本的老化程度。与原样沥青相比,TFOT 短期老化沥青的羰基峰无明显变化,PAV 长期老化后羰基峰则变得明晰,而在经受 2 h 紫外老化后沥青试样的羰基峰已显著高于 PAV 老化。随着紫外老化时长的增加,沥青试样的羰基峰进一步增加,在经历 20 h 紫外老化后,其羰基峰甚至高过了作为参照的—CH$_2$—反对称伸缩峰。

扫码看彩图

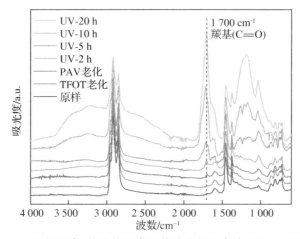

图 8-34 原样沥青、热老化沥青及紫外老化沥青的 ATR-FTIR 谱图

需要指出的是,一方面,红外光谱并不能准确地定量表征各官能团的丰度,因此羰基峰的峰高或峰面积并不代表实际的沥青老化程度。另一方面,开展 ATR-FTIR 测试的紫外老化沥青试样采用的是被紫外荧光灯直接照射的沥青表面,而热老化沥青试样采用的是经受了 TFOT 和 PAV 老化的体相沥青,这一制样差异也会导致紫外老化沥青试样的羰基峰更显著。尽管如此,图 8-34 仍证明沥青紫外老化的速率远高于热老化,与前述理论计算的结论一致。

8 基于量子化学的沥青老化反应机理分析

8.6 小结

本章基于量子化学框架下的从头算分子动力学(AIMD)和密度泛函理论(DFT)方法,对沥青老化行为的化学反应路径、热力学驱动机理、环境影响机制(尤其是紫外老化机制)等内容进行了全面分析。

结果表明,沥青质老化涉及的主要子反应包括氧气攫氢、环烷芳构化、含氧基团形成以及侧链均裂。一方面,沥青质分子在不同区域发生攫氢反应的自由能垒差异很大,其中芳香环区域的攫氢能垒最高而苄基碳上的攫氢能垒最低。另一方面,环烷芳构化反应因自由能垒最低而最容易发生,其次是含氧基团形成反应,侧链均裂反应则因自由能垒最高而只能在高温条件下发生。老化引起的含氧基团增加和侧链断裂使沥青质分子极性和分子间结合能升高,从而加剧了沥青质分子的团聚。高温和高氧浓度分别通过增加反应体系中沥青质与氧气间的碰撞能量及碰撞频率来加快沥青质的老化行为,水的存在通过改变反应能垒小幅影响沥青老化反应,而紫外线辐射使沥青质分子跃迁至激发态,在高达 83.3 kcal/mol 的激发能的作用下,沥青质老化反应的能垒被大幅降低,因而老化速率得到显著提升。

参考文献

[1] PETERSEN J C. A review of the fundamentals of asphalt oxidation: chemical, physicochemical, physical property, and durability relationships [J]. Transportation Research Circular, 2009(E-C140).

[2] PAHLAVAN F, MOUSAVI M, HUNG A M, et al. Characterization of oxidized asphaltenes and the restorative effect of a bio-modifier [J]. Fuel, 2018, 212: 593-604.

[3] 许勐. 基于分子扩散融合机制的沥青再生剂设计与性能验证[D]. 哈尔滨:哈尔滨工业大学, 2019.

[4] 杨震. 沥青老化前后多尺度行为特性研究[D]. 广州:华南理工大学, 2018.

[5] 郭猛,任鑫,焦峪波,等. 沥青及沥青混合料老化与抗老化研究综述[J]. 中国公路学报, 2022, 35(4): 41-59.

[6] APOSTOLIDIS P, LIU X Y, KASBERGEN C, et al. Synthesis of asphalt binder aging and the state of the art of antiaging technologies [J]. Transportation Research Record: Journal of the Transportation Research Board, 2017, 2633(1): 147-153.

[7] CORBETT L W. Composition of asphalt based on generic fractionation, using solvent deasphaltening, elution-adsorption chromatography, and densimetric characterization [J]. Analytical Chemistry, 1969, 41(4): 576-579.

[8] MIRWALD J, WERKOVITS S, CAMARGO I, et al. Understanding bitumen ageing by investigation of its polarity fractions [J]. Construction and Building Materials, 2020, 250: 118809.

[9] FALLAH F, KHABAZ F, KIM Y-R, et al. Molecular dynamics mode-

ling and simulation of bituminous binder chemical aging due to variation of oxidation level and saturate-aromatic-resin-asphaltene fraction [J]. Fuel,2019,237:71-80.

[10] 张恒龙,徐国庆,朱崇政,等.长期老化对基质沥青与SBS改性沥青化学组成、形貌及流变性能的影响[J].长安大学学报(自然科学版),2019,39(2):10-18.

[11] LIANG Y L,WU R Z,HARVEY J T,et al. Investigation into the oxidative aging of asphalt binders [J]. Transportation Research Record:Journal of the Transportation Research Board,2019,2673(6):368-378.

[12] 栗培龙,马莉霞,冯振刚,等.基于Arrhenius方程的老化沥青流变特性[J].长安大学学报(自然科学版),2017,37(5):1-7.

[13] LI P L,DING Z,XIA L X,et al. Analysis of viscous flow properties of asphalt in aging process [J]. Construction and Building Materials,2016,124:631-638.

[14] 李健.改性沥青路面就地热再生关键技术研究[D].南京:东南大学,2016.

[15] GUNDLA A. Use of Micro-mechanical models to study the mastic level structure of asphalt concretes containing reclaimed asphalt pavement [D]. Arizona:Arizona State University,2014.

[16] MCDANIEL R S,SOLEYMANI H,ANDERSON R M,et al. Recommended use of reclaimed asphalt pavement in the superpave mix design method [R]. NCHRP Web Document,2000.

[17] AL-QADI I L,AURANGZEB Q,CARPENTER S H,et al. Impact of high RAP contents on structural and performance properties of asphalt mixtures [R]. Urbana:Illinois Center for Transportation,2012.

[18] 张利冬.新旧沥青砂浆组成与热再生沥青混合料路用性能相关性研究[D].南京:东南大学,2014.

[19] YIN F,KASEER F,ARáMBULA-MERCADO E,et al. Characterising the long-term rejuvenating effectiveness of recycling agents on asphalt blends and mixtures with high RAP and RAS contents [J].

Road Materials and Pavement Design,2017,18(sup4):273-292.

[20] KASEER F,MARTIN A E,ARáMBULA-MERCADO E. Use of recycling agents in asphalt mixtures with high recycled materials contents in the United States:a literature review [J]. Construction and Building Materials,2019,211:974-987.

[21] ZAUMANIS M,MALLICK R B,POULIKAKOS L,et al. Influence of six rejuvenators on the performance properties of reclaimed asphalt pavement (RAP) binder and 100% recycled asphalt mixtures [J]. Construction and Building Materials,2014,71:538-550.

[22] BEHNOOD A. Application of rejuvenators to improve the rheological and mechanical properties of asphalt binders and mixtures:a review [J]. Journal of Cleaner Production,2019,231:171-182.

[23] HAGHSHENAS H,NABIZADEH H,KIM Y-R,et al. Research on high-rap asphalt mixtures with rejuvenators and WMA additives [R]. Lincoln:University of Nebraska-Lincoln,2016.

[24] 周洲. 厂拌热再生沥青混合料抗裂性能和开裂机理研究 [D]. 南京:东南大学,2020.

[25] 裴建中. 道路工程学科前沿进展与道路交通系统的代际转换 [J]. 中国公路学报,2018,31(11):1-10.

[26] KÜHNE T D,IANNUZZI M,DEL BEN M,et al. CP2K:an electronic structure and molecular dynamics software package-quickstep:efficient and accurate electronic structure calculations [J]. The Journal of Chemical Physics,2020,152(19):194103.

[27] 顾临皓. 基于粘弹性损伤及断裂力学的沥青混合料路用性能细观仿真研究 [D]. 南京:东南大学,2019.

[28] 薛斌. 沥青混合料细观力学特性与演化行为研究 [D]. 西安:长安大学,2020.

[29] 陈子璇. 胶粉改性沥青-集料界面效应及水的影响研究 [D]. 西安:长安大学,2019.

[30] HU D L,GU X Y,LYU L,et al. Unraveling oxidative aging behavior of asphaltenes using ab initio molecular dynamics and static density

functional theory [J]. Construction and Building Materials, 2022, 318: 126032.

[31] CHEN Z X, PEI J Z, LI R, et al. Performance characteristics of asphalt materials based on molecular dynamics simulation: a review [J]. Construction and Building Materials, 2018, 189: 695–710.

[32] GALINDO-TORRES S A, PEDROSO D M. Molecular dynamics simulations of complex-shaped particles using Voronoi-based spheropolyhedra [J]. Physical Review E, Statistical, Nonlinear, and Soft Matter Physics, 2010, 81(6): 061303.

[33] ZHANG L Q, GREENFIELD M L. Analyzing properties of model asphalts using molecular simulation [J]. Energy & Fuels, 2007, 21(3): 1712–1716.

[34] LI D D, GREENFIELD M L. Chemical compositions of improved model asphalt systems for molecular simulations [J]. Fuel, 2014, 115: 347–356.

[35] ZHANG L Q, GREENFIELD M L. Relaxation time, diffusion, and viscosity analysis of model asphalt systems using molecular simulation [J]. The Journal of Chemical Physics, 2007, 127(19): 194502.

[36] LI D D, GREENFIELD M L. Viscosity, relaxation time, and dynamics within a model asphalt of larger molecules [J]. The Journal of Chemical Physics, 2014, 140(3): 034507.

[37] YAO H, DAI Q L, YOU Z P. Molecular dynamics simulation of physicochemical properties of the asphalt model [J]. Fuel, 2016, 164: 83–93.

[38] BHASIN A, BOMMAVARAM R, GREENFIELD M L, et al. Use of molecular dynamics to investigate self-healing mechanisms in asphalt binders [J]. Journal of Materials in Civil Engineering, 2011, 23(4): 485–492.

[39] SUN D Q, LIN T B, ZHU X Y, et al. Indices for self-healing performance assessments based on molecular dynamics simulation of asphalt binders [J]. Computational Materials Science, 2016, 114: 86–93.

［40］DONG Z J,LIU Z Y,WANG P,et al. Nanostructure characterization of asphalt-aggregate interface through molecular dynamics simulation and atomic force microscopy［J］. Fuel,2017,189：155－163.

［41］汪海年,许卉,王江峰,等. 集料理化特性对沥青-集料界面黏附性能的影响［J］. 长安大学学报（自然科学版）,2022,42(3)：52－61.

［42］郭猛. 沥青与矿料界面作用机理及多尺度评价方法研究［D］. 哈尔滨：哈尔滨工业大学,2016.

［43］WANG H,LIN E Q,XU G J. Molecular dynamics simulation of asphalt-aggregate interface adhesion strength with moisture effect［J］. International Journal of Pavement Engineering,2017,18(5)：414－423.

［44］XU G J,WANG H. Molecular dynamics study of interfacial mechanical behavior between asphalt binder and mineral aggregate［J］. Construction and Building Materials,2016,121：246－254.

［45］DU Z,ZHU X Y,LI F,et al. Failure of the asphalt-aggregate interface under tensile stress：insight from molecular dynamics［J］. Journal of Materials in Civil Engineering,2021,33(3)：04021008.

［46］PAN J L,TAREFDER R A. Investigation of asphalt aging behaviour due to oxidation using molecular dynamics simulation［J］. Molecular Simulation,2016,42(8)：667－678.

［47］XU G J,WANG H. Molecular dynamics study of oxidative aging effect on asphalt binder properties［J］. Fuel,2017,188：1－10.

［48］崔亚楠,李雪杉,张淑艳. 基于分子动力学模拟的再生剂-老化沥青扩散机理［J］. 建筑材料学报,2021,24(5)：1105－1109.

［49］CUI B Y,GU X Y,HU D L,et al. A multiphysics evaluation of the rejuvenator effects on aged asphalt using molecular dynamics simulations［J］. Journal of Cleaner Production,2020,259：120629.

［50］DING Y,TANG B,ZHANG Y,et al. Molecular dynamics simulation to investigate the influence of SBS on molecular agglomeration behavior of asphalt［J］. Journal of Materials in Civil Engineering,2015,27(8)：C4014004.

［51］HU D L,PEI J Z,LI R,et al. Using thermodynamic parameters to study self-healing and interface properties of crumb rubber modified asphalt based on molecular dynamics simulation [J]. Frontiers of Structural and Civil Engineering,2020,14(1):109-122.

[52] PAN T Y. A first-principles based chemophysical environment for studying lignins as an asphalt antioxidant [J]. Construction and Building Materials,2012,36:654-664.

[53] CHENOWETH K,VAN DUIN A C,GODDARD W A. ReaxFF reactive force field for molecular dynamics simulations of hydrocarbon oxidation [J]. The Journal of Physical Chemistry A,2008,112(5):1040-1053.

[54] SENFTLE T P,HONG S,ISLAM M M,et al. The ReaxFF reactive force-field:development,applications and future directions [J]. NPJ Computational Materials,2016,2(1):1-14.

[55] CASTRO-MARCANO F, KAMAT A M, RUSSO JR M F, et al. Combustion of an Illinois No. 6 coal char simulated using an atomistic char representation and the ReaxFF reactive force field [J]. Combustion and Flame,2012,159(3):1272-1285.

[56] ZHANG T T,LI X X,QIAO X,et al. Initial mechanisms for an overall behavior of lignin pyrolysis through large-scale ReaxFF molecular dynamics simulations [J]. Energy & Fuels,2016,30(4):3140-3150.

[57] MOUSAVI M,PAHLAVAN F,OLDHAM D,et al. Multiscale investigation of oxidative aging in biomodified asphalt binder [J]. The Journal of Physical Chemistry C,2016,120(31):17224-17233.

[58] HOSSEINNEZHAD S,KABIR S F,OLDHAM D,et al. Surface functionalization of rubber particles to reduce phase separation in rubberized asphalt for sustainable construction [J]. Journal of Cleaner Production,2019,225:82-89.

[59] KABIR S F,MOUSAVI M,FINI E H. Selective adsorption of bio-oils' molecules onto rubber surface and its effects on stability of rubberized asphalt [J]. Journal of Cleaner Production,2020,252:119856.

[60] LI G,TAN Y. The construction and application of asphalt molecular model based on the quantum chemistry calculation [J]. Fuel,2022,

308: 122037.

[61] HU D L,GU X Y,DONG Q,et al. Investigating the bio-rejuvenator effects on aged asphalt through exploring molecular evolution and chemical transformation of asphalt components during oxidative aging and regeneration [J]. Journal of Cleaner Production, 2021, 329: 129711.

[62] HU D L,GU X Y,WANG G L,et al. Performance and mechanism of lignin and quercetin as bio-based anti-aging agents for asphalt binder: a combined experimental and ab initio study [J]. Journal of Molecular Liquids, 2022, 359: 119310.

[63] MARX D,HUTTER J. Ab initio molecular dynamics: basic theory and advanced methods [M]. Leiden: Cambridge University Press, 2009.

[64] RÉOCREUX R,GIREL É,CLABAUT P,et al. Reactivity of shape-controlled crystals and metadynamics simulations locate the weak spots of alumina in water [J]. Nature Communications, 2019, 10(1): 1-8.

[65] RIZZI V,POLINO D,SICILIA E,et al. The onset of dehydrogenation in solid ammonia borane: an ab initio metadynamics study [J]. Angewandte Chemie, 2019, 58(12): 3976-3980.

[66] CHEN T,LUO Y,LI A. Fragmentation and isomerization of polycyclic aromatic hydrocarbons in the interstellar medium: coronene as a case study [J]. Astronomy and Astrophysics, 2020, 633: A103.

[67] RAHMAN A. Correlations in the motion of atoms in liquid argon [J]. Physical Review, 1964, 136(2A): A405-A411.

[68] MCCAMMON J A,GELIN B R,KARPLUS M. Dynamics of folded proteins [J]. Nature, 1977, 267(5612): 585-590.

[69] ZHOU K,LIU B. Molecular dynamics simulation: fundamentals and applications [M]. Amsterdam: Academic Press, 2022.

[70] RAPAPORT D C,RAPAPORT D C R. The art of molecular dynamics simulation [M]. 2nd ed. Cambridge: Cambridge University

Press, 2004.

[71] MONTICELLI L, TIELEMAN D P. Force fields for classical molecular dynamics [J]. Methods in Molecular Biology, 2013, 924: 197-213.

[72] SUN H, REN P, FRIED J R. The COMPASS force field: parameterization and validation for phosphazenes [J]. Computational and Theoretical Polymer Science, 1998, 8(1/2): 229-246.

[73] SUN Y Y, CHEN L, CUI L, et al. Molecular dynamics simulation of cross-linked epoxy resin and its interaction energy with graphene under two typical force fields [J]. Computational Materials Science, 2018, 143: 240-247.

[74] TOLMAN R C. The principles of statistical mechanics [M]. New York: Dover Publications, 1979.

[75] NOSÉ S. A molecular dynamics method for simulations in the canonical ensemble [J]. Molecular Physics, 1984, 52(2): 255-268.

[76] YEH I-C, HUMMER G. System-size dependence of diffusion coefficients and viscosities from molecular dynamics simulations with periodic boundary conditions [J]. The Journal of Physical Chemistry B, 2004, 108(40): 15873-15879.

[77] 崔冰彦. 热再生沥青胶结料新旧沥青融合的分子动力学模拟 [D]. 南京: 东南大学, 2020.

[78] VAN DUIN A C, DASGUPTA S, LORANT F, et al. ReaxFF: a reactive force field for hydrocarbons [J]. The Journal of Physical Chemistry A, 2001, 105(41): 9396-9409.

[79] CANCÈS E, DEFRANCESCHI M, KUTZELNIGG W, et al. Computational quantum chemistry: a primer [J]. Handbook of Numerical Analysis, 2003, 10(3): 3-270.

[80] MINKIN V I, SIMKIN B Y, MINYAEV R M. Quantum chemistry of organic compounds: mechanisms of reactions [M]. Berlin, Heidelberg: Springer Berlin Heidelberg, 1990.

[81] LEVINE I N, BUSCH D H, SHULL H. Quantum chemistry [M]. Boston: Allyn and Bacon, 1970.

[82] GRIFFITHS D J,SCHROETER D F. Introduction to quantum mechanics[M]. Cambridge:Cambridge University Press,2018.

[83] 舒华兵. 类石墨烯材料的电子结构和光学性质的理论研究[D]. 南京:东南大学,2016.

[84] 翁亚奎. 钙钛矿超晶格中磁性及多铁性的理论研究[D]. 南京:东南大学,2017.

[85] CHEN J H,XU Z H,CHEN Y. Electronic structure and surfaces of sulfide minerals:density functional theory and applications[M]. Amsterdam:Elsevier,2020.

[86] VERMA P,TRUHLAR D G. Status and challenges of density functional theory[J]. Trends in Chemistry,2020,2(4):302-318.

[87] MARX D,HUTTER J. Ab initio molecular dynamics:theory and implementation[J]. Modern Methods and Algorithms of Quantum Chemistry,2000,1(301-449):141.

[88] 赵宇军,姜明,曹培林. 从头计算分子动力学[J]. 物理学进展,1998,18(1):47-75.

[89] SHAH J K. Ab initio molecular dynamics simulations of ionic liquids[M]// Annual Reports in Computational Chemistry. Amsterdam:Elsevier,2018:95-122.

[90] MONES L,JONES A,GÖTZ A W,et al. The adaptive buffered force QM/MM method in the CP2K and AMBER software packages[J]. Journal of Computational Chemistry,2015,36(9):633-648.

[91] BARDUCCI A,BONOMI M,PARRINELLO M. Metadynamics[J]. Wiley Interdisciplinary Reviews:Computational Molecular Science,2011,1(5):826-843.

[92] YAO H,LIU J,XU M,et al. Discussion on molecular dynamics (MD) simulations of the asphalt materials[J]. Advances in Colloid and Interface Science,2022,299:102565.

[93] HAN Y,JIANG D D,ZHANG J C,et al. Development,applications and challenges of ReaxFF reactive force field in molecular simulations[J]. Frontiers of Chemical Science and Engineering,2016,10(1):16-38.

[94] ZHENG M,LI X X,LIU J,et al. Pyrolysis of Liulin coal simulated by GPU-based ReaxFF MD with cheminformatics analysis [J]. Energy & Fuels,2014,28(1):522-534.

[95] BHOI S,BANERJEE T,MOHANTY K. Molecular dynamic simulation of spontaneous combustion and pyrolysis of brown coal using ReaxFF [J]. Fuel,2014,136:326-333.

[96] XIE L Y,SHAO Y J,ZHONG W Q,et al. Molecular dynamic simulation on the oxidation process of coal tar pitch [J]. Fuel,2019,242:50-61.

[97] 张婷婷. 不同种类木质素热解的反应分子动力学模拟 [D]. 北京:中国科学院大学,2020.

[98] PLIMPTON S. Fast parallel algorithms for short-range molecular dynamics [J]. Journal of Computational Physics,1995,117(1):1-19.

[99] HUMPHREY W,DALKE A,SCHULTEN K. VMD:visual molecular dynamics [J]. Journal of Molecular Graphics,1996,14(1):33-38.

[100] JENNINGS P W, PRIBANIC J A, DESANDO M A, et al. Binder Characterization and evaluation by nuclear magnetic resonance spectroscopy[R]. Report SHRP-A-335, Strategic Highway Research Program, National Research Council, Washington, D.C., 1993.

[101] SABBAH H,MORROW A L,POMERANTZ A E,et al. Evidence for island structures as the dominant architecture of asphaltenes [J]. Energy & Fuels,2011,25(4):1597-1604.

[102] KARIMI A,QIAN K N,OLMSTEAD W N,et al. Quantitative evidence for bridged structures in asphaltenes by thin film pyrolysis [J]. Energy & Fuels,2011,25(8):3581-3589.

[103] SCHULER B,MEYER G,PEÑA D,et al. Unraveling the molecular structures of asphaltenes by atomic force microscopy [J]. Journal of the American Chemical Society,2015,137(31):9870-9876.

[104] SCHULER B,FATAYER S,MEYER G,et al. Heavy oil based mixtures of different origins and treatments studied by atomic force microscopy [J]. Energy & Fuels,2017,31(7):6856-6861.

[105] MULLINS O C. The modified Yen model [J]. Energy & Fuels,

2010,24(4):2179-2207.

[106] FAN Z,LIN J,CHEN Z,et al. Multiscale understanding of interfacial behavior between bitumen and aggregate: from the aggregate mineralogical genome aspect[J]. Construction and Building Materials,2021,271:121607.

[107] QU X,LU Q,GUO M,et al. Study on the effect of aging on physical properties of asphalt binder from a microscale perspective[J]. Construction and Building Materials,2018,187:718-729.

[108] KARLSSON R,ISACSSON U. Application of FTIR-ATR to characterization of bitumen rejuvenator diffusion[J]. Journal of Materials in Civil Engineering. 2003,15(2):157-165.

[109] FICK A. Fick's first law of diffusion[J]. Annalen der Physik,1855,170:59-86.

[110] NEWCOMB D E,NUSSER B J,KIGGUNDU B M,et al. Laboratory study of the effects of recycling modifiers on aged asphalt cement[J]. Transportation Research Record,1984,968:1-10.

[111] DING Y HUANG B,SHU X,et al. Use of molecular dynamics to investigate diffusion between virgin and aged asphalt binders[J]. Fuel,2016174:267-273.

[112] XU G,WANG H. Diffusion and interaction mechanism of rejuvenating agent with virgin and recycled asphalt binder: A molecular dynamics study[J]. Molecular Simulation,2018,44(17):1433-1443.

[113] XU G J,WANG H. Study of cohesion and adhesion properties of asphalt concrete with molecular dynamics simulation[J]. Computational Materials Science,2016,112:161-169.

[114] LÜ Q,HUANG W D,ZHU X Y,et al. On the investigation of self-healing behavior of bitumen and its influencing factors[J]. Materials & Design,2017,117:7-17.

[115] 王晓威. 多孔沥青混合料强度机理及其多场耦合作用下的衰减过程[D]. 南京:东南大学,2018.

[116] YAN W,LI S Q,ZHANG Y Y,et al. Effects of dipole moment and

temperature on the interaction dynamics of titania nanoparticles during agglomeration [J]. The Journal of Physical Chemistry C, 2010,114(24): 10755-10760.

[117] FAN Z P, LIN J, XU J Q, et al. Molecular insights into the adsorption configuration of bitumen colloidal on aggregate surface [J]. Journal of Materials in Civil Engineering, 2022, 34(4): 04022033.

[118] HUANG W D, LV Q, XIAO F P. Investigation of using binder bond strength test to evaluate adhesion and self-healing properties of modified asphalt binders [J]. Construction and Building Materials, 2016, 113: 49-56.

[119] GUERRERO-ACONCHA U, SALAMA D, KANTZAS A. Diffusion coefficient of n-alkanes in heavy oil [C]// Proceedings of the SPE Annual Technical Conference and Exhibition. Denver, 2008.

[120] SREERAM A, LENG Z, HAJJ R, et al. Characterization of compatibility between aged and unaged binders in bituminous mixtures through an extended HSP model of solubility [J]. Fuel, 2019, 254: 115578.

[121] VAN KREVELEN D W, NIJENHUIS K T. Properties of polymers: their correlation with chemical structure; their numerical estimation and prediction from additive group contributions [M]. 4th ed. Leiden: Elsevier Science, 2009.

[122] CAVALLI M C, ZAUMANIS M, MAZZA E, et al. Effect of ageing on the mechanical and chemical properties of binder from RAP treated with bio-based rejuvenators [J]. Composites Part B: Engineering, 2018, 141: 174-181.

[123] GUDURU G, KUMARA C, GOTTUMUKKALA B, et al. Effectiveness of different categories of rejuvenators in recycled asphalt mixtures [J]. Journal of Transportation Engineering, Part B: Pavements, 2021, 147(2): 04021006.

[124] ZHANG L, SONG Z R, ZHAO B X, et al. Fast atom effect on helium gas/graphite interfacial energy transfer [J]. Carbon, 2020,

161:206-218.

[125] LIU M,FERRY M A,DAVISON R R,et al. Oxygen uptake as correlated to carbonyl growth in aged asphalts and asphalt Corbett fractions [J]. Industrial & Engineering Chemistry Research,1998,37(12):4669-4674.

[126] BROWN G S,BARTON L L,THOMSON B M. Permanganate oxidation of sorbed polycyclic aromatic hydrocarbons [J]. Waste Management,2003,23(8):737-740.

[127] SIDDIQUI M N,ALI M F. Investigation of chemical transformations by NMR and GPC during the laboratory aging of Arabian asphalt [J]. Fuel,1999,78(12):1407-1416.

[128] GUO F C,ZHANG J P,PEI J Z,et al. Investigating the interaction behavior between asphalt binder and rubber in rubber asphalt by molecular dynamics simulation [J]. Construction and Building Materials,2020,252:118956.

[129] PAHLAVAN F,LAMANNA A,PARK K-B,et al. Phenol-rich bio-oils as free-radical scavengers to hinder oxidative aging in asphalt binder [J]. Resources, Conservation and Recycling, 2022, 187:106601.

[130] LAI W Z,LI C S,CHEN H,et al. Hydrogen-abstraction reactivity patterns from A to Y: the valence bond way [J]. Angewandte Chemie International Edition,2012,51(23):5556-5578.

[131] TAN T,YANG X L,KRAUTER C M,et al. Ab initio kinetics of hydrogen abstraction from methyl acetate by hydrogen, methyl, oxygen,hydroxyl,and hydroperoxy radicals [J]. The Journal of Physical Chemistry A,2015,119(24):6377-6390.

[132] ORE O T,ADEBIYI F M. A review on current trends and prospects in the pyrolysis of heavy oils [J]. Journal of Petroleum Exploration and Production,2021,11(3):1521-1530.

[133] ORE O T,ADEBIYI F M J J O P E,PRODUCTION. A review on current trends and prospects in the pyrolysis of heavy oils [J]. Jour-

nal of Petroleum Exploration and Production Technology 2021,11(3):1521-1530.

[134] PAN S,WANG Q,BAI J R,et al. Investigation of behavior of sulfur in oil fractions during oil shale pyrolysis [J]. Energy & Fuels,2019, 33(11):10622-10637.

[135] WIGNER E. The transition state method [J]. Transactions of the Faraday Society,1938,34(0):29-41.

[136] TRUHLAR D G,GARRETT B C,KLIPPENSTEIN S J. Current status of transition-state theory [J]. The Journal of Physical Chemistry,1996,100(31):12771-12800.

[137] JENSEN F. Activation energies and the Arrhenius equation [J]. Quality and Reliability Engineering International,1985,1(1):13-17.

[138] LAIDLER K J,KING M C. Development of transition-state theory [J]. The Journal of Physical Chemistry,1983,87(15):2657-2664.

[139] PELUCCHI M,CAVALLOTTI C,FARAVELLI T,et al. H-abstraction reactions by OH,HO_2,O,O_2 and benzyl radical addition to O_2 and their implications for kinetic modelling of toluene oxidation [J]. Physical Chemistry Chemical Physics,2018,20(16):10607-10627.

[140] DORRENCE S M,BARBOUR F A,PETERSEN J C. Direct evidence of ketones in oxidized asphalts [J]. Analytical Chemistry,1974,46(14):2242-2244.

[141] LIU Z,LU T,CHEN Q. Intermolecular interaction characteristics of the all-carboatomic ring,cyclo[18] carbon:Focusing on molecular adsorption and stacking [J]. Carbon,2021,171:514-523.

[142] LU T,CHEN F. Multiwfn:a multifunctional wavefunction analyzer [J]. Journal of Computational Chemistry,2012,33(5):580-592.

[143] NGUYEN Q H,KIM H,KIM I T,et al. Few-layer $NbSe_2$@graphene heterostructures as anodes in lithium-ion half-and full-cell batteries [J]. Chemical Engineering Journal,2020,382:122981.

[144] LINSTROM P J, MALLARD W G. The NIST chemistry WebBook:a tool for chemical data access on the internet[C]//Proceed-

ings of the 10th International Conference and Exhibition. Nimes, 2024.

[145] ROTHENBURG L, KRUYT N P. Critical state and evolution of coordination number in simulated granular materials [J]. International Journal of Solids and Structures, 2004, 41(21): 5763-5774.

[146] LEVENSPIEL O. Chemical reaction engineering [M]. New York: John Wiley & Sons, 1998.

[147] LEWIS E. Collisional relaxation of atomic excited states, line broadening and interatomic interactions [J]. Physics Reports, 1980, 58(1): 1-71.

[148] SELCO J I, HOLT P L, WEISMAN R B. Nonradiative relaxation of pyridine vapor: transient absorption studies of triplet state formation, decay, quenching, and structure [J]. The Journal of Chemical Physics, 1983, 79(7): 3269-3278.